中華文化促進會主持編纂

國家"十一五"重點圖書出版規劃項目

中國社會科學院哲學社會科學創新工程學術出版資助項目

出品人 王石 段先念

今注本二十四史

隋書

唐　魏徵等　撰

馬俊民　張玉興　主持校注

中國社會科學出版社

一一　傳〔二〕

隋書 卷三九

列傳第四

于義 子宣道 宣敏

于義字慈恭，河南雒陽人也。[1]父謹，[2]從魏武帝入關，[3]仕周，[4]官至太師，[5]因家京兆。[6]義少矜嚴，有操尚，篤志好學。大統末，[7]以父功，賜爵平昌縣伯，[8]邑五百戶。[9]起家直閣將軍。[10]其後改封廣都縣公。[11]周閔帝受禪，[12]增邑六百戶。累遷安武太守，[13]專崇德教，不尚威刑。有郡民張善安、王叔兒爭財相訟，[14]義曰："太守德薄不勝任之所致，非其罪也。"於是取家財，倍與二人，諭而遣去。善安等各懷恥愧，移貫他州。於是風教大洽。其以德化人，皆此類也。進封建平郡公。[15]明、武世，[16]歷西兗、瓜、邵三州刺史。[17]數從征伐，進位開府。[18]

[1]河南：郡名。北魏時治所在今河南洛陽市東北。　雒陽：縣名。北魏時在今河南洛陽市東北白馬寺東。

[2]謹：人名。即于謹。傳見《周書》卷一五，《北史》卷二三有附傳。

[3]魏武帝：北魏皇帝元脩的謚號。紀見《魏書》卷一一、《北史》卷五。　關：地區名。指關中。關於其地域範圍有幾種説法，大約是指今河南靈寶市及其以西陝西關中盆地和丹江流域。

[4]周：即北周（557—581），都長安（今陝西西安市）。

[5]太師：官名。北周時爲三公之一，多爲贈官，不置府僚。正九命。

[6]京兆：即北周都城長安。在今陝西西安市西北。

[7]大統：西魏文帝元寶炬年號（535—551）。

[8]平昌縣伯：爵名。西魏時置爲十一等爵的第八等。正七命。

[9]邑：即食邑。受封者所享有的封地，因收其租稅而食，故稱之爲食邑。亦稱爲采邑。魏晉南北朝時，其制大抵是受封者分成食封戶所納租稅，其邑可在本封邑内，亦可不在本封邑。北魏王公侯伯子男開國食邑者，王食半，公三分食一，侯伯四分食一，子男五分食一。自三國魏始，有些爵位是虛封的，有爵位但不食租，沒有食邑。需加“真食”名號纔得食租。

[10]直閤將軍：官名。即直閤將軍，西魏時爲皇帝左右侍衛之官。命品不詳。

[11]廣都縣公：爵名。西魏時置爲十一等爵的第六等。“命數未詳，非正九命則當是九命”（參見王仲犖《北周六典》卷八《封爵第十九》，中華書局1979年版，第548頁）。

[12]周閔帝：北周皇帝宇文覺的謚號。紀見《周書》卷三、《北史》卷九。

[13]安武：郡名。北周時治所在甘肅靈臺縣西北。

[14]張善安：人名。其事不詳。　王叔兒：人名。其事不詳。

[15]建平郡公：爵名。北周時置爲十一等爵的第五等。正九命。

[16]明：即北周明帝宇文毓。紀見《周書》卷四、《北史》卷

九。　　武：即北周武帝宇文邕。紀見《周書》卷五、六，《北史》卷一〇。

　　[17]西兗：州名。北周時治所在今山東定陶縣西北，後改名曹州。　　瓜：州名。北周時治所在今甘肅敦煌市東南鎖陽城。　　邵：州名。北周時治所在今山西垣曲縣東南城關。

　　[18]開府：官名。北周置爲府兵組織統兵官，府兵二十四軍各設一員，統兵二千人左右。

　　宣帝嗣位，[1]政刑日亂，義上疏諫。時鄭譯、劉昉以恩倖當權，[2]謂義不利於己，先惡之於帝。帝覽表色動，謂侍臣曰：“于義訕朝廷也。”御正大夫顏之儀進曰：[3]“古先哲王立誹謗之木，[4]置敢諫之鼓，[5]猶懼不聞過。于義之言，不可罪也。”帝乃解。

　　[1]宣帝：北周皇帝宇文贇的謚號。紀見《周書》卷七、《北史》卷一〇。

　　[2]鄭譯：人名。北周、隋時人。傳見本書卷三八，《北史》卷三五有附傳。　　劉昉：人名。北周、隋時人。傳見本書卷三八、《北史》卷七四。

　　[3]御正大夫：官名。此處應指御正中大夫。北周時爲天官冢宰府屬官，職掌草擬詔册文誥，近侍樞機。凡諸刑罰爵賞，以及軍國大事，皆須參議。正五命。　　顏之儀：人名。北周、隋時人。傳見《周書》卷四〇，《北史》卷八三有附傳。

　　[4]誹謗之木：傳説中堯、舜設置的供百姓書寫政治闕失的表木。

　　[5]敢諫之鼓：傳説中堯、舜設置的供百姓諫言時擊打的鼓。

　　及高祖作相，[1]王謙構逆，[2]高祖將擊之，問將於高熲。[3]熲答曰:"于義素有經略,可爲元帥。"[4]高祖初然之。劉昉進曰:"梁睿位望素重,[5]不可居義之下。"高祖乃止。於是以睿爲元帥,以義爲行軍總管。[6]謙將達奚惎擁衆據開遠,[7]義將左軍擊破之。[8]尋拜潼州總管,[9]賜奴婢五百口,雜綵三千段,[10]超拜上柱國。[11]時義兄翼爲太尉,[12]弟智、兄子仲文並上柱國,[13]大將軍已上十餘人,[14]稱爲貴戚。

[1]高祖:隋文帝楊堅的廟號。紀見本書卷一、二,《北史》卷一一。

[2]王謙:人名。北周時人。傳見《周書》卷二一,《北史》卷六〇有附傳。

[3]高熲:人名。北周、隋時人。傳見本書卷四一、《北史》卷七二。

[4]元帥:官名。全稱爲行軍元帥。北周時爲出征軍的統帥名,領一道或數道行軍總管征戰,根據需要臨時任命,事罷則廢。

[5]梁睿:人名。北周、隋時人。傳見本書卷三七,《北史》卷五九有附傳。

[6]行軍總管:官名。北周時爲一路兵馬的臨時統帥,事迄則罷。遇重大軍事行動,則隸於行軍元帥。

[7]達奚惎:人名。北周時人。事見《周書》卷一九、《北史》卷六五《達奚震傳》。 開遠:戍名。又名鍾會壘,在今四川劍閣縣東北。

[8]左軍:西周時曾設左、中、右三軍,其統帥亦稱左軍、中軍、右軍。西魏、北周遵行《周禮》改制,或又新置。

[9]潼州:北周時治所在今四川綿陽市東。 總管:官名。東魏武定六年(548)始置。西魏也置。北周武成元年(559)正式改都督諸州軍事爲總管,總管之設乃成定制。北周之制,總管加使

持節諸軍事。總管或單任，然多兼帶刺史。故總管職權雖以軍事爲主，實際是一地區若干州、防（鎮）的最高軍政長官。

　　[10]雜綵：雜色絲織品。

　　[11]上柱國：官名。北周建德四年（575）置爲最高級勳官。正九命。

　　[12]翼：人名。即于翼。北周、隋時人。傳見《周書》卷三〇，《北史》卷二三有附傳。　太尉：官名。北周時爲三公之一，多爲贈官。正九命。按，據《周書·于翼傳》，其於開皇初拜太尉。

　　[13]智：人名。即于智。北周、隋時人。《周書》卷一五記其名爲"智初"。殿本考證"初"爲衍字。《北史》卷二三有附傳。　仲文：人名。即于仲文。《北史》卷二三有附傳。

　　[14]大將軍：官名。北周時爲散實官第四等。正九命。

　　歲餘，以疾免職，歸於京師。數月卒，時年五十。贈豫州刺史，[1]謚曰剛。賵物千段，[2]粟米五百石。子宣道、宣敏，並知名。

　　[1]豫州：治所在今河南汝南縣。
　　[2]賵（fù）物：拿財物助人辦理喪事。

　　宣道字元明，性謹密，不交非類。仕周，釋褐左侍上士。[1]以父功，賜爵成安縣男，[2]邑二百户。後轉小承御上士。[3]高祖爲丞相，引爲外兵曹，[4]尋拜儀同。[5]及踐阼，[6]遷內史舍人，[7]進爵爲子。[8]丁父憂，水漿不入口者累日。獻皇后命中使敦諭，[9]歲餘，起令視事。免喪，拜車騎將軍，[10]兼左衛長史，[11]舍人如故。後六歲，遷太子左衛副率，[12]進位上儀同。[13]卒，年四十二。子志寧，[14]早知名，出繼叔父宣敏。

[1]左侍上士：官名。北周時爲天官府宫伯中大夫屬官。與右侍上士共同負責皇帝寢宫安全，皇帝臨朝及出行時亦隨侍左右，多作爲起家官。正三命。

[2]成安：《北史》卷二三本傳作"城安"。"城安"爲爵封號僅見於《北史》一處，而"成安"則屢見，疑《北史》有誤。縣男：爵名。北周時置爲十一等爵的第十等。正五命。

[3]小承御上士：官名。北周時爲侍衛皇帝左右之官。正三命。

[4]外兵曹：官名。全稱爲外兵曹參軍，北周時爲大丞相府屬官。

[5]儀同：官名。爲散實官。北周府兵制中儀同府長官加此名。九命。

[6]踐阼：亦作"踐胙""踐祚"。古代廟寢堂前兩階，主階在東，稱阼階。阼階上爲主位。祭祀時一般由天子履主位。後引申爲即位，登基之意。

[7]内史舍人：官名。隋内史省屬官，員八人。正六品上，開皇三年（583）升從五品。大業三年（607）減爲四人，十二年改稱内書舍人。

[8]子：爵名。隋九等爵的第八等，又稱開國子。正四品。

[9]獻皇后：即隋文帝文獻皇后獨孤氏。傳見本書卷三六、《北史》卷一四。　敦諭：勸勉曉喻。

[10]車騎將軍：官名。隋初置爲府兵制的中級將領，爲車騎府長官，置於驃騎府則爲次官。正五品上。大業三年改稱鷹揚副郎將。

[11]左衛：官署名。隋十二衛之一，置大將軍一員、將軍二員，掌宫掖禁禦，督攝仗衛。下設長史、司馬及録事，功、倉、兵、騎等曹參軍，法、鎧曹行參軍各一員，行參軍六員；又有直

閣、直寢、直齋、直後等將軍，奉車都尉、武騎常侍、殿內將軍、員外將軍、殿內司馬督、員外司馬督，並以參軍府朝，出使勞問；又統親衛，領諸開府府（驃騎府）、儀同府（車騎府）；諸府皆領軍坊。開皇六年罷殿內將軍、司馬督、武騎常侍等員。煬帝大業三年改爲左翊衛，改其所統親、勳、翊三衛爲三侍，廢直閤將軍以下員，軍士名驍騎，領諸鷹揚府；又置護軍四人，掌副貳將軍，尋改爲武賁郎將，以武牙郎將六人副之。《北史》本傳作"右衛"。
長史：官名。隋左衛府屬官，員一人。七品。

　　[12]太子左衛副率：官名。爲太子左衛率副貳，員二人。從四品上。大業三年改爲左、右侍副率。

　　[13]上儀同：官名。全稱爲上儀同三司，用以酬勤勞，無實際職務。從四品。

　　[14]志寧：人名。即于志寧。隋、唐時人。傳見《舊唐書》卷七八、《新唐書》卷一〇四。

　　宣敏字仲達，少沉密，有才思。年十一，詣周趙王招，[1]王命之賦詩。宣敏爲詩，甚有幽貞之志。王大奇之，坐客莫不嗟賞。起家右侍上士，[2]遷千牛備身。[3]

　　[1]趙王：爵名。北周時置爲十一等爵的第一等。正九命。招：人名。即宇文招。傳見《周書》卷一三、《北史》卷五八。

　　[2]右侍上士：官名。北周時爲天官府宮伯中大夫屬官。與左侍上士共同負責皇帝寢宮安全，皇帝臨朝及出行時亦隨侍左右，多作爲起家官。正三命。

　　[3]千牛備身：官名。北周時命品不詳。

　　高祖踐阼，拜奉車都尉，[1]奉使撫慰巴、蜀。[2]及還，上疏曰：

[1]奉車都尉：官名。隋初左、右衛置，掌馭副車。員六人，從五品上。大業三年廢。

[2]巴：郡名。治所在今重慶市區。隋開皇初廢，大業初復置。蜀：郡名。治所在今四川成都市。隋開皇初廢，大業初復置。

臣聞開盤石之宗，[1]漢室於是惟永，建維城之固，[2]周祚所以靈長。昔秦皇置牧守而罷諸侯，[3]魏后暱諂邪而疎骨肉，[4]遂使宗社移於佗族，[5]神器傳於異姓。[6]此事之明，甚於觀火。然山川設險，非親勿居。且蜀土沃饒，人物殷阜，西通邛、僰，[7]南屬荊、巫。[8]周德之衰，茲土遂成戎首，炎政失御，[9]此地便爲禍先。是以明者防於無形，治者制其未亂，[10]方可慶隆萬世，年逾七百。[11]

[1]盤石之宗：比喻堅固穩定。典出《史記》卷一〇《孝文本紀》：“高帝封王子弟，地犬牙相制，此所謂盤石之宗也。”

[2]維城：指連城以衛國。典出《詩·大雅·板》：“懷德維寧，宗子維城。”

[3]秦皇：即秦始皇。紀見《史記》卷六。此處指秦始皇改封建制爲郡縣制一事。

[4]魏后：據後文，此應指曹魏時期事，但具體所指何人何事則未詳。

[5]佗：底本、庫本作“佗”，中華本作“他”。

[6]神器：代表國家政權的實物，如玉璽、寶鼎之類。借指帝位、政權。

[7]邛（qióng）：州名。治所在今四川邛崍市東南。隋大業初

廢。　僰（bó）：按隋初郡縣無僰名，此應指僰族活動的區域。僰，古族名。爲羌之別種，今之白族。一説爲擺夷，今之傣族。秦漢時活動於犍爲郡僰道縣（今四川宜賓市）。東漢末遷往朱提郡、寧州建寧郡（今雲南曲靖市）。從事農業、畜牧業與礦冶業、玉石製造業。俗行棺葬。這裏代指僰族活動的區域。

　　[8]荊：州名。治所在今湖北江陵縣。　巫：縣名。治所在今重慶巫山縣。隋開皇初改爲巫山縣。此處代指這一片區域。

　　[9]炎政：亦作“炎正”。指漢朝。五行家謂漢以火德王，火曰炎上，故以“炎”指漢朝。亦泛指以火德王的朝代。

　　[10]治：《北史》卷二三本傳作“安”。

　　[11]七百：典出《左傳》宣公三年：“成王定鼎于郟鄏，卜世三十，卜年七百，天所命也。”後用“七百”稱頌封建王朝運祚綿長。

　　伏惟陛下日角龍顏，[1]膺樂推之運，[2]參天貳地，[3]居揖讓之期。[4]億兆宅心，[5]百神受職，理須樹建藩屏，[6]封植子孫，繼周、漢之宏圖，改秦、魏之覆軌，抑近習之權勢，[7]崇公族之本枝。但三蜀、三齊，[8]古稱天險，分王戚屬，今正其時。若使利建合宜，封樹得所，巨猾息其非望，姦臣杜其邪謀。盛業洪基，同天地之長久，英聲茂實，齊日月之照臨。臣雖學謝多聞，[9]然情深體國，輒申管見，戰灼惟深。[10]

　　[1]日角：額骨中央部分隆起，形狀如日。舊時相術家認爲是大貴之相。《後漢書》卷一《光武帝紀上》：“身長七尺三寸，美須眉，大口，隆準，日角。”李賢注引鄭玄《尚書中候》注：“日角謂庭中骨起，狀如日。”

[2]樂推：樂意擁戴。

[3]參天貳地：亦作"參天兩地"。典出《易·説卦》："參天兩地而倚數。"孔穎達疏："倚，立也。既用蓍求卦，其揲蓍所得，取奇數於天，取耦數於地。"原爲《易》卦立數之義。後引申爲人之德可與天地相比。

[4]揖讓：指禪讓。

[5]億兆：指庶民百姓。猶言衆庶萬民。 宅心：歸心，心悦誠服而歸附。

[6]藩屏：捍衛。

[7]近習：君主寵愛親信的人。

[8]三蜀：區域名。西漢初分蜀郡置廣漢郡，武帝又分置犍爲郡，合稱"三蜀"。其地相當於今四川中部、貴州北部赤水河流域及雲南金沙江下游以東、會澤縣以北地區。 三齊：區域名。秦、漢之際項羽以齊國故地封田都爲齊王，都臨淄（今山東淄博市東北）；田市爲膠東王，都即墨（今山東平度市東南）；田安爲濟北王，都博陽（今山東泰安市東南），合稱"三齊"。相當於今山東大部地區。

[9]謝：慚愧。

[10]戰灼：惶恐不安。

帝省表嘉之，謂高熲曰："于氏世有人焉。"竟納其言，遣蜀王秀鎮於蜀。[1]

[1]秀：人名。即楊秀。傳見本書卷四五、《北史》卷七一。

宣敏常以盛滿之誠，昔賢所重，每懷靜退，著《述志賦》以見志焉。未幾，卒官，時年二十九。

陰壽　子世師　骨儀

　　陰壽字羅雲，武威人也。[1]父嵩，[2]周夏州刺史。[3]
壽少果烈，有武幹，性謹厚，敦然諾。周世屢以軍功，
拜儀同。從武帝平齊，[4]進位開府，賜物千段，奴婢百
口，女樂二十人。[5]

　　[1]武威：漢郡名。治所在今甘肅武威市。
　　[2]嵩：人名。即陰嵩。北周時曾任中書郎將、光祿大夫等職。
《元和姓纂》卷五稱陰嵩北周改姓邱目陵，隋以後復姓陰。《通志》
卷三〇《氏族略六》亦記西魏宇文泰改姓時將陰氏改爲邱目陵，與
《元和姓纂》所記相符。又，《元和姓纂》記陰壽爲陰嵩孫。其事
略見《册府元龜》卷三〇五《外戚部・賢行》、《元和姓纂》卷五。
　　[3]夏州：北周時治所在今陝西靖邊縣東北白城子。
　　[4]齊：即北齊（550—577），都於鄴（今河北臨漳縣西南鄴
鎮東）。
　　[5]女樂：歌舞伎。

　　及高祖爲丞相，引壽爲掾。[1]尉迥作亂，[2]高祖以韋
孝寬爲元帥擊之，[3]令壽監軍。時孝寬有疾，不能親總
戎事，每臥帳中，遣婦人傳教命。三軍綱紀，皆取決於
壽。以功進位上柱國。尋以行軍總管鎮幽州，[4]即拜幽
州總管，封趙國公。[5]

　　[1]掾：官名。全稱爲大丞相府掾。北周時爲大丞相府屬官。
　　[2]尉迥：人名。傳見《周書》卷二一、《北史》卷六二。《魏
書・官氏志》載北魏實行改姓之制，其中西方尉遲氏改爲尉氏，但

據《周書》卷二《文帝紀》載宇文泰於西魏恭帝元年（554）又改漢姓爲鮮卑姓，尉氏又由此改回尉遲氏。此處仍沿用北魏之制。

　　[3]韋孝寬：人名。北周、隋時人。傳見《周書》卷三一、《北史》卷六四。

　　[4]幽州：北周時治所在今北京城西南。

　　[5]趙國公：爵名。北周時置爲十一等爵的第四等。正九命。《北史》卷七三本傳作“趙郡公”。

　　時有高寶寧者，[1]齊氏之疎屬也，爲人桀黠，有籌算，在齊久鎮黃龍。[2]及齊滅，周武帝拜爲營州刺史，[3]甚得華夷之心。高祖爲丞相，遂連結契丹、靺鞨舉兵反，[4]高祖以中原多故，未遑進討，以書喻之而不得。開皇初，[5]又引突厥攻圍北平。[6]至是，令壽率步騎數萬，出盧龍塞以討之。[7]寶寧求救於突厥。時衛王爽等諸將數道北征，[8]突厥不能援。寶寧棄城奔于磧北，[9]黃龍諸縣悉平。壽班師，留開府成道昂鎮之。[10]寶寧遣其子僧伽率廣騎掠城下而去。[11]尋引契丹、靺鞨之衆來攻，道昂苦戰連日乃退。壽患之，於是重購寶寧，又遣人陰間其所親任者趙世模、王威等。[12]月餘，世模率其衆降，寶寧復走契丹，爲其麾下趙脩羅所殺，[13]北邊遂安。賜物千段。未幾，卒官，贈司空。[14]子世師嗣。

　　[1]高寶寧：人名。名或作保寧，北齊代郡人。後主武平末爲營州刺史，北周平齊，高寶寧不受招慰。范陽王高昭義爲北周兵逼奔突厥，高寶寧上勸進表，高昭義遂即皇帝位，署寶寧爲丞相。盧昌期據范陽起兵，寶寧引昭義集合軍隊數萬救之，至潞河，知周將宇文神舉屠范陽，還據黃龍，不臣周。其事略見《北齊書》卷一二

《范陽王紹義傳》，《周書》卷六《武帝紀下》、卷二一《尉遲迥傳》等。

〔2〕黃龍：城名。一名龍城、和龍城、龍都。北齊時在今遼寧朝陽市。東晋咸康七年（341）慕容皝築，次年遷都於此。前燕建國後，遷都於薊，建留後於此。隆安元年（397）後燕慕容寶復以此爲都。義熙五年（409）馮跋於此建立北燕。北魏太延二年（436）攻克此城後改置營州。

〔3〕營州：北周時治所在今遼寧朝陽市。

〔4〕契丹：古族名。源於東胡，居今遼河上游西拉木倫河一帶，以游牧爲生。北魏時，自號契丹。唐末，迭剌部首領阿保機統一各部族，稱帝建遼國。宋宣和七年（1125）爲金所滅。傳見《舊唐書》卷一九九下。　靺鞨：古族名。周時稱肅慎，漢魏時稱挹婁，北魏時稱勿吉，隋唐時稱靺鞨，五代時稱女真。分布在松花江、牡丹江流域及黑龍江下游，東至日本海。傳見《舊唐書》卷一九九下。

〔5〕開皇：隋文帝楊堅年號（581—600）。

〔6〕突厥：古族名、國名。廣義包括突厥、鐵勒諸部落，狹義專指突厥。公元六世紀時游牧於金山（今阿爾泰山）以南，因金山形似兜鍪，俗稱“突厥”，遂以名部落。西魏廢帝元年，土門自號伊利可汗，建立突厥汗國，後分裂爲西突厥、東突厥兩個汗國。傳見本書卷八四、《北史》卷九九、《舊唐書》卷一九四、《新唐書》卷二一五。　北平：縣名。治所在今河北順平縣東南。

〔7〕盧龍塞：地名。簡稱盧塞，一名盧龍嶺。在今河北遷西縣北喜峰口附近一帶。古有塞道，自今河北薊縣東北經遵化市，循灤河河谷，折東趨大凌河流域，爲河北平原通向東北的交通要道。

〔8〕衛王：爵名。全稱爲衛昭王。隋九等爵的第一等。正一品。爽：人名。即楊爽。傳見本書卷四四、《北史》卷七一。

〔9〕磧（qì）北：舊稱蒙古高原大沙漠以北地區。

〔10〕開府：官名。隋左右衛、武衛、武候、領軍府及東宮領府

兵率府所統親衛、左勳衛及左翊四府各置一人，掌領本府府兵。東
宮左右虞候府各置一人，掌斥候伺非。煬帝大業三年，改左右虞候
開府爲左右虞候率。　成道昂：人名。其事不詳。

[11]僧伽：人名。即高僧伽。其事不詳。　廣：底本、庫本作
"廣"，中華本作"輕"。

[12]趙世模：人名。其事略見本書卷七〇《趙元淑傳》、《北
史》卷四一《楊玄感傳》。　王威：人名。其事不詳。庫本"威"
作"咸"。

[13]趙脩羅：人名。其事不詳。

[14]司空：官名。三公之一。隋爲名譽宰相，多爲大臣加官，
無實際職掌。正一品。

世師少有節概，性忠厚，多武藝。弱冠，以功臣子
拜儀同，累遷驃騎將軍。[1]煬帝嗣位，[2]領東都瓦工
監。[3]後三歲，拜張掖太守。[4]先是，吐谷渾及党項羌屢
爲侵掠，[5]世師至郡，有來寇者，親自捕擊，輒禽斬
之，[6]深爲戎狄所憚。入爲武賁郎將。[7]遼東之役，[8]出
襄平道。[9]明年，帝復擊高麗，[10]以本官爲涿郡留守。[11]
于時盜賊蜂起，世師逐捕之，往往剋捷。及帝還，大加
賞勞，拜樓煩太守。[12]時帝在汾陽宮，[13]世師聞始畢可
汗將爲寇，[14]勸帝幸太原。[15]帝不從，遂有雁門之
難。[16]尋遷左翊衛將軍，[17]與代王留守京師。[18]及義軍
至，世師自以世荷隋恩，又藩邸之舊，遂勒兵拒守。月
餘，城陷，與京兆郡丞骨儀等見誅，[19]時年五十三。

[1]驃騎將軍：官名。驃亦作票，爲高級武官稱號。隋因襲北
周府兵制，改開府府爲驃騎府，置驃騎將軍爲其長官，分駐各地，

統領府軍，分屬十二府大將軍。大業三年隨府名變更而改名鷹揚郎將。正四品上。

[2]煬帝：隋楊廣的謚號。紀見本書卷三、四，《北史》卷一二。

[3]東都：即洛陽。在今河南洛陽市。　瓦工監：官名。此職史書無記載，但查本書卷七四《元弘嗣傳》記元弘嗣"仁壽末，授木工監，修營東都"。又《新唐書》卷一〇〇《封倫傳》記："（楊）素營仁壽宮，表（倫）爲土工監。"可由此推知瓦工監應與木工監、土工監類似，皆爲營造宮室時設置的一種臨時性職務。

[4]張掖：郡名。初治所在今甘肅張掖市西北，隋開皇三年廢。大業三年復置，移治今甘肅張掖市。

[5]吐谷（yù）渾：古族名。屬鮮卑族的一支，本居遼東，後遷至甘肅、青海一帶居住。傳見本書卷八三、《晋書》卷九七、《宋書》卷九六、《魏書》卷一〇一、《周書》卷五〇、《北史》卷九六。　党項羌：古族名。西羌的一支，南北朝時期，活動於今青海河曲和四川松潘以西山谷地帶。唐代受吐蕃壓迫，遷居今甘肅、寧夏及陝北地區。從事畜牧業。傳見本書卷八三、《北史》卷九六。

[6]禽：底本、庫本作"禽"，中華本作"擒"。

[7]武賁郎將：官名。隋大業三年改革官制，十二衛每衛置護軍四人，爲將軍副貳，不久又改護軍爲武賁郎將。正四品。

[8]遼東：地區名。泛指今遼寧遼河以東地區。

[9]襄平道：地名。在今遼寧遼陽市老城區。

[10]高麗：朝鮮歷史上的王朝。傳見本書卷八一、《周書》卷四九、《北史》卷九四、《舊唐書》卷一九九上、《新唐書》卷二二〇。

[11]涿郡：隋大業三年改幽州置，治所在今北京城西南。

[12]樓煩：郡名。隋大業四年置，治所在今山西静樂縣。

[13]汾陽宮：宮名。隋大業四年建，故址在今山西寧武縣西南管涔山上。

[14]始畢可汗：突厥首領。姓阿史那，名咄吉。其事略見本書卷八四、《北史》卷九九《突厥傳》。

[15]太原：郡名。治所在今山西太原市西南古城營東。隋開皇三年改爲并州，大業三年復爲太原郡。

[16]雁門：郡名。隋初治所在今山西代縣西南古城，開皇初廢。大業初改代州爲雁門郡，治所在今山西代縣。

[17]左翊衛將軍：官名。隋大業三年改左右衛爲左右翊衛，職掌未變。故左衛將軍改名左翊衛將軍，是左翊衛大將軍部下。置兩員，從三品。

[18]代王：即隋恭帝楊侑。紀見本書卷五、《北史》卷一二。

[19]京兆郡：隋初治長安縣（今陝西西安市西北）。開皇三年廢，大業三年復置。治長安、大興二縣（今陝西西安市）。轄境相當於今陝西秦嶺和華山以北，乾縣與周至縣以東，淳化縣和宜君縣以及渭河下游以南地區。　丞：官名。京兆郡屬官，輔佐處理郡事。初爲從五品。大業三年改爲贊務，後又改稱丞，位在内史下。員一人，從四品。

骨儀，京兆長安人也。[1]性剛鯁，有不可奪之志。開皇初，爲侍御史，[2]處法平當，不爲勢利所回。煬帝嗣位，遷尚書右司郎。[3]于時朝政漸亂濁，貨賂公行，[4]凡當樞要之職，無問貴賤，並家累金寶。天下士大夫莫不變節，而儀勵志守常，介然獨立。帝嘉其清苦，超拜京兆郡丞，[5]公方彌著。時刑部尚書衛玄兼領京兆内史，[6]頗行詭道，輒爲儀所執正。玄雖不便之，不能傷也。及義兵至，而玄恐禍及己，遂稱老病，無所干預。儀與世師同心叶契，[7]父子並誅，其後遂絶。世師有子弘智等，[8]以年幼獲全。

　　[1]京兆長安人：《北史》卷七三本傳記其爲“天竺胡人”。《通鑑》卷一八二《隋紀》大業九年八月辛酉條胡三省注：“蓋本天竺胡人而居京兆長安也。”

　　[2]侍御史：官名。御史臺屬官。由吏部選用，入值禁中。從七品。大業三年罷直宿之制，唯掌侍從糾察，資位稍減。正七品。按，《北史》本傳記爲“御史”。

　　[3]尚書右司郎：官名。爲尚書右司屬官。掌監督管理兵部、刑部、工部十二司政務。員一人。按，《北史》本傳記爲“尚書左司郎”。考骨儀所任多與司法有關，似爲右司郎更有可能。

　　[4]貨賂公行：原脱“賂”字，中華本校勘記曰：“據《册府》四六二、《御覽》二一三補。”從改。

　　[5]京兆郡丞：據《通鑑》卷一八二《隋紀》大業九年八月辛酉條，骨儀在任京兆郡丞前還擔任過刑部侍郎。

　　[6]刑部尚書：官名。隋初沿置都官尚書，開皇三年改爲刑部尚書，是尚書省下轄六部之一刑部的長官。職掌刑法、徒隸、勾覆及關禁之政，總判刑部、都官、比部、司門四司之事。置一員，正三品。　衛玄：人名。傳見本書卷六三、《北史》卷七六。　内史：官名。隋大業三年置於京兆、河南，爲地方行政次官，位在京兆尹、河南尹之下，員各一人，輔佐尹處理政務。

　　[7]叶：底本、庫本作“叶”，中華本作“協”。

　　[8]弘智：人名。即陰弘智。其事不詳。

竇榮定

　　竇榮定，扶風平陵人也。[1]父善，[2]周太僕。[3]季父熾，[4]開皇初，爲太傅。[5]榮定沈深有器局，容貌瓌偉，美鬚髯，便弓馬。魏文帝時，[6]爲千牛備身。周太祖見而奇之，授平東將軍，[7]賜爵宜君縣子，邑三百户。後從太祖與齊人戰於北芒，[8]周師不利。榮定與汝南公宇文神慶帥精騎二千邀擊之，[9]齊師乃却。以功拜上儀同。後從武元皇帝引突厥木杆侵齊之并州，[10]賜物三百段。襲爵永富縣公，邑千戶，進位開府，除中州刺史。[11]從武帝平齊，加上開府，[12]拜前將軍、伏飛中大夫。[13]

[1]扶風：地名。即右扶風。西漢太初元年（前104）改主爵都尉置，治所在今陝西西安市西北。東漢末移治今陝西興平市東南南佐村。　平陵：縣名。治所在今陝西咸陽市西北。

[2]善：人名。即竇善。隨魏孝武西遷，仕至太僕、衛尉卿、汾北華瀛三州刺史、驃騎大將軍、開府儀同三司、永富縣公。謚曰忠。事見《周書》卷三〇、《北史》卷六一《竇熾傳》。

[3]太僕：官名。北周時為三公之一，不置府僚。多為贈官。正九命。

[4]熾：人名。即竇熾。傳見《周書》卷三〇、《北史》卷六一。

[5]太傅：官名。隋三師之一。名為訓導之官，與天子坐而論道，實無具體職權。多贈與德高望重的元老大臣為榮譽銜，無其人則缺。正一品。

[6]魏文帝：即西魏文帝元寶炬。傳見《北史》卷五，事見《魏書》卷二二《京兆王愉傳》。

[7]平東將軍：官名。為散號將軍。從六品上。隋大業三年罷。

[8]太祖：《北史》卷六一中華本校勘記考“太祖”當為“高祖”。　北芒：山名。在今河南洛陽市北。庫本作“北邙”。

[9]宇文神慶：人名。神慶是其字，名慶。傳見本書卷五〇，《北史》卷五七有附傳。

[10]武元皇帝：即隋文帝之父楊忠。傳見《周書》卷一九，事見《北史》卷一一《隋文帝紀》。　木杆：突厥首領。本書卷八

四《突厥傳》作"木扞",關於其名,説法有二,本書《突厥傳》稱爲"阿史那俟斤"。《北史》卷九九《突厥傳》稱爲"阿史那俟斤"。其事略見此兩傳。　　并州:治所在今山西太原市西南。

[11]中州:諸本原作"忠州",查北周無此州名。《册府元龜》卷三八三《將帥部》作"中州",應是,據改。中州,治所在今河南新安縣,建德六年廢。

[12]上開府:官名。全稱爲上開府儀同大將軍,北周時位在開府儀同大將軍上,主要授予有軍勳的功臣及北齊降官,無具體職掌。初任此職者加使持節、大都督、驃騎大將軍、侍中。大象元年(579)罷此制,唯任總管、刺史及行兵者加持節。九命。

[13]前將軍:軍府名號。北周時用作加官。正七命。　　伙飛中大夫:官名。北周職掌不詳。正五命。

　　其妻則高祖姊安成長公主也。[1]高祖少小與之情契甚厚,榮定亦知高祖有人君之表,尤相推結。及高祖作相,領左右宫伯,[2]使鎮守天臺,[3]總統露門内兩箱仗衛,[4]常宿禁中。遇尉迴初平,朝廷頗以山東爲意,[5]乃拜榮定爲洛州總管以鎮之。[6]前後賜縑四千匹,[7]西凉女樂一部。[8]

[1]安成:公主名號。其事不詳。　　長公主:公主之尊崇者爲長公主。漢多封皇帝長女或長姊,後代沿之。

[2]左右宫伯:官名。全稱是左右宫伯中大夫,北周天官府屬官。掌侍衛之禁,各更直於内。正五命。

[3]天臺:北周静帝所居宫。北周宣帝稱天元皇帝時,以所居宫稱天臺。後静帝即位,入居天臺。《通鑑》卷一七四《陳紀》太建十二年五月丁未條:"發喪,静帝入居天臺,罷正陽宫。"

[4]露門:即路門。天子五門之一,宫室最内之正門。　　箱杖

衛：官名。北周時具體職掌、品級不詳。箱，《北史》卷六一本傳作“廂”。

　　[5]山東：區域名。一般指華山（今屬陝西）或崤山（今屬河南）以東爲山東。

　　[6]洛州：治所在今河南洛陽市東北。

　　[7]縑：雙絲織成的細絹。

　　[8]西涼：樂曲名。此指西涼樂。十六國時期，吕光、沮渠蒙遜據有涼州，融合中原音樂與龜兹聲，謂秦漢伎。北魏太延五年，太武帝滅涼而得之，稱之西涼樂。

　　高祖受禪，來朝京師。上顧謂群臣曰：“朕少惡輕薄，性相近者，唯竇榮定而已。”賜馬三百匹，部曲八十户而遣之。[1]坐事除名，[2]高祖以長公主之故，尋拜右武候大將軍。[3]上數幸其第，恩賜甚厚。每令尚食局日供羊一口，[4]珍味稱是。以佐命功，拜上柱國、寧州刺史。[5]未幾，復爲右武候大將軍。尋除秦州總管，[6]賜吴樂一部。[7]突厥沙鉢略寇邊，[8]以爲行軍元帥，率九總管，步騎三萬，出涼州。[9]與虜戰於高越原，[10]兩軍相持，其地無水，士卒渴甚，至刺馬血而飲，死者十有二三。榮定仰天太息，俄而澍雨，[11]軍乃復振。於是進擊，數挫其鋒，突厥憚之，請盟而去。賜縑萬匹，進爵安豐郡公，[12]增邑千六百户。復封子憲爲安康郡公，[13]賜縑五千匹。

　　[1]部曲：依附性農民。部和曲本爲兩漢以來的軍事建制，後漸變成軍隊的代名、士卒隊伍的變稱。東漢末，對主將有人身依附關係的部曲，變爲主將的私屬。魏晋以來，困於戰亂的農民請求武

裝大族保護，變爲私部曲，亦稱家兵。因戰爭不斷擴大和延續，部曲越來越多，逐漸成爲且戰且耕的生産者。　八十户：底本作“八千户”，中華本、《北史》卷六一本傳作“八十户”。依其文意當以“八十户”爲確。從改。

[2]坐事：因事獲罪。

[3]右武候大將軍：官名。隋十二衛大將軍之一，與左武候大將軍同掌車駕出巡營衛，分領府兵。員一人，正三品。大業三年改名右候衛大將軍。

[4]尚食局：官署名。屬門下省，總知御膳事。設典御二員、直長四員、食醫四員；大業三年改隸殿内省，置奉御二員、直長六員。又有食醫若干員。

[5]寧州：治所在今甘肅寧縣。隋大業三年改爲北地郡。

[6]秦州：治所在今甘肅天水市。隋大業三年廢。　總管：官名。領一州或數州、十數州軍政，刺史以下官得承制補授。其品秩分三等，上總管視從二品，中總管視正三品，下總管視從三品。邊鎮大州或置大總管。

[7]吳樂：吳地的音樂。或代指江南音樂。

[8]沙鉢略：人名。突厥首領。其事參見本書卷八四、《北史》卷九九《突厥傳》。

[9]涼州：治所在今甘肅武威市。隋大業三年廢。

[10]高越原：地名。在今内蒙古阿拉善右旗東部和甘肅民勤縣西部一帶。

[11]澍（shù）雨：大雨，暴雨。亦含及時雨的意思。

[12]安豐郡公：爵名。隋九等爵的第四等。從一品。按，本書卷一《高祖紀上》記開皇元年“十一月乙卯，以永昌郡公竇榮定爲右武候大將軍”。據傳，竇榮定拜右武候大將軍之後纔進爵郡公，則本書《高祖紀上》所記有誤，“永昌郡公”應爲“永富縣公”之訛。

[13]憲：人名。即竇憲。其事不詳。

歲餘，拜右武衛大將軍。[1]俄轉左武衛大將軍。[2]上
欲以爲三公，榮定上書曰："臣每觀西朝衛、霍，[3]東都
梁、鄧，[4]幸託葭莩，[5]位極台鉉，[6]寵積驕盈，必致傾
覆。向使前賢少自貶損，遠避權勢，推而不居，則天命
可保，何覆宗之有！臣每覽前修，實爲畏懼。"上於是
乃止。前後賞賜，不可勝計。

[1]右武衛大將軍：官名。隋文帝設左右武衛，各置大將軍一
人。掌領外軍宿衛宮禁。正三品。

[2]左武衛大將軍：官名。隋文帝設左右武衛，各置大將軍一
人。掌領外軍宿衛宮禁。正三品。

[3]西朝：指西漢。 衛、霍：指衛青和霍去病。二人傳見
《史記》卷一一一、《漢書》卷五五。

[4]東都：指東漢（25—220），都洛陽（今河南洛陽市）。
梁、鄧：指梁冀和鄧騭。梁冀《後漢書》卷三四有附傳，鄧騭傳見
《後漢書》卷一六。

[5]葭莩：本意指蘆葦裏的隔膜，比喻關係疏遠的親戚。顏師
古注《漢書》卷五三《中山靖王勝傳》曰："葭，蘆也。莩者，其
箇中白皮至薄者也。葭莩喻薄。"

[6]台鉉：猶台鼎。鉉，鼎耳，以代鼎。鼎三足，有三公之象，
故以喻宰輔重臣。

開皇六年卒，時年五十七。上爲之廢朝，令左衛大
將軍元旻監護喪事，[1]賻縑三千匹。上謂侍臣曰："吾每
欲致榮定於三事，其人固讓不可。今欲贈之，重違其
志。"於是贈冀州刺史、陳國公，[2]謚曰懿。子抗嗣。[3]

〔1〕左衛大將軍：官名。掌宮掖禁禦，督攝仗衛。員一人，正三品。大業三年，改爲左翊衛大將軍，總府事，並統諸鷹揚府。元旻：人名。曾任左衛大將軍、五原公。與王世積交好，王世積因事被誅，元旻受牽連被免官。其事略見本書卷四〇《王世積傳》、卷四五《房陵王勇傳》。

〔2〕冀州：治所在今河北冀州市。隋大業初，改爲信都郡。

〔3〕抗：人名。即竇抗。《舊唐書》卷六一、《新唐書》卷九五有附傳。

抗美容儀，性通率，長於巧思。父卒之後，恩遇彌隆，所賜錢帛金寶，亦以鉅萬。抗官至定州刺史，[1]復檢校幽州總管。[2]煬帝即位，漢王諒構逆，[3]以爲抗與通謀，由是除名，以其弟慶襲封陳公焉。

〔1〕定州：治所在今河北定州市。隋大業三年改爲博陵郡，九年又改高陽郡。

〔2〕檢校：官制用語。謂代理，即尚未實授某官業已掌其職事之謂。

〔3〕諒：人名。即楊諒。傳見本書卷四五、《北史》卷七一。

慶亦有姿儀，性和厚，頗工草隸。初封永富郡公，官至河東太守、衛尉卿。[1]大業之末，[2]出爲南郡太守，[3]爲盜賊所害。

〔1〕河東：郡名。隋大業三年廢蒲州置河東郡，治所在今山西永濟市西南蒲州鎮。　衛尉卿：官名。隋初設衛尉卿一人爲衛尉寺

長官。正三品。開皇三年罷，其職分隸太常寺、尚書省。開皇十二年復置，但宮門屯兵歸屬監門衛，本寺唯掌軍器、儀仗、帳幕之事。煬帝時降爲從三品。

[2]大業：隋煬帝楊廣年號（605—618）。

[3]南郡：隋大業三年改荆州爲南郡，治所在今湖北江陵縣。

慶弟璡，[1]亦工草隸，頗解鍾律。官歷潁川、南郡、扶風太守。[2]

[1]璡（jìn）：人名。即竇璡。《舊唐書》卷六一、《新唐書》卷九五有附傳。

[2]潁川：郡名。隋大業時置，治所在今河南許昌市。　扶風：郡名。隋大業三年置，治所在今陝西鳳翔縣。

元景山

元景山字珤岳，[1]河南洛陽人也。祖燮，[2]魏安定王。[3]父琰，[4]宋安王。景山少有器局，幹略過人。周閔帝時，從大司馬賀蘭祥擊吐谷渾，[5]以功拜撫軍將軍。[6]其後數從征伐，累遷儀同三司，[7]賜爵文昌縣公，授亹川防主。[8]後與齊人戰於北邙，[9]斬級居多，加開府，[10]遷建州刺史，[11]進封宋安郡公，邑三千户。從武帝平齊，每戰有功，拜大將軍，改封平原郡公，邑二千户，賜女樂一部，帛六千匹，奴婢二百五十口，牛羊數千。

[1]珤（bǎo）：《北史》卷一八本傳作“寶”。

[2]燮：人名。即元燮。事見《魏書》卷一九下、《北史》卷

一八《安定王休傳》。

[3]魏：即北魏（386—557）。初都平城（今山西大同市東北），公元494年遷都洛陽（今河南洛陽市東北白馬寺東）。公元534年分裂爲東魏和西魏兩個政權。東魏（534—550）都於鄴（今河北臨漳縣西南鄴鎮東），西魏（535—557）都於長安（今陝西西安市西北郊）。　安定王：爵名。北魏時爲爵位最高等。一品。

[4]琰（yǎn）：人名。即元琰。河南洛陽人，字伏寶。大統中封宋安王，薨謚曰懿。其事略見《北史·安定王休傳》。

[5]大司馬：官名。全稱爲大司馬卿。北周時爲夏官府最高長官。掌邦政，征伐敵國及四時治兵講武皆由其主持，大祭司則掌宿衛，廟社則奉羊牲。置一員，正七命。　賀蘭祥：人名。傳見《周書》卷二〇、《北史》卷六一。

[6]撫軍將軍：官名。爲戎號。北周時八命。

[7]儀同三司：官名。爲勳官、散官號。北周時府兵制中儀同府長官加此名。九命。

[8]亹（mén）川：地名。查北周無此地名，疑因指浩亹川，河名。即今青海、甘肅境內湟水支流大通河。　防主：官名。始置於東西魏分峙之際。爲防之主將，掌轄區軍政事務，多以刺史、郡守或都督數州或數防諸軍事兼領。品秩不詳。

[9]北邙：即邙山，一名北芒，亦稱邙山。在今河南洛陽市北。

[10]開府：官名。爲勳官號。全稱爲開府儀同三司。一般加於府兵制中儀同府長官，北周武帝建德四年改爲開府儀同大將軍。九命。

[11]建州：治所在今山西絳縣東南。北周末廢。

治亳州總管。[1]先是，州民王迴洛、張季真等聚結亡命，[2]每爲劫盜。前後牧守不能制。景山下車，逐捕之，迴洛、季真挺身奔江南。[3]禽其黨與數百人，皆斬之。法令明肅，盜賊屛迹，稱爲大治。陳人張景遵以淮南內屬，[4]爲陳將任蠻奴所攻，[5]破其數柵。[6]景山發譙、潁兵援之，[7]蠻奴引軍而退。徵爲候正。[8]

[1]治：殿本《隋書考證》疑作“除”。　亳州：北周末改南兗州置，治所在今安徽亳州市。

[2]王迴洛：人名。其事不詳。　張季真：人名。其事不詳。《册府元龜》卷六九五《牧守部》“真”作“貞”。

[3]江南：區域名。泛指今長江以南地區。

[4]陳：即南朝陳（557—589），都建康（今江蘇南京市）。張景遵：人名。其事不詳。　淮南：郡名。南朝陳時治所在今安徽當塗縣。

[5]任蠻奴：人名。名忠，蠻奴是其小名。傳見《陳書》卷三一、《南史》卷六七。

[6]柵：營寨。

[7]譙：州名。北周時治所在今安徽滁州市。　潁：北周無潁州，此處或指北齊所設之潁州地域。治所在今安徽阜陽市。

[8]候正：官名。北周時負責警衛候望。

　　宣帝嗣位，從上柱國韋孝寬經略淮南。鄖州總管宇文亮謀圖不軌，[1]以輕兵襲孝寬。孝寬窘迫，未得整陣，爲亮所薄。景山率鐵騎三百出擊，破之，斬亮傳首。以功拜亳州總管。[2]

[1]鄖州：北周時治所在今湖北安陸市。尋廢。　宇文亮：人名。北周時人。《周書》卷一〇、《北史》卷五七有附傳。

[2]亳州總管：前文已言拜“亳州總管”，此又言之，似誤。

按，本書本卷《源雄傳》記高祖爲丞相時曰："陳人見中原多故，遣其將陳紀、蕭摩訶、任蠻奴、周羅睺、樊毅等侵江北……雄與吳州總管于顗、揚州總管賀若弼、黃州總管元景山等擊走之，悉復故地。"《册府元龜》卷四二九《將帥部》亦記如是，與下段文所記應即一事。則元景山時任黃州總管而非亳州總管。

高祖爲丞相，尉迥稱兵作亂。榮州刺史宇文冑與迥通謀，[1]陰以書諷動景山。景山執其使，封書詣相府。高祖甚嘉之，進位上大將軍。[2]司馬消難之以郎州入陳也，[3]陳遣將樊毅、馬傑等來援。[4]景山率輕騎五百馳赴之。毅等懼，掠居民而遁。景山追之，一日一夜，行三百餘里，與毅戰於漳口，[5]二合皆剋。毅等退保甑山鎮。[6]其城邑爲消難所陷者，悉平之。拜安州總管，[7]進位柱國，[8]前後賜帛二千匹。時桐柏山蠻相聚爲亂，[9]景山復擊平之。

[1]榮：諸本作"榮"，中華本校勘記據本書卷一《高祖紀上》、卷四八《楊素傳》改爲"榮"，從改。榮，州名。北周時以北豫州改置，治所在今河南榮陽市西北汜水鎮。 宇文冑：人名。北周時人。事見《周書》卷一〇、《北史》卷五七《邵惠公顥傳》。

[2]上大將軍：官名。爲高級武官名號。北周時正九命。

[3]司馬消難：人名。北周時人。傳見《周書》卷二一，《北史》卷五四有附傳。

[4]樊毅：人名。南朝陳時人。傳見《陳書》卷三一、《南史》卷六七。 馬傑：人名。其事不詳。

[5]漳口：地名。在今湖北云夢縣西南。

[6]甑（zèng）山鎮：地名。在今湖北漢川市東南。

[7]安州：南朝陳時以東楚州改，治所在今江蘇宿遷市東南廢黃河北岸古城。

[8]柱國：勳官名。全稱爲柱國大將軍。北魏太武帝置，以爲開國元勳長孫嵩的加官。孝莊帝因尒朱榮有擁立之功，特置以授之，位在丞相上。西魏文帝以宇文泰有中興之功，又置此官授之。後凡屬功參佐命，望實俱重的，也得居之。自大統十六年以前任此官的名義上有八人。但元欣以宗室任官有名無實權，宇文泰爲統帥，其他六人分掌禁旅，各轄二大將軍。後功臣位至此官者愈多，遂成爲散秩，無所統御。北周武帝增置上柱國等官，並以上柱國大將軍爲勳官之首。柱國大將軍次之，正九命。

[9]桐柏山：在今河南桐柏縣西南。

　　高祖受禪，拜上柱國。明年，大舉伐陳，以景山爲行軍元帥，[1]率行軍總管韓延、呂哲出漢口。[2]遣上開府鄧孝儒將勁卒四千，[3]攻陳甑山鎮。陳人遣其將陸綸以舟師來援。[4]孝儒逆擊，破之。陳將魯達、陳紀以兵守溳口，[5]景山復遣兵擊走之。陳人大駭，甑山、沌陽二鎮守將皆棄城而遁。[6]景山將濟江，會陳宣帝卒，[7]有詔班師。景山大著威名，甚爲敵人所憚。

[1]行軍元帥：官名。隋沿北周而置，爲臨時設置的最高統兵官，統一道或數道行軍總管，兵停則罷，多以親王或重臣爲之。

[2]行軍總管：官名。隋沿襲北周而置，本爲臨時設置，隋則逐漸過渡爲地方行政長官，或掌一道軍政，或領數道。又有大總管、總管之分。　韓延：人名。其事不詳。　呂哲：人名。其事不詳。　漢口：地名。一名沔口。即今湖北漢水入長江之口。

[3]鄧孝儒：人名。其事不詳。

[4]陸綸：人名。查《陳書》卷一五《陳慧紀傳》載一"陸

倫", 隋元帥楊素率軍濟江, 陳慧紀曾遣他與吕忠肅等拒之。或疑爲同一人。

[5]魯達: 應即魯廣達。據《陳書》卷三一《魯廣達傳》: "周安州總管元景(山)將兵寇江外, 廣達命偏師擊走之。" 魯廣達, 人名。南朝陳時人。傳見《陳書》卷三一, 《南史》卷六七有附傳。 陳紀: 人名。即陳慧紀。南朝陳時人。傳見《陳書》卷一五、《南史》卷六五。 湨口: 地名。即湨水入漢江之口, 在今湖北武漢市漢陽西北。

[6]沌陽: 地名。治所在今湖北武漢市漢陽區。

[7]陳宣帝: 南朝陳皇帝陳頊的謚號。紀見《陳書》卷五、《南史》卷一〇。

後數載, 坐事免, 卒于家, 時年五十五。贈梁州總管,[1]賜縑千匹, 謚曰襄。子成壽嗣。

[1]梁州: 治所在今陝西漢中市東。隋大業三年廢。

成壽便弓馬, 起家千牛備身。[1]以上柱國世子, 拜儀同。[2]後爲秦王庫真車騎。[3]煬帝嗣位, 徵爲左親衛郎將。[4]楊玄感之亂也,[5]從刑部尚書衛玄擊之, 以功進位正議大夫,[6]拜西平通守。[7]

[1]千牛備身: 官名。隸左、右領左右府, 掌執千牛刀, 扈衛侍從。各十二人, 正六品。東宮亦置, 屬左、右内率, 員八人, 正七品。

[2]儀同: 官名。爲十一等勳官中的第八等, 正五品上。大業三年罷。

[3]秦王: 即楊俊。傳見本書卷四五、《北史》卷七一。 庫

真車騎：官名。"庫真"爲鮮卑語，其意爲親信。庫真車騎即親信車騎，負責諸王及主要大臣之侍衛。《北史》卷一八《元景山傳》記楊俊官爲"秦王庫直"。

[4]左親衛郎將：官名。爲左親衛副長官，負責宿衛内廷。

[5]楊玄感：人名。傳見本書卷七〇，《北史》卷四一有附傳。

[6]正議大夫：官名。隋大業三年置，爲散官。正四品。

[7]西平：郡名。隋大業初改鄯州置，治所在今青海樂都縣。

通守：官名。隋煬帝時始於諸郡置，位次太守，協助處理本郡政務。

源雄

源雄字世略，西平樂都人也。[1]祖懷、父纂，[2]俱爲魏隴西王。[3]雄少寬厚，偉姿儀。在魏起家秘書郎，[4]尋加征討將軍。[5]屬其父爲高氏所誅，[6]雄脱身而遁，變姓名，西歸長安。周太祖見而器之，賜爵隴西郡公。後從武帝伐齊，以功授開府，改封朔方郡公，拜冀州刺史。[7]時以突厥寇邊，徙雄爲平州刺史以鎮之。[8]未幾，檢校徐州總管。[9]

[1]樂都：縣名。一作落都城。即今青海樂都縣。

[2]懷：人名。即源懷，本名思禮，後賜名懷。北魏時人。《魏書》卷四一、《北史》卷二八有附傳。　纂：人名。即源纂。北魏時人。事見《魏書》卷四一、《北史》卷二八《源子恭傳》。

[3]俱爲魏隴西王：據《魏書》卷四一本傳記，源懷襲其父爵隴西王。懷共有七子，纂爲最小，未曾襲爵。源纂子源剛墓誌記其父官職爲"魏尚書左僕射"（參見齊運通編纂《洛陽新獲七朝墓

誌》四二《東魏源剛墓誌》，中華書局 2012 年版，第 42 頁）。源纂
孫女源伯儀墓誌記源纂官職爲“散騎常侍，太府卿，定、瀛二州刺
史，贈司空公，父（原誤刻爲“文”）雄，隨冀、兗、徐、懷、
幽、朔、郿七州刺史，徐、幽、朔三州總管，朔方郡開國公”（參
見劉文編著《陝西新見隋朝墓誌》五五《隨故雲州總管工部尚書
鉅鹿郡開國公賀婁子幹妻鉅鹿國夫人源氏墓誌銘》，陝西新華出版
傳媒集團，三秦出版社 2018 年版，第 126 頁）。皆未提及其襲爵隴
西王。此處當爲誇耀。

[4]秘書郎：官名。爲秘書省屬官，掌整理圖籍，考核舊聞。
北魏太和十七年（493）定爲從五品上，二十三年以後稱秘書郎中。

[5]征討將軍：中華本作“征虜將軍”。北魏並未置征討將軍，
此處應爲“征虜將軍”。征虜將軍，官名。爲武官，亦作爲高級文
職官員的加官。北魏太和十七年定爲第三品上，二十三年改爲從
三品。

[6]高氏：此指北齊高祖高歡。紀見《北齊書》卷一、二，
《北史》卷六。按，據《魏書》卷四一本傳，源纂“建義初，遇害
河陰。年三十七”。

[7]冀州：北周時治所在今河北冀州市。

[8]平州：北周時治所在今湖北當陽市。

[9]徐州：北周時治所在今江蘇徐州市。

及高祖爲丞相，尉迴作亂。時雄家累在相州，[1]迴
潛以書誘之，雄卒不顧。高祖遺雄書曰：“公妻子在鄴
城，[2]雖言離隔，賊徒窮滅，聚會非難。今日已後，不
過數旬之別，遲能開慰，無以累懷。徐部大蕃，東南襟
帶，密邇吳寇，[3]特須安撫。藉公英略，委以邊謀，善
建功名，用副朝委也。”[4]迴遣其將畢義緒據蘭陵，[5]席
毗陷昌慮、下邑。[6]雄遣徐州刺史劉仁恩擊義緒，[7]儀同

劉弘、李琰討席毗，[8]悉平之。

[1]相州：北周建德六年改司州爲相州，治所在今河北臨漳縣西南。大象二年移治今河南安陽市南。

[2]鄴城：縣名。北周時爲相州治所，在今河南安陽市。

[3]密邇：貼近、靠近。

[4]副：相稱、符合。

[5]畢義緒：人名。北周時曾任徐州都督府長史、東平郡守，尉遲迥作亂時舉兵響應。其事略見《北史》卷三二《崔昂傳》、卷六二《尉遲迥傳》。　蘭陵：郡名。北周時治所在今山東滕州市東南。後廢。

[6]席毗：人名。按，本書卷五〇《李禮成傳》、六〇《于仲文傳》亦作“席毗羅”。據本書卷一《高祖紀上》，其弟名“義羅”，則似以“毗羅”爲確。北齊將領，後降北周，隨同尉遲迥作亂。其事略見本書《高祖紀上》、卷五〇《李禮成傳》、卷六〇《于仲文傳》、卷七一《劉弘傳》等。　昌慮：縣名。北周時治所在今山東滕州市東南。　下邑：縣名。北周時治所在今安徽碭山縣東。

[7]劉仁恩：人名。北周、隋時人。事見本書卷四六、《北史》卷七五《張煚傳》。

[8]劉弘：人名。傳見本書卷七一、《北史》卷八五。　李琰：人名。北周、隋時人。其事不詳。

陳人見中原多故，遣其將陳紀、蕭摩訶、任蠻奴、周羅睺、樊毅等侵江北，[1]西自江陵，東距壽陽，[2]民多應之。攻陷城鎮。雄與吳州總管于顗、揚州總管賀若弼、黃州總管元景山等擊走之，[3]悉復故地。東潼州刺史曹孝達據州作亂，[4]雄遣兵襲斬之。進位上大將軍，拜徐州總管。後數歲，轉懷州刺史，[5]尋遷朔州總管。[6]
突厥有來寇掠，雄輒捕斬之，深爲北夷所憚。

[1]蕭摩訶：人名。南朝陳時人。傳見《陳書》卷三一、《南
史》卷六七。　周羅睺：人名。南朝陳時人。傳見本書卷六五、
《北史》卷七六。

[2]壽陽：縣名。南朝陳時治所在今安徽壽縣。

[3]吳州：南朝陳時治所在今江蘇蘇州市。　于顗：人名。北
周、隋時人。本書卷六〇、《北史》卷二三有附傳。　揚州：南朝
陳時治所在今江蘇南京市。　賀若弼：人名。北周、隋時人。傳見
本書卷五二，《北史》卷六八有附傳。　黃州：北周以南司州改名，
治所在今湖北武漢市黃陂區北。

[4]東潼州：查北周似未設東潼州，疑有誤。　曹孝達：人名。
隨同尉遲迥作亂，其事略見《北史》卷六二《尉遲迥傳》。

[5]懷州：治所在今河南沁陽市。隋大業初廢。

[6]朔州：治所在今山西朔州市。隋大業初改置代郡，尋改爲
馬邑郡。

伐陳之役，高祖下册書曰：“於戲！唯爾上大將軍、
朔方公雄，[1]識悟明允，風神果毅。往牧徐方，時逢寇
逆，建旗馬邑，[2]安撫北蕃。嘉謀絶外境之虞，挺劍息
韋韝之望。[3]沙漠以北，俱荷威恩，吕梁之間，[4]罔不懷
惠。但江淮蕞爾，[5]有陳僭逆，今將董率戎旅，[6]清彼東
南，是用命爾爲行軍總管。往欽哉！”於是從秦王俊出
信州道。[7]及陳平，以功進位上柱國。賜子崇爵端氏縣
伯，褒爲安化縣伯，[8]賜物五千段，復鎮朔州。二歲，
上表乞骸骨，徵還京師，卒于家，時年七十。

[1]上大將軍：官名。隋置爲從二品散實官，大業三年罷。

[2]旟（yú）：古代九旗之一，上畫鳥隼圖像，進軍時用。亦泛指旗幟。典出《周禮·春官·司常》：“鳥隼爲旟……州里建旟。”

馬邑：郡名。在今山西朔州市。

[3]韋韝：皮製的臂衣。古代北方游牧民族的裝束。亦借指游牧民族。

[4]吕梁：吕，指西周時的吕國，在今河南南陽市西。梁指西周時的梁國，在今陝西韓城市南。此處應代指舊時吕國與梁國所統治的這片區域。

[5]蕞爾：形容小。典出《左傳》昭公七年：“鄭雖無腆，抑諺曰‘蕞爾國’，而三世執其政柄。”

[6]董率：統帥、領導。

[7]信州：治所在今重慶奉節縣東白帝城。隋大業三年改爲巴東郡。

[8]褒：人名。即源褒。其事不詳。

　　子崇嗣，官至儀同。大業中，自上黨贊治入爲尚書虞部郎。[1]及天下盜起，將兵討北海，[2]與賊力戰而死，贈正議大夫。

　　[1]上黨：郡名。隋開皇初廢，大業初復置，治所在今山西長治市。　贊治：官名。隋初置爲京尹的佐貳。雍州牧下設贊治。從其叙次來看，位約當於前代的治中。煬帝罷州置郡，取消長史、司馬，僅置贊務爲佐貳，旋改郡贊務爲郡丞，則其地位本即郡丞。隋贊務品秩，京兆、河南從四品，郡自正五品至正六品不等。　尚書虞部郎：官名。原稱尚書虞部侍郎，爲尚書省工部虞部司長官，職掌有關山澤、園囿、草木、鳥獸之政令，掌其出産、供應之節制，

禁人隨意采獵。兼掌京都街巷種植，供應百官蕃客菜蔬、薪炭及殿中省、太僕寺所管馬匹芻料，田獵等政。置一員，正六品上。開皇三年加爲從五品。大業三年改稱虞部郎。

[2]北海：郡名。隋大業三年改青州置，治所在今山東青州市。

豆盧勣　子毓　勣兄通

豆盧勣字定東，昌黎徒河人也。[1]本姓慕容，燕北地王精之後也。[2]中山敗，[3]歸魏，北人謂歸義爲"豆盧"，因氏焉。祖萇，[4]魏柔玄鎮大將。[5]父寧，[6]柱國、太保。[7]勣初生時，周太祖親幸寧家稱慶，時遇新破齊師，太祖因字之曰定東。勣聰悟，有器局。少受業國子學，[8]略涉文藝。魏大統十二年，太祖以勣勳臣子，封義安縣侯。周閔帝受禪，授稍伯下大夫、開府儀同三司，[9]改封丹陽郡公，邑千五百户。明帝時，爲左武伯中大夫。[10]勣自以經業未通，請解職游露門學。[11]帝嘉之，敕以本官就學。未幾，齊王憲納勣妹爲妃，[12]恩禮逾厚。

[1]昌黎：郡名。西晋時治所在今遼寧義縣。　徒河：縣名。西晋時治所在今遼寧錦州市。《北史》卷六八《豆盧寧傳》作"徒何"。

[2]燕：即後燕（384—407），都長安（今陝西西安市）。　北地王：爵名。後燕時爲封爵中的最高等。　精：人名。即慕容精。後燕時爲左衛將軍、北地王，爲慕容麟所劫殺。其事略見《晋書》卷一二四《慕容寶載記》。

[3]中山：後燕地名。原稱中山郡，十六國後燕慕容垂定都於

此，改爲中山尹。治所在今河北定州市。按，此指慕容精被殺，其子慕容勝奔魏一事，略見《晋書·慕容寶載記》、《周書》卷一九《豆盧寧傳》。

[4]萇：人名。即豆盧萇。早亡，後追贈柱國將軍、少師、涪陵郡開國公，食邑二千户。事見《周書》卷一九、《北史》卷六八《豆盧寧傳》，庾信《周柱國楚國公歧州刺史慕容公神道碑》（庾信撰，倪璠注，許逸民校點《庾子山集注》卷一四，中華書局 1980 年版）。

[5]柔玄鎮：地名。北魏六鎮之一。在今内蒙古興和縣西北。
大將：官名。亦稱鎮將。北魏時爲鎮的長官。在不設州郡的地區，如西邊、北邊諸鎮，兼統領軍民。北魏前期多以宗室或鮮卑貴族爲之，多兼刺史，亦並持節、都督鄰近州鎮，地位高於刺史。孝文帝改制以後，地位漸低。下設副將、監軍及長史、司馬等僚佐。北魏孝文帝太和十七年職員令及二十三年復次職令未載其品階。

[6]寧：人名。即豆盧寧。北周時人。傳見《周書》卷一九、《北史》卷六八，生平事迹另可見庾信《周柱國楚國公歧州刺史慕容公神道碑》。

[7]太保：官名。北周三公之一，不置府僚，多爲贈官。正九命。

[8]國子學：學校名。古代中央官學之一，爲國立儒學最高學府。歷朝皆設，名稱有所不同。

[9]稍伯下大夫：官名。全稱爲小稍伯下大夫。北周時爲地官府稍伯中大夫屬官，輔佐稍伯中大夫掌本方行政事務。正四命。

[10]左武伯中大夫：官名。北周時爲夏官府屬官。保定五年（565）置，一人，正五命。

[11]露門學：學校名。北周天和二年（567）置，位於露門左側。因露門又稱虎門，故亦稱虎門學。有學生十二人，文學博士四人。另設有學士、職司教授。學生多爲大臣子弟，亦有大臣帶職入學，皇太子亦曾在此受教。

[12]憲：人名。即宇文憲。北周時人。傳見《周書》卷一二、《北史》卷五八。

會武帝嗣位，拜邛州刺史。[1]未之官，渭源燒當羌因饑饉作亂，[2]以勣有才略，轉渭州刺史。[3]甚有惠政，華夷悦服，德澤流行，大致祥瑞。鳥鼠山俗呼爲高武隴，[4]其下渭水所出。[5]其山絶壁千尋，[6]由來乏水，諸羌苦之。勣馬足所踐，忽飛泉湧出。有白鳥翔止聽前，[7]乳子而後去，又白狼見於襄武。[8]民爲之謠曰："我有丹陽，[9]山出玉漿。濟我民夷，神烏來翔。"百姓因號其泉爲玉漿泉。

[1]邛州：北周時治所在今四川邛崍市西南。

[2]渭源：縣名。北周時治所在今甘肅渭源縣東北渭河東岸。燒當羌：古族名。漢時西羌的一支。無弋爱劍的後裔，因部落首領燒當而得名。兩漢時期居住在今青海一代，從事農牧業和商業。後一部分徙居至今甘肅一帶。十六國時期，其首領姚萇建立後秦，後逐漸與漢族融合。事見《後漢書》卷八七《西羌傳》、《晋書》卷一一六《姚萇載記》、《魏書》卷九五《羌姚萇傳》。

[3]渭州：北周時治所在今甘肅隴西縣東南。

[4]鳥鼠山：一名青雀山，在今甘肅渭源縣西。

[5]渭水：河名。即今黄河中游支流渭河，源出甘肅渭源縣西鳥鼠山。

[6]尋：古代長度單位，一尋相當於八尺。

[7]聽：庫本、殿本、中華本作"廳"。

[8]襄武：縣名。北周時治所在今甘肅隴西縣東南。

[9]丹陽：道教謂鍛粉點銅之術爲丹陽。此處或是以此代指豆

盧勗有神奇之術。

後丁父艱，[1]毀瘠過禮。天和二年，[2]授邵州刺史，[3]襲爵楚國公。復徵爲天官府司會，[4]歷信、夏二州總管、相州刺史。[5]以母憂還京。[6]宣帝大象三年，[7]拜利州總管，[8]進位上大將軍。月餘，拜柱國。

[1]父艱：父親的喪事。

[2]天和：北周武帝宇文邕年號（566—572）。

[3]邵州：北周時治所在今山西垣曲縣東南城關。

[4]天官府：官署名。北周時爲六府之首。以大冢宰卿爲長官，設小冢宰上大夫、天官府都上士佐其職。掌管宮廷供奉、侍御、警衛及全國財政收支、賦役調發、百官俸給等事務。如頒下"五官總於天官之詔"時，則爲全國最高行政機構，總管全國各項事務。司會：官名。全稱爲司會中大夫，北周天官府屬官。正五命。

[5]信：州名。北周有二信州。一治所在今河南沈丘縣南，武帝時改爲陳州；一治所在今重慶奉節縣東白帝城。　夏：州名。北周時治所在今陝西靖邊縣東北白城子。

[6]母憂：母親的喪事。

[7]大象：北周靜帝宇文闡年號（579—580）。公元579年二月，北周宣帝自稱天元皇帝，讓皇帝位於太子闡，即靜帝。自爲太上皇。故此處亦將大象視爲宣帝年號。

[8]利州：北周時治所在今四川廣元市。

高祖爲丞相，益州總管王謙作亂。[1]勗嬰城固守，謙遣其將達奚惎、高阿那肱、乙弗虔等衆十萬攻之，[2]起土山，鑿城爲七十餘穴，堰江水以灌之。勗時戰士不過二千，晝夜相拒，經四旬，勢漸迫。勣於是出奇兵擊之，斬數千級，降二千人。梁睿軍且至，賊因而解去。高祖遣開府趙仲卿勞之，[3]詔曰：“勣器識優長，氣調英遠，總馭藩部，風化已行。巴、蜀稱兵，奄來圍逼，入守出戰，大摧凶醜。貞節雄規，厥功甚茂，可使持節、上柱國。[4]賜一子爵中山縣公。”

[1]益州：北周時治所在今四川成都市。

[2]高阿那肱：人名。北周益州總管王謙部將，參與王謙叛亂。事見本書卷三七《梁睿傳》、《周書》卷二一《王謙傳》。本書《梁睿傳》作“高阿那瓖”，應是。　乙弗虔：人名。曾任總管長史，參與王謙叛亂，兵敗降隋，爲隋文帝所殺。事見本書《梁睿傳》、《周書·王謙傳》。

[3]趙仲卿：人名。北周、隋時人。傳見本書卷七四，《北史》卷六九有附傳。

[4]使持節：漢代官吏奉使外出時，或由皇帝授予節杖，以提高其威權。魏晉以後，凡重要軍事長官出征或出鎮時，加使持節號，可誅殺二千石以下官員。皇帝派遣大臣執行出巡或祭吊等事務時，亦使持節，表示權力和尊崇。

　　開皇二年，突厥犯塞，以勣爲北道行軍元帥以備邊。歲餘，拜夏州總管。[1]上以其家世貴盛，勳效克彰，甚重之。後爲漢王諒納勣女爲妃，恩遇彌厚。七年，詔曰：“上柱國、楚國公勣，[2]蜀人寇亂之日，稱兵犯順，固守金湯，隱如敵國。嘉猷大節，其勞已多，可食始州臨津縣邑千戶。”[3]

［1］夏州：治所在今陝西靖邊縣東北白城子，隋大業三年改爲朔方郡。

［2］上柱國：官名。位散實官第一等，開府置僚屬。從一品。

［3］始州：治所在今四川劍閣縣，隋大業初改爲普安郡。　臨津縣：隋開皇七年以胡原縣改名，治所在今四川劍閣縣東南。

十年，以疾徵還京師，詔諸王並至勣第，中使顧問，道路不絕。其年卒，時年五十五。上悼惜者久之，特加賵贈，[1]鴻臚監護喪事，[2]諡曰襄。子賢嗣，官至顯州刺史、大理少卿、武賁郎將。[3]賢弟毓。

［1］賵（fèng）：贈送車馬束帛等以助葬。

［2］鴻臚：官名。全稱爲鴻臚卿。爲鴻臚寺長官，負責掌管外國、少數民族賓客接待、朝會及吉凶禮儀，兼管佛教、祆教寺廟。員一人。隋初爲正三品，煬帝時改爲從三品。

［3］顯州：隋開皇五年以淮州改名，治所在今河南泌陽縣，大業初改爲淮安郡。　大理少卿：官名。爲大理寺次官，輔佐大理卿掌決正刑獄。隋初員一人，正四品上。煬帝大業三年以後加一員，改爲從三品。尋廢。

毓字道生，少英果，有氣節。漢王諒出鎮并州，[1]毓以妃兄爲王府主簿。[2]從趙仲卿北征突厥，以功授儀同三司。[3]

［1］并州：治所在今山西太原市西南。

［2］王府主簿：官名。典領文書簿籍，録省衆事。從六品上。

［3］儀同三司：官名。爲隋十一等勳官的第八等。正五品上。

煬帝大業三年罷。

　　及高祖崩，煬帝即位，徵諒入朝。諒納諮議王頍之謀，[1]發兵作亂。毓苦諫不從，因謂弟懿曰：[2]“吾匹馬歸朝，自得免禍。此乃身計，非爲國也。今且僞從，以思後計。”毓兄顯州刺史賢言於帝曰：“臣弟毓素懷志節，必不從亂，但逼凶威，不能克遂。臣請從軍，與毓爲表裏，諒不足圖也。”帝以爲然，許之。賢密遣家人齎敕書至毓所，與之計議。諒出城，將往介州，[3]令毓與總管屬朱濤留守。[4]毓謂濤曰：“漢王構逆，敗不旋踵，吾豈坐受夷滅，孤負家國邪！當與卿出兵拒之。”濤驚曰：“王以大事相付，何得有是語！”因拂衣而去。毓追斬之。時諒司馬皇甫誕，[5]前以諫諒被囚。毓於是出誕，與之協計，及開府、盤石侯宿勤武，[6]開府宇文永昌，[7]儀同成端、長孫愷，[8]車騎、安成侯元世雅，[9]原武令皇甫文顥等，[10]閉城拒諒。部分未定，有人告諒，諒襲擊之。毓見諒至，紿其衆曰：“此賊軍也。”諒攻城南門，毓時遣稽胡守堞，[11]稽胡不識諒，射之，箭下如雨。諒復至西門，守兵皆并州人，素識諒，即開門納之。毓遂見害，時年二十八。

　　[1]諮議：官名。全稱爲諮議參軍事。隋三公府及諸王府皆置，掌咨謀衆事。員一人，正五品。　　王頍（kuǐ）：人名。傳見本書卷七六，《北史》卷八四有附傳。

　　[2]懿：人名。即豆盧懿。其事不詳。

　　[3]介州：治所在今山西汾陽市，隋大業初改置西河郡。

[4]總管屬：官名。爲總管府屬官。隋沿襲北周制度，設總管府爲地方最高行政機構，管理所屬地區的軍事民政，職權甚重。分爲上、中、下三等。轄區增減無常，一般轄數州，多者可達數十州。總管爲其長官，屬爲其僚屬，位在掾之下。煬帝大業元年罷總管府之制。　朱濤：人名。其事不詳。

[5]司馬：官名。爲總管府屬官，位在長史下。　皇甫誕：人名。傳見本書卷七一，《北史》卷七〇有附傳。

[6]盤石侯：爵名。隋初爲九等爵的第六等。正二品。煬帝大業三年以後改爲三等爵，侯爲第三等。　宿勤武：人名。其事不詳。宿勤爲胡人複姓。

[7]宇文永昌：人名。其事不詳。

[8]成端：人名。其事不詳。　長孫愷：人名。其事不詳。

[9]元世雅：人名。其事不詳。

[10]原武：縣名。隋開皇十六年置，治所在今河南原陽縣西，後改名原陵縣。　皇甫文顯：人名。其事不詳。

[11]稽胡：古族名。亦稱“步落稽”，爲匈奴別種。十六國時匈奴所建的幾個政權滅亡後，餘部分散各地，稱山胡、西河胡、離石胡、吐京胡、石樓胡等。北周時統稱爲稽胡。從事農業，以麻布爲衣，與漢人雜處。隋唐以後，逐漸與漢族融合。傳見《周書》卷四九、《北史》卷九六。　堞：城上齒形矮墻。

及諒平，煬帝下詔曰：“褒顯名節，有國通規，加等飾終，[1]抑推令典。[2]毓深識大義，不顧姻親，出於萬死，首建奇策。去逆歸順，殉義亡身，追加榮命，宜優恒禮。可贈大將軍，[3]封正義縣公，[4]賜帛二千匹，謚曰愍。子願師嗣，尋拜儀同三司。大業初，行新令，五等並除。[5]未幾，帝復下詔曰：“故大將軍、正義愍公毓，臨節能固，捐生殉國，成爲令典，没世不忘。象賢無墜，德隆必祀，改封雍丘愍侯。"[6]復以願師承襲。大業末，授千牛左右。[7]

[1]飾終：指在人死時給予尊榮。

[2]令典：美好的典禮、儀式。

[3]大將軍：官名。爲十一等勳官的第四等。煬帝大業初時廢。

[4]正義縣公：爵名。隋九等爵的第五等。從一品。

[5]大業初，行新令，五等並除：此指隋煬帝大業三年改制之事。事見本書《百官志下》。

[6]雍丘愍侯：《北史》卷六八本傳作"雍丘侯"。

[7]千牛左右：官名。原稱千牛備身，隸左右領左右府，掌執千牛刀，扈衛侍從。各十二人，正六品。東宮亦置，屬左、右內率，員八人，正七品。煬帝時改左右領左右府爲左右備身府，此職亦改稱"千牛左右"。

通字平東，勳之兄也，一名會。弘厚有器局。在周，少以父功，賜爵臨貞縣侯，邑千戶。尋授大都督，[1]俄遷儀同三司。大冢宰宇文護引之令督親信兵，[2]改封沃野縣公，邑四千七百戶。後加開府，歷武賁中大夫、北徐州刺史。[3]

[1]大都督：官名。北周初規定授柱國大將軍、開府、儀同等官號者，並加使持節、大都督名義。武帝時因戰亂不斷，由軍勳而任大都督者甚多，故將其改爲沒有職掌的勳官，授予有軍功的武職官員。八命。

[2]大冢宰：官名。全稱爲大冢宰卿。北周時爲天官冢宰府最高長官。掌佐皇帝治邦國。若有"五府總於天官之命"，則稱冢宰，

能總攝百官，實爲大權在握之宰輔，若無此命，即稱太宰，與五卿並列，僅統本府各官。正七命。　宇文護：人名。西魏、北周時人。《周書》卷一一、《北史》卷五七有附傳。

[3]武賁中大夫：北周無此官名，《北史》卷六八《豆盧寧傳》亦不載豆盧通任此官，或有誤。　北徐州：北周時治所在今山東臨沂市西，後改爲沂州。

　　及高祖爲丞相，尉迥作逆，遣其所署莒州刺史烏丸尼率衆來攻。[1]通逆擊，破之。賜物八百段，進位大將軍。

[1]莒州：北周時治所在今山東沂水縣。　烏丸尼：人名。其事不詳。

　　開皇初，進爵南陳郡公。尋徵入朝，以本官典宿衛。歲餘，出拜定州刺史。後轉相州刺史。尚高祖妹昌樂長公主，[1]自是恩禮漸隆。遷夏州總管、洪州總管。[2]所在之職，並稱寬惠。十七年，卒官，年五十九。謚曰安。有子寬。[3]

[1]昌樂長公主：隋煬帝妹楊氏，其事不詳。《北史》卷六八《豆盧寧傳》作“昌樂縣長公主”。

[2]洪州：隋開皇中由豫章郡改置，治所在今江西南昌市。

[3]寬：人名。即豆盧寬。河南洛陽人，隋時曾任吏部驍騎尉，河池郡梁泉縣令。唐代官至光祿大夫，芮國公。事見《舊唐書》卷九〇、《新唐書》卷一一四《豆盧欽望傳》及《豆盧寬碑》（參見張沛《昭陵碑石》，三秦出版社1993年版，第117—119頁）。

賀若誼

賀若誼字道機，[1]河南洛陽人也。祖伏連，[2]魏雲州刺史。[3]父統，[4]右衛將軍。[5]誼性剛果，有幹略。在魏，以功臣子，賜爵容城縣男。累遷直閤將軍、大都督、通直散騎常侍、尚食典御。[6]

[1]賀若：胡人複姓。《魏書·官氏志》記北魏孝文帝改姓，"賀若氏依舊賀若氏"。

[2]伏連：人名。即賀若伏連。其事不詳。

[3]雲州：北魏永熙中以朔州改名，治所在今山西文水縣東四十里雲周村，一說在今山西祁縣東，後廢。

[4]統：人名。即賀若統。本爲東魏潁州長史，西魏大統二年執刺史以州降西魏，拜衛將軍、散騎常侍、兗州刺史，賜爵當亭縣公。後除北雍州刺史，卒贈侍中、燕朔恒三州刺史、司空公。謚曰哀。事見《周書》卷二八、《北史》卷六八《賀若敦傳》。

[5]右衛將軍：官名。爲禁衛軍主要統帥之一，多由皇帝親信擔任。西魏初沿北魏制，員二人，三品。

[6]大都督：官名。西魏戰事較多時置，統兵出征，有時又加以各種名號。後授予漸濫。　通直散騎侍郎：官名。西魏時屬集書省，員六人，從五品上。　尚食典御：官名。西魏時掌御膳之事。

周太祖據有關中，引之左右。嘗使詣杏城，[1]屬茹茹種落攜貳，[2]屯於河表。[3]誼因譬以禍福，誘令歸附，降者萬餘口。太祖深奇之，賜金銀百兩。齊遣其舍人楊暢結好於茹茹，[4]太祖恐其并力，爲邊境之患，使誼聘茹茹。誼因啗以厚利，茹茹信之，遂與周連和，執暢付誼。太祖嘉之，拜車騎大將軍、儀同三司、略陽公府長史。[5]

[1]杏城：地名。即杏城鎮，在今陝西黃陵縣西南故邑。

[2]茹茹：古族名。亦稱蠕蠕、芮芮、柔然。本爲東胡族的一支，初屬鮮卑拓拔部。南北朝時逐漸强大，西魏廢帝時爲突厥所滅。傳見《魏書》卷一〇三、《北史》卷九八。　攜貳：離心，有貳心。

[3]河表：意指大河之外。《通鑑》卷一三六《齊紀》永明六年條胡三省注：“河表七州，秦、雍、岐、華、陝、河、涼也。”其區域大約在今陝西、甘肅一帶。

[4]舍人：官名。北齊王國、公府、將軍府皆設，掌文檄之事。此處未詳爲何種舍人。　楊暢：人名。其事不詳。

[5]車騎大將軍：官名。西魏實行府兵制，以此爲儀同府長官軍號。九命。　略陽公府長史：官名。公府長史爲西魏諸公府屬官，主持府務。略陽公府長史即北周閔帝即位前的公府屬官。

周閔帝受禪，除司射大夫，[1]改封霸城縣子，轉左宮伯，尋加開府。後歷靈、邵二州刺史，[2]原、信二州總管，[3]俱有能名。其兄敦，[4]爲金州總管，[5]以讒毀伏誅，坐是免職。

[1]司射大夫：官名。全稱爲司射下大夫。北周時爲夏官府司射司長官，掌演射禮儀法度。正四命。

[2]靈：州名。治所在今寧夏靈武市西南。

[3]原：州名。治所在今寧夏固原市。

[4]敦：人名。即賀若敦。北周時人。傳見《周書》卷二八、《北史》卷六八。

[5]金州：治所在今陝西安康市西北漢江北岸。

武帝親總萬機，召誼治熊州刺史。[1]平齊之役，誼率兵出函谷，[2]先據洛陽，即拜洛州刺史，進封建威縣侯。齊范陽王高紹義之奔突厥也，[3]誼以兵追之，戰於馬邑，遂擒紹義，以功進位大將軍。

[1]熊州：北周明帝二年（558）改陽州置，治所在今河南宜陽縣西。

[2]函谷：地名。即函谷關。在今河南新安縣東北。

[3]高紹義：人名。北齊時人。傳見《北齊書》卷一二、《北史》卷五二。

高祖爲丞相，拜亳州總管，馳驛之部。西遏司馬消難，東拒尉迥。申州刺史李慧反，[1]誼討之，進爵范陽郡公，授上大將軍。

[1]申州：北周改郢州置，治所在今河南信陽市。　李慧：人名。北周時人。其反事亦見《周書》卷八《靜帝紀》。

開皇初，入爲右武候將軍。河間王弘北征突厥，[1]以誼爲副元帥。軍還，轉左武候大將軍。[2]坐事免。歲餘，拜華州刺史，[3]俄轉敷州刺史，[4]改封海陵郡公，復轉涇州刺史。[5]時突厥屢爲邊患，朝廷以誼素有威名，拜靈州刺史，[6]進位柱國。[7]誼時年老，而筋力不衰，猶能重鎧上馬，甚爲北夷所憚。數載，上表乞骸骨，優詔許之。

　　[1]弘：人名。即楊弘。北周、隋時人。傳見本書卷四三、《北史》卷七一。

　　[2]左武候大將軍：官名。隋十二衛大將軍之一，與右武候大將軍同掌車駕出巡營衛，分領府兵。員一人，正三品。大業三年改名左候衛大將軍。

　　[3]華州：治所在今陝西華縣。隋大業三年廢。

　　[4]敷州：即鄜州。治所在今陝西黃陵縣西南。隋大業三年改爲鄜城郡。

　　[5]涇州：治所在今甘肅涇川縣北涇河北岸。隋大業三年改爲安定郡。

　　[6]靈州：治所在今寧夏靈武市西南。

　　[7]柱國：官名。隋文帝因改北周之制形成十一等散實官，以酬勤勞。柱國是第二等，開府置府佐。正二品。

　　誼家富於財，於郊外構一別廬，多植果木。每邀賓客，列女樂，游集其間。卒于家，時年七十七。子舉襲爵。[1]

　　[1]舉：人名。即賀若舉。其事不詳。

　　庶長子協，官至驃騎將軍。協弟祥，奉車都尉。祥弟與，車騎將軍。誼兄子弼，[1]別有傳。

　　[1]弼：人名。即賀若弼。北周、隋時人。傳見本書卷五二，《北史》卷六八有附傳。

史臣曰：于義、竇榮定等，或南陽姻亞，[1]或豐邑舊游，[2]運屬時來，俱宣力用。以勞定國，以功懋賞，保其祿位，貽厥子孫。析薪克荷，[3]崇基弗墜，盛矣！豆盧毓遇屯剝之機，[4]亡身殉義，陰世師遭天之所廢，捨命不渝。使夫死者有知，足以無愧君親矣。

[1]南陽：郡名。東漢時治所在今河南南陽市。漢光武帝劉秀是南陽人，南陽樊、陰、鄧諸家皆因婚姻關係而騰達。此處南陽代指漢光武帝劉秀。

[2]豐邑：漢高祖之故鄉，秦沛縣之屬邑。治所在今江蘇沛縣。此處用以代指漢高祖。

[3]析薪克荷：謂繼承父業。典出《左傳》昭公七年：“古人有言曰：其父析薪，其子弗克負荷。施（豐施）將懼不能任其先人之祿。”

[4]屯剝：《易》中《屯》卦和《剝》卦的並稱，意謂困厄衰敗。

隋書　卷四〇

列傳第五

梁士彥　子剛　梁默

　　梁士彥字相如，安定烏氏人也。[1]少任俠，不仕州郡。性剛果，喜正人之是非。好讀兵書，頗涉經史。周世以軍功拜儀同三司。[2]武帝將有事東夏，[3]聞其勇決，自扶風郡守除九曲鎮將，[4]進位上開府，[5]封建威縣公，[6]齊人甚憚焉。[7]尋遷熊州刺史。[8]

　　[1]安定：郡名。治所在今甘肅涇川縣北涇河北岸。隋開皇三年（583）廢，大業三年（607）復置。　烏氏：縣名。北魏末徙治今甘肅涇川縣東北，後廢。

　　[2]周：即北周（557—581），都長安（今陝西西安市）。　儀同三司：官名。北周爲散實官名，府兵制中儀同府長官加此名。九命。

　　[3]武帝：北周皇帝宇文邕的謚號。紀見《周書》卷五、六，《北史》卷一〇。　東夏：古代泛指中國東部。

　　[4]扶風郡：治所原在今陝西興平市東北，大象二年（580）

移治今興平市東南南佐村。　九曲：城名。又名九阿。在今河南宜陽縣西北。　鎮將：官名。北周時爲鎮的長官，主要負責鎮捍防守。

[5]上開府：官名。全稱爲上開府儀同大將軍，北周時位在開府儀同大將軍上，主要授予有軍勳的功臣及北齊降官，無具體職掌。初任此職者加使持節、大都督、驃騎大將軍、侍中。大象元年罷此制，唯任總管、刺史及行兵者加持節。九命。

[6]建威縣公：爵名。北周時爲十一等爵的第六等。"命數未詳，非正九命則當是九命"（參見王仲犖《北周六典》卷八《封爵第十九》，中華書局 1979 年版，第 548 頁）。

[7]齊：即北齊（550—577），或稱高齊，都鄴（今河北臨漳縣西南鄴鎮東）。

[8]熊州：北周明帝二年（558）改陽州置，治所在今河南宜陽縣西福昌村。

後從武帝拔晉州，[1]進位柱國，[2]除使持節、晉絳二州諸軍事、晉州刺史。[3]及帝還後，齊後主親總六軍而圍之。[4]獨守孤城，外無聲援，衆皆震懼，士彥慷慨自若。賊盡銳攻之，樓堞皆盡，[5]城雉所存，[6]尋仞而已。[7]或短兵相接，或交馬出入。士彥謂將士曰："死在今日，吾爲爾先！"于是勇烈齊奮，呼聲動地，無不一當百。齊師少却。乃令妻妾軍民子女，晝夜修城，三日而就。帝率六軍亦至，齊師解圍，營於城東十餘里。士彥見帝，持帝鬚而泣曰："臣幾不見陛下！"帝亦爲之流涕。時帝以將士疲倦，意欲班師。士彥叩馬諫曰："今齊師遁，衆心皆動，因其懼也而攻之，其勢必舉。"帝從之，大軍遂進。帝執其手曰："余之有晉州，爲平齊之基。若不固守，則事不諧矣。朕無前慮，惟恐後變，善爲我守之。”及齊平，封郇國公，[8]進位上柱國、雍州主簿。[9]

[1]晉州：治所在今山西絳縣南。北周建德五年（576）廢。

[2]柱國：官名。全稱爲柱國大將軍。北魏太武帝置，以爲開國元勳長孫嵩的加官。孝莊帝因尒朱榮有擁立之功，特置以授之，位在丞相上。西魏文帝以宇文泰有中興之功，又置此官授之。後凡屬功參佐命，望實俱重的，也得居之。自大統十六年（550）以前任此官的名義上有八人。北周武帝增置上柱國等官，並以上柱國大將軍爲勳官之首。柱國大將軍次之，正九命。《周書》卷三一本傳作“大將軍”。

[3]使持節：漢代官吏奉使外出時，或由皇帝授予節杖，以提高其威權。魏晉以後，凡重要軍事長官出征或出鎮時，加使持節號，可誅殺二千石以下官員。皇帝派遣大臣執行出巡或祭吊等事務時，亦使持節，以表示權力和尊崇。　絳：州名。北周武成二年（560）以東雍州改名，治所在今山西聞喜縣東北。　諸軍事：官名。全稱爲都督諸軍事。北魏時置爲出征時一路軍事長官，總管所部的軍事事務。北周職掌應與之類似。

[4]齊後主：即北齊皇帝高緯。紀見《北齊書》卷八、《北史》卷八。

[5]堞：城上齒形矮牆。

[6]城堆：城上短墙。

[7]尋：古代長度單位，一般爲八尺。《詩·魯頌·閟宮》：“是斷是度，是尋是尺。”鄭玄箋：“八尺曰尋。”或云七尺、六尺。　仞：古代長度單位。七尺爲一仞。一說八尺爲一仞。《論語·子張》：“夫子之牆數仞。”何晏集解引苞氏曰：“七尺曰仞也。”但顏師古注《漢書·食貨志上》則稱“八尺曰仞，取人申臂之一尋也”。

[8]郕國公：爵名。北周時爲十一等爵的第四等。正九命。

[9]上柱國：官名。北周建德四年置爲最高級勳官。正九命。按，《周書》卷三一《梁士彦傳》中華本校勘記考士彦進上柱國在大象二年十二月，"上"當爲衍字，此處應進位"柱國"。但前文已記梁士彦從武帝拔晉州後拜柱國，此處進位"上柱國"似也順理成章。　雍州：北周時治所在今陝西西安市西北。　主簿：官名。北周時爲州郡縣屬官，雖非掾吏之首，然地位較高。縣之主簿較州之主簿更甚。諸將軍、五校尉等軍府、列卿寺監、光禄大夫等亦置。

　　宣帝即位，[1]除東南道行臺、使持節、徐州總管、三十二州諸軍事、徐州刺史。[2]與烏丸軌擒陳將吳明徹、裴忌於吕梁，[3]别破黄陵，[4]略定淮南地。[5]

[1]宣帝：北周皇帝宇文贇的謚號。紀見《周書》卷七、《北史》卷一〇。《周書》卷三一《梁士彦傳》中華本校勘記考證認爲梁士彦除徐州總管，烏丸軌擒吳明徹當在武帝死前，以爲"宣帝即位"四字爲衍文。

[2]行臺：官署名。魏晉南北朝時期尚書臺（省）臨時在外設置的分支機構。"臺"指中央尚書省，出征時於其駐地設立代表中央的臨時機構稱行臺。兩晉時多爲權臣自行建立，以發號施令。又稱行尚書臺或行臺省。若任職者權位特重，稱大行臺。北魏、北齊時設置漸多，成爲地方最高行政機構。北周後置總管府，行臺之制遂廢。　徐州：北周時治所在今江蘇徐州市。　總管：官名。東魏武定六年（548）始置。西魏也置。北周武成元年正式改都督諸州軍事爲總管，總管之設乃成定制。北周之制，總管加使持節諸軍事。總管或單任，然多兼帶刺史。故總管職權雖以軍事爲主，實際是一地區若干州、防（鎮）的最高軍政長官。

[3]烏丸軌：人名。即王軌。賜姓烏丸氏，北周時人。傳見
《周書》卷四〇、《北史》卷六二。　　陳：即南朝陳（557—589），
都建康（今江蘇南京市）。　　吳明徹：人名。南朝陳時人。傳見
《陳書》卷九、《南史》卷六六。　　裴忌：人名。南朝陳時人。傳
見《陳書》卷二五，《南史》卷五八有附傳。　　呂梁：山名。在今
江蘇徐州市東南。

[4]黃陵：山名。在今湖南湘陰縣北。

[5]淮南：郡名。北周時治所在今安徽當塗縣。

　　高祖作相，[1]轉亳州總管、二十四州諸軍事。[2]尉迥
之反也，[3]以爲行軍總管，[4]從韋孝寬擊之。[5]至河陽，[6]
與迥軍相對。令家僮梁默等數人爲前鋒，[7]士彦以其徒
繼之，所當皆破。乘勝至草橋，[8]迥衆復合，進戰，大
破之。及圍鄴城，[9]攻北門而入，馳啓西門，納宇文忻
之兵。[10]

[1]高祖：隋文帝楊堅的廟號。紀見本書卷一、二，《北史》
卷一一。

[2]亳州：北周末改南兗州置，治所在今安徽亳州市。

[3]尉迥：人名。即尉遲迥。《魏書·官氏志》載北魏實行改
姓之制，其中尉遲氏改爲尉氏，但據《周書》卷二《文帝紀》載
宇文泰於西魏恭帝元年（554）又改漢姓爲鮮卑姓，尉氏又由此改
回尉遲氏。此處仍沿用北魏之制。傳見《周書》卷二一、《北史》
卷六二。

[4]行軍總管：官名。北周時爲一路兵馬的臨時統帥，事訖則
罷。遇重大軍事行動，則隸於行軍元帥。

[5]韋孝寬：人名。西魏、北周名將。傳見《周書》卷三一、
《北史》卷六四。

　　[6]河陽：橋名。亦名河橋。在今河南孟州市西南、孟津縣東北黃河上。

　　[7]梁默：人名。北周、隋時人。傳見本卷。

　　[8]草橋：地名。在今河北冀州市西南。

　　[9]鄴城：縣名。北周時爲相州治所，在今河南安陽市。

　　[10]宇文忻：人名。北周、隋時人。傳見本卷，《北史》卷六〇有附傳。

　　及迴平，除相州刺史。[1]高祖忌之。未幾，徵還京師，閑居無事。自恃元功，甚懷怨望，遂與宇文忻、劉昉等謀作亂。[2]將率僮僕，於享廟之際，[3]因車駕出，圖以發機。復欲於蒲州起事，[4]略取河北，[5]捉黎陽關，[6]塞河陽路，[7]劫調布以爲牟甲，[8]募盜賊以爲戰士。其甥裴通豫知其謀而奏之。[9]高祖未發其事，授晉州刺史，[10]欲觀其意。士彥欣然謂昉等曰：“天也！”又請儀同薛摩兒爲長史，[11]高祖從之。後與公卿朝謁，高祖令左右執士彥、忻、昉等于行間，詰之曰：“爾等欲反，何敢發此意？”初猶不伏，捕薛摩兒適至，于是庭對之。摩兒具論始末，云：“第二子剛垂泣苦諫，[12]第三子叔諧曰：[13]‘作猛獸要須成斑。’”[14]士彥失色，顧謂摩兒曰：“汝殺我！”于是伏誅，時年七十二。

　　[1]相州：治所在今河南安陽市。

　　[2]劉昉：人名。北周、隋時人。傳見本書卷三八、《北史》卷七四。

　　[3]享廟：帝王祭祖廟。享，通“饗”。

　　[4]蒲州：治所在今山西永濟市西南蒲州鎮。

[5]河北：區域名。泛指黃河以北地區。

[6]黎陽：郡名。治所在今河南浚縣東北，隋開皇初廢。

[7]河陽：縣名。治所在今河南孟州市南。

[8]調布：指賦稅款。　牟甲：指盔甲。

[9]裴通：人名。其事不詳。

[10]晋州：治所在今安徽潜山縣。

[11]儀同：官名。爲十一等勳官中的第八等。正五品上。大業三年罷。按，本書《劉昉傳》記薛摩兒爲“上儀同”。　薛摩兒：人名。其參與劉昉、梁士彦謀反事另見《周書》卷三一《梁士彦傳》、本書《劉昉傳》。　長史：官名。魏晋南北朝時州郡官代將開府者置，掌府事，爲文職上佐，職任類似於總管。

[12]剛：人名。即梁剛。事另見《北史》卷七三《梁士彦傳》。

[13]叔諧：人名。即梁叔諧。事另見《北史·梁士彦傳》。

[14]作猛獸要須成斑：《周書》卷三一《梁士彦傳》作“作猛獸須成班”。

有子五人。操字孟德，出繼伯父，官至上開府、義鄉縣公、長寧王府驃騎，[1]早卒。剛字永固，弱冠授儀同，以平尉迥勳，加開府。[2]擊突厥有功，[3]進位上大將軍、通政縣公、涇州刺史。[4]士彦之誅也，以諫獲免，徙瓜州。[5]叔諧官至上儀同、廣平縣公、車騎將軍。[6]志遠爲安定伯，[7]務爲建威伯，皆坐士彦誅。[8]

[1]長寧王：爵名。隋九等爵的第一等。正一品。長寧王即楊儼。傳見本書卷四五，《北史》卷七一有附傳。　驃騎：官名。全稱爲驃騎將軍。驃亦作票，隋因襲北周府兵制，改開府府爲驃騎府，置驃騎將軍爲其長官，分駐各地，統領府軍，分屬十二府大將

軍。大業三年隨府名變更而改名鷹揚郎將。正四品上。

　　[2]開府：官名。即開府儀同三司，隋置爲散官名號，初爲正四品上，大業三年改爲從一品，位次王、公。

　　[3]突厥：古族名、國名。廣義包括突厥、鐵勒諸部落，狹義專指突厥。公元六世紀時游牧於金山（今阿爾泰山）以南，因金山形似兜鍪，俗稱“突厥”，遂以名部落。西魏廢帝元年（552），土門自號伊利可汗，建立突厥汗國，後分裂爲西突厥、東突厥兩個汗國。傳見本書卷八四、《北史》卷九九、《舊唐書》卷一九四、《新唐書》卷二一五。

　　[4]上大將軍：官名。隋置爲從二品散實官，大業三年罷。通政縣公：爵名。隋九等爵的第五等。從一品。　涇州：治所在今甘肅涇川縣北涇河北岸。隋大業三年改爲安定郡。

　　[5]瓜州：治所在今甘肅敦煌市東南鎖陽城。

　　[6]上儀同：官名。全稱上儀同三司。用以酬勤勞，無實際職務。從四品。　車騎將軍：官名。隋初置爲府兵制的中級將領，爲車騎府長官，置於驃騎府則爲次官。正五品上。大業三年改稱鷹揚副郎將。

　　[7]安定伯：爵名。隋九等爵的第七等。三品。

　　[8]坐：即連坐，一人犯罪，他人連帶受罰的規定。商鞅變法時所創，後代多沿用。

　　梁默者，士彥之蒼頭，[1]驍武絶人。士彥每從征伐，常與默陷陣。仕周，致位開府。[2]開皇末，[3]以行軍總管從楊素北征突厥，[4]進位大將軍。[5]漢王諒之反也，[6]復以行軍總管從楊素討平之，加授柱國。[7]大業五年，[8]從煬帝征吐谷渾，[9]遇賊力戰而死，贈光禄大夫。[10]

　　[1]蒼頭：指奴僕。漢朝時始有此稱，以別於良人。

[2]開府：官名。北周時爲府兵機構統兵官，府兵二十四軍各設一員，統兵二千人左右。

[3]開皇：隋文帝楊堅年號（581—600）。

[4]行軍總管：官名。隋沿襲北周而置，本爲臨時設置，隋則逐漸過渡爲地方行政長官，或掌一道軍政，或領數道。又有大總管、總管之分。　楊素：人名。北周、隋時人。傳見本書卷四八，《北史》卷四一有附傳。

[5]大將軍：官名。爲十一等勳官的第四等，煬帝大業初時廢。

[6]諒：人名。即楊諒。傳見本書卷四五、《北史》卷七一。

[7]柱國：官名。隋文帝因改北周之制形成十一等散實官，以酬勤勞。柱國是第二等，開府置府佐。正二品。

[8]大業：隋煬帝楊廣年號（605—618）。

[9]煬帝：楊廣的謚號。紀見本書卷三、四，《北史》卷一二。吐谷（yù）渾：古族名。屬鮮卑族的一支，本居遼東，後遷至甘肅、青海一帶居住。傳見本書卷八三、《晉書》卷九七、《宋書》卷九六、《魏書》卷一〇一、《周書》卷五〇、《北史》卷九六。

[10]光禄大夫：官名。隋大業三年加置，位左、右光禄大夫上，爲文散官之首。從一品。

宇文忻

宇文忻字仲樂，本朔方人，[1]徙京兆。[2]祖莫豆干，[3]周安平公。[4]父貴，[5]周大司馬、許國公。[6]忻幼而敏慧，爲兒童時，與群輩游戲，輒爲部伍，進止行列，無不用命，有識者見而異之。年十二，能左右馳射，驍捷若飛。恒謂所親曰：“自古名將，唯以韓、白、衛、霍爲美談，[7]吾察其行事，未足多尚。若使與僕並時，不令豎子獨擅高名也。"其少小慷慨如此。年十八，從周齊王憲討突厥有功，^[8]拜儀同三司，賜爵興固縣公。韋孝寬之鎮玉壁也，^[9]以忻驍勇，請與同行。屢有戰功，加位開府、驃騎將軍，^[10]進爵化政郡公，邑二千户。^[11]

[1]朔方：郡名。原稱夏州，隋大業三年改名朔方郡，治所在今陝西靖邊縣東北白城子。按，據《周書》卷一九《宇文貴傳》，其先昌黎大棘人，後遷至夏州。

[2]京兆：郡名。治所在今陝西西安市東北。

[3]莫豆干：人名。北魏時人。以子貴功勳，北周保定年間追贈柱國大將軍、少傅、夏州刺史、安平郡公。其事略見《周書·宇文貴傳》。干，原作"于"。按，《周書·宇文貴傳》、《北史》卷六〇《宇文貴傳》、《册府元龜》卷七七二《總録部·志節》均作"干"。"于"當誤，今據改。

[4]周：原作"魏"，中華本校勘記據《周書·宇文貴傳》改"周"，從改。　安平公：爵名。全稱爲安平郡公。北周時爲十一等爵的第五等。正九命。

[5]貴：人名。即宇文貴，北周時人。傳見《周書》卷一九、《北史》卷六〇。

[6]大司馬：官名。全稱爲大司馬卿。北周時爲夏官府最高長官。掌邦政，征伐敵國及四時治兵講武皆由其主持，大祭司則掌宿衞，廟社則奉羊牲。正七命。中華本校勘記注意到《周書·宇文貴傳》僅記其曾爲大司空、大司徒，未爲大司馬。

[7]韓：人名。指韓信。西漢時人。傳見《史記》卷九二、《漢書》卷三四。　白：人名。指白起。戰國時秦國人。傳見《史記》卷七三。　衞：人名。指衞青。西漢時人。傳見《史記》卷一一一、《漢書》卷五五。　霍：人名。指霍去病。西漢時人。傳見《史記》卷一一一、《漢書》卷五五。

　　[8]齊王：爵名。北周時爲十一等爵的第一等。正九命。　憲：人名。即宇文憲。西魏、北周時人。傳見《周書》卷一二、《北史》卷五八。

　　[9]玉壁：城名。在今山西稷山縣西南。西魏大統四年築，爲其東邊軍事要地，先後置南汾州、勳州。

　　[10]驃騎將軍：官名。北周時爲重號將軍，居諸名號將軍之首，僅作爲軍府名號，加授大臣、重要州郡長官，無具體職掌。正八命。

　　[11]邑：即食邑。受封者所享有的封地，因收其租税而食，故稱之爲食邑。亦稱爲采邑。魏晋以後，食邑分爲虚封和實封兩類：虚封一般僅冠以“邑”或“食邑”之名，是一種榮譽性加衔，受封者並不能獲得實際的食禄收入；而實封一般須冠以“真食”“食實封”等名，受封者可真正獲得食禄收入。

　　從武帝伐齊，攻拔晋州。齊後主親馭六軍，[1]兵勢甚盛，帝憚之，欲旋師。忻諫曰：“以陛下之聖武，乘敵人之荒縱，何往不克！若使齊人更得令主，[2]君臣協力，雖湯、武之勢，[3]未易平也。今主暗臣愚，兵無鬭志，雖有百萬之衆，實爲陛下奉耳。”帝從之，戰遂大克。及帝攻陷并州，[4]先勝後敗，帝爲賊所窘，左右皆殱，帝挺身而遁，諸將多勸帝還。忻勃然而進曰：“自陛下克晋州，破高緯，乘勝逐北，以至於此。致令僞主奔波，關東響振，[5]自古行兵用師，未有若斯之盛也。昨日破城，將士輕敵，微有不利，何足爲懷。丈夫當死中求生，敗中取勝。今者破竹，其勢已成，奈何棄之而去？”帝納其言，明日復戰，遂拔晋陽。[6]及齊平，進位大將軍，[7]賜物千段。尋與烏丸軌破陳將吳明徹於吕梁，進位柱國，賜奴婢二百口，除豫州總管。[8]

　　[1]六軍：周代軍制，天子統領六軍。《周禮‧夏官‧序官》：
"凡制軍，萬有二千五百人爲軍。王六軍，大國三軍，次國二軍，
小國一軍。"後遂以六軍爲朝廷軍隊的統稱。

　　[2]令主：賢德的君主。

　　[3]湯：即商湯。詳見《史記》卷三《殷本紀》。　武：即周
武王。詳見《史記》卷四《周本紀》。

　　[4]并州：北周時治所在今山西太原市西南。

　　[5]關東：地區名。泛指故函谷關或今潼關以東地區。

　　[6]晋陽：縣名。北周時治所在今山西太原市西南古城營東汾
水之東。

　　[7]大將軍：官名。北周時爲散實官第四等。正九命。

　　[8]豫州：北周時治所在今河南汝南縣，後改名舒州。

　　高祖龍潛時，與忻情好甚協，及爲丞相，恩顧彌
隆。尉迴作亂，以忻爲行軍總管，從韋孝寬擊之。時兵
屯河陽，諸軍莫敢先進。帝令高熲馳驛監軍，[1]與熲密
謀進取者，唯忻而已。迴遣子惇，[2]盛兵武陟，[3]忻先鋒
擊走之。進臨相州，迴遣精甲三千伏於野馬岡，[4]欲邀
官軍。忻以五百騎襲之，斬獲略盡。進至草橋，迴又拒
守，忻率奇兵擊破之，直趨鄴下。迴背城結陣，與官軍
大戰，官軍不利。時鄴城士女觀戰者數萬人，忻與高
熲、李詢等謀曰：[5]"事急矣，當以權道破之。"於是擊
所觀者，大囂而走，轉相騰藉，[6]聲如雷霆。忻乃傳呼
曰："賊敗矣！"衆軍復振，齊力急擊之，迴軍大敗。及
平鄴城，以功加上柱國，賜奴婢二百口，牛馬羊萬計，

高祖顧謂忻曰："尉迥傾山東之衆，運百萬之師，公舉無遺策，戰無全陣，誠天下之英傑也。"進封英國公，[7]增邑三千戶。自是以後，每參帷幄，出入卧内，禪代之際，忻有力焉。後拜右領軍大將軍，[8]恩顧彌重。

[1]高潁：人名。傳見本書卷四一、《北史》卷七二。

[2]惇（dūn）：人名。即尉遲惇，尉遲迥子。北周時封爲魏安公，隨其父反叛。其事另見《周書》卷二一《尉遲迥傳》、卷三一《韋孝寬傳》、《北史》卷六二《尉遲迥傳》。

[3]武陟：縣名。治所在今河南武陟縣南。按，北周未置武陟縣，武陟縣爲隋開皇十六年始置，此時應未有武陟之地名。

[4]野馬崗：地名。在今河南安陽市北。

[5]李詢：人名。本書卷三七、《北史》卷五九有附傳。

[6]騰藉：亦作"騰籍"，奔騰踐踏。

[7]英國公：爵名。隋初九等爵的第三等。從一品。

[8]右領軍大將軍：官名。史載不詳。據本書《百官志下》、《通典》卷二八《職官·左右領軍衛》載，隋文帝朝，"左右領軍府，各掌十二軍籍帳、差科、辭訟之事。不置將軍。唯有長史、司馬"等。然據本傳及本書卷一《高祖紀上》可推知最遲仁壽初年左右領軍府已各置領軍大將軍。

忻妙解兵法，馭戎齊整，[1]當時六軍有一善事，雖非忻所建，在下輒相謂曰："此必英公法也。"其見推服如此。後改封杞國公。上嘗欲令忻率兵擊突厥，高潁言於上曰："忻有異志，不可委以大兵。"乃止。

[1]馭戎：執掌軍事。

忻既佐命功臣，頻經將領，有威名於當世。上由是微忌焉，以譴去官。忻與梁士彥昵狎，數相往來，士彥時亦怨望，陰圖不軌。忻謂士彥曰："帝王豈有常乎？相扶即是。公於蒲州起事，我必從征。兩陣相當，然後連結，天下可圖也。"謀洩伏誅，年六十四，家口籍沒。

忻兄善，弘厚有武藝。仕周，官至上柱國、許國公。高祖受禪，遇之甚厚，拜其子穎爲上儀同。[1] 及忻誅，並廢於家。善未幾卒。穎至大業中，爲司農少卿。[2] 及李密逼東都，[3] 叛歸于密。忻弟愷，[4] 別有傳。

[1] 穎：人名。即宇文穎，北周、隋、唐時人。事亦見《新唐書》卷七九《李建成傳》。

[2] 司農少卿：官名。亦稱司農寺少卿，爲司農寺次官。隋初正四品上。煬帝時增爲二員，改爲從四品。按，《新唐書·李建成傳》稱宇文穎所任爲"司農卿"，《通鑑》卷一九一唐高祖武德七年六月壬戌條所記亦同。

[3] 李密：人名。傳見本書卷七〇，《北史》卷六〇有附傳。東都：即洛陽。治所在今河南洛陽市。

[4] 愷：人名。即宇文愷。傳見本書卷六八，《北史》卷六〇有附傳。

王誼

王誼字宜君，河南洛陽人也。[1] 父顯，[2] 周鳳州刺史。[3] 誼少慷慨，有大志，便弓馬，博覽群言。周閔帝時，[4] 爲左中侍上士。[5] 時大冢宰宇文護執政，[6] 勢傾王室，帝拱默無所關預。[7]有朝士於帝側，微爲不恭，誼勃然而進，將擊之。其人惶懼請罪，乃止。自是朝士無敢不肅。歲餘，遷御正大夫。[8]丁父艱，[9]毀瘠過禮，廬於墓側，負土成墳。歲餘，起拜雍州別駕，[10]固讓，不許。

[1]河南：郡名。北魏時治所在今河南洛陽市東北。　洛陽：縣名。北魏時位於今河南洛陽市東北白馬寺東。

[2]顯：人名。即王顯。北周時官至洛邑縣公，大將軍。其事略見《周書》卷二〇、《北史》卷六一《王盟傳》。

[3]鳳州：北周時治所在今陝西鳳縣東北鳳州鎮。

[4]周閔帝：北周皇帝宇文覺的謚號。紀見《周書》卷三、《北史》卷九。

[5]左中侍上士：官名。北周時爲天官府宮伯中大夫屬官，負責皇帝寢宮的安全，皇帝出行及臨朝時隨從護衛。披金甲，左執龍環，右執虎環長刀，並以金爲飾。正三命。

[6]大冢宰：官名。全稱爲大冢宰卿。北周時爲天官冢宰府最高長官。掌佐皇帝治邦國。若有“五府總於天官之命”，則稱冢宰，能總攝百官，實爲大權在握之宰輔，若無此命，即稱太宰，與五卿並列，僅統本府各官。正七命。　宇文護：人名。北周時人。傳見《周書》卷一一，《北史》卷五七有附傳。

[7]拱默：拱手緘默。

[8]御正大夫：官名。此處應指御正中大夫。北周時爲天官冢宰府屬官，職掌草擬詔册文誥，近侍樞機。凡諸刑罰爵賞，以及軍國大事，皆須參議。正五命。

[9]父艱：父親的喪事。

[10]別駕：官名。即別駕從事、別駕從事史，州、府佐吏。北周三萬户以上州別駕正四命，一萬户以上州四命，五千户以上州正

三命。

　　武帝即位，授儀同，[1]累遷內史大夫，[2]封楊國公。[3]從帝伐齊，至并州，帝既入城，反爲齊人所敗，左右多死。誼率麾下驍雄赴之，帝賴以全濟。時帝以六軍挫衂，[4]將班師。誼固諫，帝從之。及齊平，授相州刺史。未幾，復徵爲大內史。[5]汾州稽胡爲亂，[6]誼率兵擊之。帝弟越王盛、譙王儉雖爲總管，[7]並受誼節度。其見重如此。及平賊而還，賜物五千段，封一子開國公。[8]帝臨崩，謂皇太子曰："王誼社稷臣，宜處以機密，不須遠任也。"皇太子即位，是爲宣帝。憚誼剛正，出爲襄州總管。[9]

　　[1]儀同：官名。北周府兵制中儀同府長官加此名，爲散實官。九命。

　　[2]內史大夫：官名。據下文，此處應指內史中大夫。北周時屬春官府，爲內史官署長官。大象元年改置內史上大夫爲長官。掌詔書撰寫，參議刑罰爵賞及軍國大事，並修撰國志及起居注。正五命。

　　[3]楊國公：《北史》卷六一"楊"作"揚"。《周書》卷七《宣帝紀》作"揚國公"，卷八《靜帝紀》作"楊國公"。

　　[4]衂（nǜ）：挫敗，挫傷。

　　[5]大內史：官名。即內史上大夫的別稱。北周大象元年，宣帝傳位於靜帝，自稱天元皇帝，內史司置上大夫爲長官，員一人，掌皇帝詔書的撰寫與宣讀，權力極重。正六命。

　　[6]汾州：北周時以南汾州改名，治所在今山西吉縣。稽胡：古族名。亦稱"步落稽"，爲匈奴別種。十六國時匈奴所建的幾個

政權滅亡後，餘部分散各地，稱山胡、西河胡、離石胡、吐京胡、石樓胡等。北周時統稱爲稽胡。從事農業，以麻布爲衣，與漢人雜處。隋唐以後，逐漸與漢族融合。傳見《周書》卷四九、《北史》卷九六。

　　[7]越王盛、譙王儉：即宇文盛、宇文儉。傳皆見《周書》卷一三、《北史》卷五八。

　　[8]開國公：爵名。此處未詳爲開國郡公或開國縣公。北周開國郡公，正九命，食邑自一千户至八千户。開國縣公，食邑五百户至四千七百户，命數不詳。

　　[9]襄州：北周時治所在今湖北襄樊市。

　　及高祖爲丞相，轉爲鄭州總管。[1]司馬消難舉兵反，[2]高祖以誼爲行軍元帥，[3]率四總管討之。軍次近郊，消難懼而奔陳。于時北至商、洛，[4]南拒江、淮，[5]東西二千餘里，巴蠻多叛，[6]共推渠帥蘭雒州爲主。[7]雒州自號河南王，以附消難，北連尉迥。誼率行軍總管李威、馮暉、李遠等分討之，[8]旬月皆平。高祖以誼前代舊臣，甚加禮敬，遣使勞問，冠蓋不絕。以第五女妻其子奉孝，[9]尋拜大司徒。[10]誼自以與高祖有舊，亦歸心焉。

　　[1]鄭州總管：北周未置鄭州，《北史》卷六一《王誼傳》亦不載王誼任此官。《周書》卷二一《司馬消難傳》記"隋文帝命襄州總管王誼爲元帥，發荊襄兵以討之。八月，消難聞誼軍將至，夜率其麾下，歸於陳"。卷三六《崔彦穆傳》亦記"隋文帝輔政，三方兵起。以彦穆爲行軍總管，率兵與襄州總管王誼討司馬消難"。本書卷一《高祖紀上》亦記文帝命襄州總管討消難。可見，本卷記

其轉爲鄭州總管一事或有誤。

[2]司馬消難：人名。北周時人。傳見《周書》卷二一，《北史》卷五四有附傳。

[3]行軍元帥：官名。北周時爲出征軍的統帥名，領一道或數道行軍總管征戰，根據需要臨時任命，事罷則廢。

[4]商：地名。治所在今陝西商洛市商州區東南。　洛：指漢時上洛縣。治所在今陝西商洛市商州區。

[5]江、淮：地區名。泛指今安徽、江蘇、河南以及湖北東北部長江以北、淮河以南地區。

[6]巴蠻：南方居於山間的一些少數民族。《通鑑》卷一七四《陳紀》陳宣帝太建十二年八月條胡三省注曰：“晋、宋以來所謂山蠻也，南朝諸史所謂荆、雍州蠻者也。以其先出於巴種，故謂之巴蠻。”又《通鑑》卷一〇四《晋紀》晋孝武帝太元元年三月條胡三省注曰：“自春秋之時，伊、洛以南，巴、巫、漢、沔以北，大山長谷，皆蠻居之……後漢祭遵攻新城蠻、柏華蠻，破霍陽聚，則春秋蠻氏之聚落也。其後又有巫蠻、南郡蠻、江夏蠻。襄陽以西，中廬、宜城之西山，皆蠻居之，所謂山蠻也。”

[7]渠帥：部落酋長。　蘭雒州：人名。北周時人。其事不詳。

[8]李威：人名。北周時人。其事不詳。　馮暉：人名。北周時人。本書卷五三《馮昱傳》記“高祖初爲丞相，（馮昱）以行軍總管與王誼、李威等討叛蠻”。或疑“馮暉”爲“馮昱”之訛。李遠：人名。北周時人。其事不詳。

[9]第五女：據後文可知即蘭陵公主。隋文帝第五女。傳見本書卷八〇、《北史》卷九一。　奉孝：人名。即王奉孝。王誼子，位儀同，早卒。其事略見本書《蘭陵公主傳》、《北史》卷六一《王誼傳》。

[10]大司徒：官名。全稱爲大司徒卿。北周時爲地官府長官，掌民户、土地、賦役、倉廩、教育、關市及山澤漁獵等方面的事務。正七命。

及上受禪，顧遇彌厚，上親幸其第，與之極歡。太常卿蘇威立議，[1]以爲户口滋多，民田不贍，欲减功臣之地以給民。誼奏曰：“百官者，歷世勳賢，方蒙爵土。一旦削之，未見其可。如臣所慮，正恐朝臣功德不建，何患人田有不足？”上然之，竟寢威議。開皇初，上將幸岐州。[2]誼諫曰：“陛下初臨萬國，人情未洽，何用此行？”上戲之曰：“吾昔與公位望齊等，一朝屈節爲臣，或當耻愧。是行也，震揚威武，欲以服公心耳。”誼笑而退。尋奉使突厥，上嘉其稱旨，進封郢國公。

[1]太常卿：官名。爲太常寺長官，掌國家禮樂、郊廟、社稷、祭祀等事。正三品。　蘇威：人名。北周、隋時人。傳見本書卷四一，《北史》卷六三有附傳。

[2]岐州：治所在今陝西鳳翔縣。大業三年改置扶風郡。

未幾，其子奉孝卒。踰年，誼上表，言公主少，請除服。[1]御史大夫楊素劾誼曰：[2]“臣聞喪服有五，[3]親疏異節，喪制有四，[4]降殺殊文。[5]王者之所常行，故曰不易之道也。是以賢者不得踰，不肖者不得不及。而儀同王奉孝，既尚蘭陵公主，奉孝以去年五月身喪，始經一周，而誼便請除釋。竊以雖曰王姬，終成下嫁之禮，公則主之，猶在移天之義。[6]况復三年之喪，自上達下，及期釋服，[7]在禮未詳。然夫婦則人倫攸始，喪紀則人道至大，苟不重之，取笑君子。故鑽燧改火，[8]責以居喪之速，朝祥暮歌，[9]譏以忘哀之早。然誼雖不自强，爵位已重，欲爲無禮，其可得乎？乃薄俗傷教，爲父則不慈，輕禮易喪，致婦於無義。若縱而不正，恐傷風俗，請付法推科。"有詔勿治，然恩禮稍薄。誼頗怨望。或告誼謀反，上令案其事。主者奏誼有不遜之言，實無反狀。上賜酒而釋之。

[1]除服：脫去喪服，意不再守喪。

[2]御史大夫：官名。御史臺長官，專掌國家刑憲典章之政令，司彈劾糾察百官等。其品級，隋大業五年（按，此據本書《百官志下》，而《唐六典》卷一三《御史臺》御史大夫條下注記作"大業八年"）前是從三品，此年降爲正四品。

[3]喪服有五：古代的服喪制度，在本宗族的範圍內，以親疏遠近爲標準，爲去世者服喪所穿的五種服飾，其規格、服喪時間等均以親疏遠近有所不同。按照服喪的輕重不同，依次分斬衰、齊衰、大功、小功、緦麻五種。

[4]喪制有四：古代治喪的禮制，分爲四種。恩制、義制、禮制、權制。《禮記·喪服四制》曰："喪有四制，變而從宜，取之四時也。有恩，有理，有節，有權，取之人情也。恩者仁也，理者義也，節者禮也，權者知也。仁義禮知，人道具矣。"

[5]降殺：遞減。

[6]移天：指丈夫。古代封建禮法以爲女子在家尊父爲天，出嫁則尊夫爲天，故出嫁謂爲移天。

[7]釋服：除去喪服，謂除喪。

[8]鑽燧改火：古代鑽木取火，四季換用不同木材，稱爲"改火"，又稱改木。亦用以比喻時節改易。典出《論語·陽貨》："宰我問：'三年之喪期已久矣！君子三年不爲禮，禮必壞；三年不爲樂，樂必崩。舊穀既没，新穀既升；鑽燧改火，期可已矣。'……子曰：'予之不仁也！子生三年，然後免於父母之懷。夫三年之喪，

天下之通喪也；予也，有三年之愛於其父母乎？’”

[9]朝祥暮歌：謂上午舉行祥祭，當晚就忘記悲痛開始唱歌了。典出《禮記‧檀弓上》：“魯人有朝祥而莫歌者，子路笑之。夫子曰：‘由，爾責於人終無已夫。三年之喪，亦已久矣夫。’子路出，夫子曰：‘又多乎哉？踰月則其善。’”祥，古代爲父母或親人服喪周年祭名，分爲小祥、大祥。小祥爲父母喪後周年的祭禮。祭後可稍改善生活及解除喪服的一部分。若是皇帝、皇太后、皇后等人去世，因漢文帝以後喪服期減，以日易月，則在死後十二日舉行小祥祭，死後二十五日或二十四日舉行大祥祭禮。亦以小祥稱一般死者的周年祭。大祥爲父母喪後兩周年的祭禮。

于時上柱國元諧亦頗失意，[1]諧數與相往來，言論醜惡。胡僧告之。公卿奏諧大逆不道，罪當死。上見諧愴然曰：“朕與公舊爲同學，甚相憐愍，將奈國法何？”於是下詔曰：“諧，有周之世，早豫人倫，朕共游庠序，[2]遂相親好。然性懷險薄，巫覡盈門，鬼言怪語，稱神道聖。朕受命之初，深存誡約，口云改悔，心實不悛。乃說四天王神道，[3]諧應受命，書有諧讖，天有諧星，桃、鹿二川，[4]岐州之下，歲在辰巳，興帝王之業。密令卜問，伺殿省之災。又說其身是明王，[5]信用左道，所在詿誤，自言相表當王不疑。此而赦之，將或爲亂，禁暴除惡，宜伏國刑。”上復令大理正趙綽謂諧曰：[6]“時命如此，將若之何！”於是賜死於家，時年四十六。

[1]上柱國：官名。位散實官第一等，開府置僚屬。從一品。元諧：人名。傳見本卷、《北史》卷七三。

[2]庠序：古代的地方學校。後亦泛稱學校。

　　[3]四天王：佛經稱帝釋的外將，分別居於須彌山四埵，各護一方，故亦稱護世四天王。東方持國天王（名多羅吒），身白色，持琵琶；南方增長天王（名毗瑠璃），身青色，執寶劍；西方廣目天王（名毗留博叉），身紅色，執羂索；北方多聞天王（名毗沙門），身綠色，執寶叉。　神道：神明之道。謂鬼神賜福降灾神妙莫測之道。

　　[4]桃：地名。據清雍正時編《陝西通志》卷一○斜谷河條記在今陝西岐山縣南一百五十里有桃川。其水出大山中，流爲斜谷水。　鹿：地名。即鹿川，應亦在岐州附近，具體位置不詳。

　　[5]明王：佛教中以有智力摧垮一切魔障之威德，謂之明王。

　　[6]大理正：官名。大理寺屬官，掌平決訟獄。正六品下。趙綽：人名。傳見本書卷六二、《北史》卷七七。

元諧

　　元諧，河南雒陽人也，家代貴盛。諧性豪俠，有氣調。少與高祖同受業於國子，[1]甚相友愛。後以軍功，累遷大將軍。及高祖爲丞相，引致左右。諧白高祖曰：“公無黨援，譬如水間一堵墙，大危矣。公其勉之。”尉迥作亂，遣兵寇小鄉，[2]令諧擊破之。及高祖受禪，上顧諧笑曰：“水間墻竟何如也？”於是賜宴極歡。進位上大將軍，封樂安郡公，[3]邑千户。奉詔參修律令。

　　[1]國子：官署名。即國子寺。北周時掌訓教胄子，管理中央、地方學校之政。

　　[2]小鄉：縣名。北周時治所在今山西曲沃縣境，一説在今山西翼城縣西。

[3]樂安郡公：爵名。隋九等爵的第四等。從一品。

時吐谷渾寇涼州，[1]詔諧爲行軍元帥，[2]率行軍總管賀婁子幹、郭竣、元浩等步騎數萬擊之。[3]上敕諧曰："公受朝寄，總兵西下，本欲自寧疆境，保全黎庶，非是貪無用之地，害荒服之民。[4]王者之師，意在仁義。渾賊若至界首者，[5]公宜曉示以德，臨之以教，誰敢不服也！"時賊將定城王鍾利房率騎三千度河，[6]連結党項。[7]諧率兵出鄯州，[8]趣青海，[9]邀其歸路。吐谷渾引兵拒諧，相遇於豐利山。[10]賊鐵騎二萬，與諧大戰，諧擊走之。賊駐兵青海，遣其太子可博汗以勁騎五萬來掩官軍。[11]諧逆擊，敗之，追奔三十餘里，俘斬萬計，虜大震駭。於是移書諭以禍福，其名王十七人、公侯十三人，[12]各率其所部來降。上大悅，下詔曰："褒善疇庸，[13]有聞前載，諧識用明達，神情警悟，文規武略，譽流朝野。申威拓土，功成疆場，深謀大節，實簡朕心。加禮延代，宜隆賞典。可柱國，別封一子縣公。"諧拜寧州刺史，[14]頗有威惠。然剛愎，好排詆，不能取媚於左右。嘗言於上曰："臣一心事主，不曲取人意。"上曰："宜終此言。"後以公事免。

[1]涼州：北周時治所在今甘肅武威市。

[2]行軍元帥：官名。隋沿北周而置，爲臨時設置的最高統兵官，統一道或數道行軍總管，兵停則罷，多以親王或重臣爲之。

[3]賀婁子幹：人名。傳見本書卷五三、《北史》卷七三。郭竣：人名。隋時人。其事不詳。　元浩：人名。隋時人。其事

不詳。

　　[4]荒服：古“五服”之一。稱離京師二千到二千五百里的邊遠地方。亦泛指邊遠地區。

　　[5]界首：邊界前緣，交界的地方。

　　[6]鍾利房：人名。吐谷渾主吕夸署其爲河西總管定城王。“房”，《北史》卷七三作“旁”。其事亦略見本書卷八三《吐谷渾傳》。

　　[7]党項：古族名。西羌的一支，南北朝時期活動於今西藏河曲縣和四川松潘縣以西山谷地帶。唐代受吐蕃壓迫，遷居今甘肅、寧夏及陝北地區。從事畜牧業。傳見本書卷八三、《北史》卷九六。

　　[8]鄯州：治所在今青海樂都縣。

　　[9]青海：湖名。又稱西海、仙海、鮮水海。即今青海省青海湖。

　　[10]豐利山：地名。在今青海湖東。

　　[11]可博汗：即吐谷渾主吕夸太子。其事亦見本書卷八三《吐谷渾傳》。

　　[12]名王：指古代少數民族聲名顯赫的王。

　　[13]疇庸：酬報功勞。

　　[14]寧州：治所在今甘肅寧縣。隋大業三年改爲北地郡。

　　時上柱國王誼有功於國，與諧俱無任用，每相往來。胡僧告諧、誼謀反，上按其事，無逆狀，上慰諭而釋之。未幾，誼伏誅，諧漸被疎忌。然以龍潜之舊，每預朝請，恩禮無虧。及上大宴百僚，諧進曰：“陛下威德遠被，臣請突厥可汗爲候正，[1]陳叔寶爲令史。”[2]上曰：“朕平陳國，以伐罪弔人，非欲誇誕取威天下。公之所奏，殊非朕心。突厥不知山川，何能警候！叔寶昏醉，寧堪驅使！"諧默然而退。

[1]可汗：又作"可罕"。古代柔然、突厥、回紇、蒙古等族最高統治者的稱號。初，鮮卑族中有此稱，但作爲最高統治者的稱號，始於公元402年柔然首領社崙稱丘豆伐可汗。　候正：官名。應爲北周官職。負責警衛候望。隋似未設此職。

[2]陳叔寶：人名。即南朝陳後主。紀見《陳書》卷六、《南史》卷一〇。　令史：官名。爲一種低級辦事員吏。隋尚書省六部諸司、諸臺省、東宮詹事府、左右春坊及其下各局署皆隨曹閑劇而置，掌文書案牘。亦常差充他職，如捉錢令史、甲庫令史等，爲流外官。中央部分官署吏職亦稱令史。

後數歲，有人告諧與從父弟上開府滂、臨澤侯田鸞、上儀同祁緒等謀反。[1]上令案其事。有司奏："諧謀令祁緒勒党項兵，即斷巴、蜀。時廣平王雄、左僕射高潁二人用事，[2]諧欲譖去之，云：'左執法星動已四年矣，[3]狀一奏，高潁必死。'又言：'太白犯月，[4]光芒相照，主殺大臣，楊雄必當之。'諧嘗與滂同謁上，諧私謂滂曰：'我是主人，殿上者賊也。'因令滂望氣，滂曰：'彼雲似蹲狗走鹿，不如我輩有福德雲。'"[5]上大怒，諧、滂、鸞、緒並伏誅，籍没其家。

[1]上開府：官名。此處爲上開府儀同三司的省稱。勳官號，隋置爲從三品散實官，煬帝大業三年罷。　滂：人名。即元滂。其事略見本書卷六〇《于仲文傳》。　臨澤侯：爵名。隋置開國侯，爲九等爵的第六等。正二品。　田鸞：人名。其事不詳。　祁緒：人名。其事不詳。《通鑑》卷一七七《隋紀》開皇九年夏四月壬戌

條記作"祈緒"。

[2]雄：人名。即楊雄。傳見本書卷四三，《北史》卷六八有附傳。　左僕射：官名。全稱爲尚書左僕射。尚書省屬官，隋罷録尚書，又常缺令，僕射成爲正宰相，與門下、内史省長官共秉國政。隋開皇三年令左僕射掌判吏、禮、兵三部事，兼糾彈御史所糾不當者。從二品。

[3]執法：星名。《史記·天官書》記："南四星，執法。"意喻廷尉之曹，大臣之象。

[4]太白：星名。即金星。又名啓明、長庚。《史記·天官書》："察日行以處位太白。"司馬貞《索隱》："太白晨出東方，曰啓明。"古星象家以爲太白星主殺伐，故多以喻兵戎。

[5]福德：福分和德行。

王世積

王世積，闡熙新囶人也。[1]父雅，[2]周使持節、開府儀同三司。世積容貌魁岸，腰帶十圍，[3]風神爽拔，有傑人之表。在周，有軍功，拜上儀同，封長子縣公。高祖爲丞相，尉迴作亂，從韋孝寬擊之，每戰有功，拜上大將軍。[4]

[1]闡熙：郡名。北周時治所在今陝西靖邊縣西南。　新囶（guó）：縣名。治所在今陝西靖邊縣西。新囶後並入長澤，此爲長澤縣治所。囶，古"國"字。

[2]雅：人名。即王雅。北周時人。傳見《周書》卷二九、《北史》卷六八。

[3]圍：計量周長的約略單位。舊説尺寸長短不一，現多指兩

手或兩臂合拱的長度。

　　[4]上大將軍：官名。北周時爲高級武官名號。正九命。

　　高祖受禪，進封宜陽郡公。高熲美其才能，甚善之。嘗密謂熲曰："吾輩俱周之臣子，社稷淪滅，其若之何？"熲深拒其言。未幾，授蘄州總管。[1]平陳之役，以舟師自蘄水趣九江，[2]與陳將紀瑱戰於蘄口，[3]大破之。既而晉王廣已平丹楊，[4]世積於是移書告諭，遣千金公權始璋略取新蔡。[5]陳江州司馬黃偲棄城而遁，[6]始璋入據其城。世積繼至，陳豫章太守徐璒、廬陵太守蕭廉、潯陽太守陸仲容、巴山太守王誦、太原太守馬頤、齊昌太守黃正始、安成太守任瓛等，[7]及鄱陽、臨川守將，[8]並詣世積降。以功進位柱國、荊州總管，[9]賜絹五千段，加之寶帶，邑三千户。後數歲，桂州人李光仕作亂，[10]世積以行軍總管討平之。上遣都官員外郎辛凱卿馳勞之。[11]及還，進位上柱國，賜物二千段。上甚重之。

　　[1]蘄州：治所在今湖北蘄春縣北。　總管：官名。全稱是總管刺使加使持節。領一州或數州、十數州軍政，刺史以下官得承制補授。其品秩分三等，上總管視從二品，中總管視正三品，下總管視從三品。邊鎮大州或置大總管。
　　[2]蘄水：即今湖北蘄水。發源自蘄春縣東北四流山，西南流入長江。　九江：水名。在今湖北武穴市、黃梅縣一帶。一説指今江西贛江及其八大支流，一説指今湖南洞庭湖所匯湘、沅等八水。
　　[3]紀瑱：人名。其事不詳。　蘄口：地名。即蘄水入江之口。在今湖北蘄春縣西南長江北岸。

　　[4]丹楊：郡名。治所在今江蘇南京市。隋開皇九年改名蔣州，大業三年復名丹楊郡。

　　[5]權始璋：人名。北周、隋時人。其事不詳。　新蔡：郡名。南朝陳時治所在今河南固始縣東北。

　　[6]江州：南朝陳時治所原在今江西九江市西南，天嘉初移治今江西九江市。　司馬：官名。州郡佐官。南朝州郡長官多帶將軍名號開軍府，皆置司馬爲幕僚，主軍務，武職。　黃偲：人名。南朝陳時人。其事不詳。

　　[7]豫章：郡名。南朝陳時治所在今江西南昌市。　徐璒：人名。南朝陳豫章太守。隋平陳，降於王世積，懷有異心，後率部反，爲隋將呂昂、馮世基擒於陣。其事另見本書卷四七《韋洸傳》、卷六六《柳莊傳》、卷八〇《譙國夫人傳》。　廬陵：郡名。南朝陳時治所在今江西吉水縣東北。　蕭廉：人名。南朝陳時人。其事不詳。　潯陽：查南朝陳未置潯陽郡，清雍正時編《江西通志》卷二九《武事》質帝永嘉元年春三月條“潯”作“尋”，應是。尋陽，南朝陳郡名。治所在今江西九江市西南。隋開皇九年廢。　陸仲容：人名。南朝陳時人。其事不詳。　巴山：郡名。南朝陳時治所在今江西崇仁縣西南，光大二年（568）廢。　王誦：人名。南朝陳時人。其事不詳。　太原：郡名。南朝陳僑置郡，治所在今江西彭澤縣東北。隋開皇中廢。　馬頲（tǐng）：人名。南朝陳時人。其事不詳。　齊昌：郡名。南朝陳時治所在今湖北蘄春縣西南。黃正始：人名。南朝陳時人。其事不詳。　安成：郡名。南朝陳時治所在今江西安福縣東南。隋開皇中廢。　任瓘：人名。南朝陳時人。其事不詳。

　　[8]鄱陽：郡名。南朝陳時治所在今江西鄱陽縣。隋開皇中改爲饒州。　臨川：郡名。南朝陳時治所在今江西撫州市臨川區西。

　　[9]荊州：治所在今湖北江陵縣。

　　[10]桂州：治所在今廣西桂林市。隋大業元年改爲始安郡。李光仕：人名。隋桂州俚人。其作亂事另見本書卷六五《周法尚

傳》、卷六八《何稠傳》。

[11]都官：官名。尚書省郎曹之一，設侍郎二員爲長官。開皇三年以後稱都官司，隸刑部。掌管四奴婢名籍配役及其有關事務，後又增設員外郎爲次官。大業三年改置郎、承務郎爲其長貳。 員外郎：官名。刑部都官司次官。隋開皇六年始置，大業三年改置承務郎。 辛凱卿：人名。隋時人。其事不詳。

世積見上性忌刻，功臣多獲罪，由是縱酒，不與執政言及時事。上以爲有酒疾，舍之宮內，令醫者療之。世積詭稱疾愈，始得就第。

及起遼東之役，[1]世積與漢王並爲行軍元帥，至柳城，[2]遇疾疫而還。拜涼州總管，令騎士七百人送之官。未幾，其親信安定皇甫孝諧有罪，[3]吏捕之，亡抵世積。世積不納，由是有憾。孝諧竟配防桂州，[4]事總管令狐熙。[5]熙又不之禮，甚困窮，因徼幸上變，稱："世積嘗令道人相其貴不？道人答曰：'公當爲國主。'謂其妻曰：'夫人當爲皇后。'又將之涼州，其所親謂世積曰：'河西天下精兵處，[6]可以圖大事也。'世積曰：'涼州土曠人稀，非用武之國。'"由是被徵入朝，按其事。有司奏："左衛大將軍元旻、右衛大將軍元胄、左僕射高熲，[7]並與世積交通，受其名馬之贈。"世積竟坐誅，旻、胄等免官，拜孝諧爲上大將軍。

[1]遼東：地區名。泛指今遼寧遼河以東地區。

[2]柳城：郡名。煬帝時置，治所在今遼寧朝陽市。

[3]安定：郡名。治所在今甘肅涇川縣北涇河北岸，隋開皇三年廢，大業三年復置。 皇甫孝諧：人名。其事不詳。

[4]配防：發配罪人守邊。

[5]令狐熙：人名。傳見本書卷五六，《北史》卷六七有附傳。

[6]河西：地區名。指今甘肅、青海二省黃河以西，即河西走廊與湟水流域一帶。

[7]左衛大將軍：官名。左衛之長，掌宮掖禁禦，督攝杖衛。大業三年改爲左翊衛大將軍，總府事，並統諸鷹揚府。正三品。元旻：人名。隋時人。其事略見本書卷四五《房陵王勇傳》。　右衛大將軍：官名。右衛之長，掌宮掖禁禦，督攝杖衛。大業三年改爲右翊衛大將軍，總府事，並統諸鷹揚府。員一人，正三品。　元胄：人名。傳見本卷、《北史》卷七三。

虞慶則

虞慶則，京兆櫟陽人也。[1]本姓魚。其先仕於赫連氏，[2]遂家靈武，[3]代爲北邊豪傑。父祥，[4]周靈武太守。慶則幼雄毅，性倜儻，身長八尺，有膽氣，善鮮卑語，[5]身被重鎧，帶兩鞬，[6]左右馳射，本州豪俠皆敬憚之。初以弋獵爲事，中便折節讀書，常慕傅介子、班仲升爲人。[7]仕周，釋褐中外府行參軍，[8]稍遷外兵參軍事，[9]襲爵沁源縣公。宣政元年，[10]授儀同大將軍，[11]除并州總管長史。[12]二年，授開府。時稽胡數爲反叛，越王盛、内史下大夫高熲討平之。[13]將班師，熲與盛謀，須文武幹略者鎮遏之。表請慶則，於是即拜石州總管。[14]甚有威惠，境内清肅，稽胡慕義而歸者八千餘户。

[1]櫟（yuè）陽：縣名。治所在今陝西臨潼縣東北櫟陽鎮。

[2]赫連氏：赫連爲匈奴姓氏之一。此指十六國時期的大夏政權（407—431），都城先在統萬城（今内蒙古烏審旗南納林河鎮與陝西靖邊縣紅墩界鄉交界處的無定河北岸流沙之中），後遷至平凉（今甘肅平凉市）。

[3]靈武：郡名。治所在今寧夏吴忠市北。

[4]祥：人名。即虞祥。其事不詳。

[5]鮮卑：古族名。游牧部落東胡族的一支。秦漢時曾居於遼東，附於匈奴。東漢時北匈奴西遷後進入匈奴故地，勢力漸盛。漢桓帝時鮮卑首領已建立軍事行政聯合體，分東、中、西三部，各置大人統領。三世紀中葉，聯合體瓦解，附屬漢魏。至晋初分爲數部，其中以慕容、拓跋二氏爲最著。拓跋氏建國號魏，史稱北魏，後分裂成東魏和西魏，後又演爲北齊、北周。内遷的鮮卑人因逐漸從事農業，隋唐後逐漸被漢民族同化。其事可參《文獻通考》卷三四二《四裔考十九》。

[6]韔：馬上盛弓箭的器具。

[7]傅介子：人名。西漢時人。傳見《漢書》卷七〇。 班仲升：人名。即班超。東漢時人。傳見《後漢書》卷四七。

[8]中外府：官署名。全稱爲都督中外諸軍事府。設長史、司馬、司録、從事中郎、掾、屬、諸曹參軍、行參軍等府佐。北魏、西魏、北周皆有權臣以都督中外諸軍事身份控制朝政，故府佐的實際地位很高。 行參軍：官名。北周時爲都督中外諸軍事府府佐，員額不定。

[9]外兵參軍事：官名。亦稱外兵參軍。北周時爲諸公、軍府僚屬名。掌本府外兵曹事務，兼備參謀咨詢。其品位隨府主地位高低不等。

[10]宣政：北周武帝宇文邕年號（578），宣政元年六月宣帝宇文贇即位沿用。

[11]儀同大將軍：官名。北周建德四年改儀同三司置。主要授

予有軍勳的功臣及北齊降官，無具體職掌。九命。初加使持節、大
都督、車騎大將軍、散騎常侍。大象元年罷其制，唯總管、刺史及
行兵者加持節。下設長史、司馬、司錄、中郎、掾、屬、參軍等
府僚。

[12]總管長史：官名。北周武成元年始置總管府爲地方最高行
政機構，管理所屬地區的軍事民政，一般轄數州，多者可達數十
州，僚屬即有長史、司馬等。總管長史主要負責總管府的府事、文
職事務等。

[13]盛：人名。即宇文盛，北周時人。傳見《周書》卷一三、
《北史》卷五八。　内史下大夫：官名。全稱爲小内史下大夫。亦
稱内史次大夫。北周時爲春官府内史司屬官，佐内史中大夫，小内
史下大夫掌綸誥，並參議刑罰爵賞以及軍國大事。正三命。

[14]石州：北周建德六年改西汾州置，治所在離石縣（今山
西呂梁市離石區）。轄境相當今山西離石、中陽、柳林、臨縣、方
山等縣地。隋大業三年廢。

開皇元年，進位大將軍，遷内史監、吏部尚書、京
兆尹，[1]封彭城郡公，營新都總監。二年冬，突厥入寇，
慶則爲元帥討之。[2]部分失所，士卒多寒凍，墮指者千
餘人。偏將達奚長儒率騎兵二千人別道邀賊，[3]爲虜所
圍，甚急。慶則案營不救。[4]由是長儒孤軍獨戰，死者
十八九。上不之責也。尋遷尚書右僕射。[5]

[1]内史監：官名。爲内史省長官，正三品，尋廢，改以内史
令爲長官。　吏部尚書：官名。尚書省吏部長官，爲六部長官之
首，與二侍郎分掌六品以下文官選授、勳封、考課之政，稱爲三
銓。正三品。

[2]元帥：官名。"行軍元帥"的簡稱。

〔3〕偏將：即副將，相對主將而言。據本書卷五三《達奚長儒傳》，其時任行軍總管。　達奚長儒：人名。傳見本書卷五三、《北史》卷七三。

〔4〕案：《北史》卷七三作"按"。

〔5〕尚書右僕射：官名。尚書省屬官，隋罷録尚書，又常缺令，僕射成爲正宰相，與門下、内史省長官共秉國政。右僕射掌判都官、度支、工部三部事，兼糾彈御使所糾不當者，兼知用度。視從二品。

後突厥主攝圖將内附，[1]請一重臣充使，於是上遣慶則詣突厥所。攝圖恃强，初欲亢禮，慶則責以往事，攝圖不服。其介長孫晟又説諭之，[2]攝圖及弟葉護皆拜受詔，[3]因即稱臣朝貢，請永爲藩附。初，慶則出使，高祖敕之曰："我欲存立突厥，彼送公馬，但取五三匹。"攝圖見慶則，贈馬千匹，又以女妻之。上以慶則勳高，皆無所問。授上柱國，封魯國公，食任城縣千户。[4]詔以彭城公迴授第二子義。[5]

〔1〕攝圖：即沙鉢略可汗，隋時東突厥首領。佗鉢可汗之姪。佗鉢可汗卒，子菴羅繼立，懦弱不能統國，因讓國於攝圖。攝圖立後，號伊利俱盧設莫何始波羅可汗，簡稱沙鉢略可汗。沙鉢略可汗控弦四十萬稱雄漠北，累擾邊郡。隋開皇三年在白道被隋軍擊敗，後受困於達頭可汗，向隋稱藩，歲歲朝貢。其事略見本書卷八四、《北史》卷九九《突厥傳》。

〔2〕介：副手。本書卷五一《長孫晟傳》記"（開皇）四年，遣晟副虞慶則使于攝圖"。　長孫晟：人名。本書卷五一、《北史》卷二二有附傳。

[3]葉護：即葉護可汗，全名爲葉護處羅侯，隋時東突厥首領。佗鉢可汗之侄，沙鉢略可汗弟。沙鉢略可汗以其子雍虞閭懦弱，遣令立處羅侯。處羅侯立後號葉護可汗。其事略見本書卷八四、《北史》卷九九《突厥傳》。

[4]任城縣：治所在今山東濟寧市。

[5]迴授：官制用語。官員因功勳獲一個以上爵位時，可申請將較低者轉讓給子弟。　義：人名。即虞義。其事不詳。

　　高祖平陳之後，幸晋王第，置酒會群臣。高熲等奉觴上壽。上因曰：“高熲平江南，虞慶則降突厥，可謂茂功矣。”楊素曰：“皆由至尊威德所被。”慶則曰：“楊素前出兵武牢、硤石，[1]若非至尊威德，亦無克理。”遂與互相長短。御史欲彈之，[2]上曰：“今日計功爲樂，宜不須劾。”上觀群臣宴射，[3]慶則進曰：“臣蒙賫酒食，[4]令盡樂，御史在側，恐醉而被彈。”上賜御史酒，因遣之出。慶則奉觴上壽，[5]極歡。上謂諸公曰：“飲此酒，願我與諸公等子孫常如今日，世守富貴。”九年，轉爲右衛大將軍，尋改爲右武候大將軍。[6]

[1]武牢：地名。即虎牢關，唐人因諱改。在今河南滎陽市西北汜水鎮西。　硤石：地名。在今河南孟津縣。

[2]御史：官名。爲侍御史、治書侍御史、殿中侍御史、監察御史等官的通稱。此處不能確定爲何官簡稱。

[3]宴射：古射禮之一。聚飲習射稱“宴射”。宴，也寫作“燕”。

[4]賫：持，帶，送。

[5]上壽：向人敬酒，祝頌長壽。

[6]右武候大將軍：官名。隋十二衞大將軍之一，與左武候大將軍同掌車駕出巡營衞，分領府兵。正三品。大業三年改名右候衞大將軍。

開皇十七年，嶺南人李賢據州反，[1]高祖議欲討之。諸將二三請行，皆不許。高祖顧謂慶則曰：“位居宰相，爵乃上公，國家有賊，遂無行意，何也？”慶則拜謝恐懼，上乃遣焉。爲桂州道行軍總管，以婦弟趙什柱爲隨府長史。[2]什柱先與慶則愛妾通，恐事彰，乃宣言曰：“慶則不欲此行。”遂聞於上。先是，朝臣出征，上皆宴別，禮賜遣之。及慶則南討辭上，上色不悦，慶則由是怏怏不得志。暨平賢，至潭州臨桂鎮，[3]慶則觀眺山川形勢，曰：“此誠嶮固，加以足糧。若守得其人，攻不可拔。”遂使什柱馳詣京奏事，觀上顏色。什柱至京，因告慶則謀反。上案驗之，慶則於是伏誅。拜什柱爲柱國。

[1]嶺南：地區名。亦稱嶺外、嶺表。泛指五嶺以南地區，相當今廣東、廣西二省及越南北部一帶。　李賢：《北史》卷七三《虞慶則傳》作“李世賢”，本書卷六五《權武傳》、《北史》卷一一《隋文帝紀》均作“李世賢”，疑本卷漏“世”字。下文同。李世賢，人名。隋時桂州人。其反事另見本書《權武傳》、《北史·隋文帝紀》。

[2]趙什柱：人名。其事不詳。

[3]潭州：隋開皇九年改湘州爲潭州，治所在今湖南長沙市。大業初改爲長沙郡。　臨桂鎮：地名。治所在今廣西興安縣。

慶則子孝仁，幼豪俠任氣，起家拜儀同，領晉王親信。[1]坐父事除名。煬帝嗣位，以藩邸之舊，授候衛長史，[2]兼領金谷監，[3]監禁苑。[4]有巧思，頗稱旨。九年，伐遼，[5]授都水丞，[6]充使監運，頗有功。然性奢華，以駱駝負函盛水養魚而自給。十一年，或告孝仁謀圖不軌，遂誅之。其弟澄道，東宮通事舍人，[7]坐除名。

[1]親信：官名。常作爲起家官。

[2]候衛：官署名。煬帝大業三年改左右武候置左右候衛，屬十二衛，爲禁衛軍指揮機構。置大將軍一員、將軍二員，統諸鷹揚府府兵。下設護軍四員，輔佐將軍，尋改虎賁郎將，又設虎牙郎將六員，有長史、錄事參軍、司倉、兵、騎、鎧等員，軍士名伕飛。

[3]金谷監：官名。具體職掌不詳。據後文可推測其主要職責爲管理禁苑。西晉時有金谷園，爲石崇私人園林，位於今河南洛陽市西北。隋禁苑或在此附近。

[4]禁苑：帝王的園囿。

[5]遼：即遼東。

[6]都水丞：官名。隋初爲都水臺次官，輔助管理舟船水運河渠灌溉事務。正八品上。仁壽元年（601）改臺爲監，故亦稱“都水監丞”。大業五年以後增置少監（少令）爲都水監次官，丞降爲佐貳官，品秩升爲從七品。

[7]東宮通事舍人：官名。屬太子典書坊，掌宣傳皇太子令旨、東宮內外啓奏。正七品。煬帝改爲宣令舍人。

元冑

元冑，河南洛陽人也，魏昭成帝之六代孫。[1]祖

順，[2]魏濮陽王。[3]父雄，[4]武陵王。胄少英果，多武藝，
美鬚眉，有不可犯之色。周齊王憲見而壯之，[5]引致左
右，數從征伐。官至大將軍。

[1]昭成帝：北魏皇帝拓跋什翼犍的謚號。紀見《魏書》卷
一、《北史》卷一。

[2]順：人名。即元順，河南洛陽人。北周時拜中書監、雍州
刺史、開府儀同三司，封濮陽王。其事略見《周書》卷三八《元
偉傳》。

[3]濮陽王：爵名。北魏時爲爵位的最高一等，多用以封授
宗室。

[4]雄：人名。即元雄，河南洛陽人。與突厥有隙，北周時突
厥入朝，求元雄及其妻、子，爲蘇威所贖。其事略見本書卷四一
《蘇威傳》。

[5]憲：人名。即元憲，北周時人。傳見《周書》卷一二、
《北史》卷五八。

高祖初被召入，將受顧託，先呼胄，次命陶澄，[1]
並委以腹心，恒宿臥內。及爲丞相，每典軍在禁中，又
引弟威俱入侍衛。[2]周趙王招知高祖將遷周鼎，[3]乃要高
祖就第。趙王引高祖入寢室，左右不得從，唯楊弘與胄
兄弟坐於户側。[4]趙王謂其二子員、貫曰：[5]“汝當進
瓜，我因刺殺之。”及酒酣，趙王欲生變，以佩刀子刺
瓜，連啗高祖，[6]將爲不利。胄進曰：“相府有事，不可
久留。”趙王訶之曰：“我與丞相言，汝何爲者！”叱之
使却。胄瞋目憤氣，扣刀入衛。[7]趙王問其姓名，胄以
實對。趙王曰：“汝非昔事齊王者乎？誠壯士也！”因賜

之酒，曰：“吾豈有不善之意邪？卿何猜警如是！”趙王偽吐，將入後閣，冑恐其爲變，扶令上坐，如此者再三。趙王稱喉乾，命冑就廚取飲，冑不動。會滕王逌後至，[8]高祖降階迎之，冑與高祖耳語曰：“事勢大異，可速去。”高祖猶不悟，謂曰：“彼無兵馬，復何能爲？”冑曰：“兵馬悉他家物，一先下手，大事便去。冑不辭死，死何益耶？”高祖復入坐。冑聞屋後有被甲聲，遽請曰：“相府事殷，公何得如此？”因扶高祖下牀，趣而去。趙王將追之，冑以身蔽戶，王不得出。高祖及門，冑自後而至。趙王恨不時發，彈指出血。及誅趙王，賞賜不可勝計。

[1]陶澄：人名。北周時人。其事不詳。

[2]威：人名。即元威。其事不詳。

[3]招：人名。即宇文招，北周時人。傳見《周書》卷一三、《北史》卷五八。

[4]楊弘：人名。北周時人。其事略見本書卷一《高祖紀上》。按，《周書·宇文招傳》亦載此事，其記坐於戶側者除楊弘與冑兄弟外，還有陶徹。

[5]員、貫：即宇文員、宇文貫。俱爲宇文招子。宇文員封爲德廣公，宇文貫封爲永康公，參與宇文招謀反事，俱被殺。其事略見《周書》卷一三、《北史》卷五八《宇文招傳》。

[6]啗：給人吃。

[7]扣刀：拔刀微出鞘。

[8]逌（yóu）：人名。即宇文逌，北周時人。傳見《周書》卷一三、《北史》卷五八。

高祖受禪，進位上柱國，封武陵郡公，邑三千戶。拜左衛將軍，[1]尋遷右衛大將軍。高祖從容曰："保護朕躬，成此基業，元冑功也。"後數載，出爲豫州刺史，[2]歷亳、淅二州刺史。[3]時突厥屢爲邊患，朝廷以冑素有威名，拜靈州總管，[4]北夷甚憚焉。後復徵爲右衛大將軍，親顧益密。嘗正月十五日，上與近臣登高，[5]時冑下直，[6]上令馳召之。及冑見，上謂曰："公與外人登高，未若就朕勝也。"賜宴極歡。晋王廣每致禮焉。

[1]左衛將軍：官名。隋初爲十二衛中的左衛副長官，協助左衛大將軍掌宮掖禁禦，督攝杖衛。從三品。煬帝大業初，改左、右衛爲左、右翊衛，此職改爲左翊衛將軍。

[2]豫州：治所在今河南汝南縣。大業初改名蔡州。

[3]亳：州名。治所在今安徽亳州市。大業初改名譙郡。　淅：州名。治所在今河南西峽縣北，後廢。淅，底本、庫本作"淛"，中華本作"淅"。查隋無"淛州"，從中華本改。

[4]靈州：治所在今寧夏靈武市西南。

[5]登高：古人正月十五有登高之俗，清代學者顧張思《土風録》卷一記："古人登高不止重陽。石虎《鄴中記》：'正月十五日有登高之會。'"

[6]下直：在宫中當值結束，下班。

房陵王之廢也，[1]冑豫其謀。上正窮治東宮事，左衛大將軍元旻苦諫，楊素乃譖之。上大怒，執旻於仗。冑時當下直，不去，因奏曰："臣不下直者，[2]爲防元旻耳。"復以此言激怒上，上遂誅旻，賜冑帛千匹。蜀王秀之得罪，[3]冑坐與交通，除名。

　　[1]房陵王：即楊勇。傳見本書卷四五、《北史》卷七一。

　　[2]臣不下直者：此句《北史》卷七三《元冑傳》作"臣向不下直者"。

　　[3]秀：人名。即楊秀。傳見本書卷四五、《北史》卷七一。

　　煬帝即位，不得調。慈州刺史上官政坐事徙嶺南，[1]將軍丘和亦以罪廢。[2]冑與和有舊，因數從之游。冑嘗酒酣謂和曰："上官政壯士也，今徙嶺表，得無大事乎？"因自拊腹曰："若是公者，不徒然矣。"和明日奏之，冑竟坐死。於是徵政爲驍衛將軍，[3]拜和代州刺史。[4]

　　[1]慈州：開皇十年置，大業初廢。治所在今河北磁縣。　上官政：人名。爲人凶悍，曾任慈州刺史。其事略見本書卷五六《薛冑傳》、卷八〇《元務光母傳》。《金石錄》卷三記"隋西平太守上官政墓誌（大業六年三月）"，則其官終西平太守。中華本慈州前有"時"字，《北史》卷七三《元冑傳》亦有。底本、庫本無。

　　[2]將軍：官名。此指右武衛將軍。據《舊唐書》卷五九、《新唐書》卷九〇《丘和傳》，丘和曾任此職。右武衛將軍，隋十二衛將軍之一，佐大將軍總府事並統諸鷹揚府。員二人，從三品。

　　丘和：人名。隋唐時人。傳見《舊唐書》卷五九、《新唐書》卷九〇。

　　[3]驍衛將軍：官名。隋煬帝時改左右備身爲左右驍衛將軍，各置兩員，輔佐左右驍衛大將軍管理鷹揚府府事。從三品。上官政所任未詳爲左或右驍衛將軍。衛，《北史》卷七三《元冑傳》作"騎"。

　　[4]代州：治所在今山西代縣。大業初改爲雁門郡。

史臣曰：昔韓信愆垓下之期，[1]則項王不滅，[2]英布無淮南之舉，[3]則漢道未隆。以二子之勳庸，咸憤怨而菹戮，[4]況乃無古人之殊績，而懷悖逆之心者乎！梁士彥、宇文忻皆一時之壯士也，遭雲雷之會，[5]並以勇略成名，遂貪天之功以爲己力。報者倦矣，施者未厭，將生厲階，[6]求逞其欲。及茲顛墜，自取之也。王誼、元諧、王世積、虞慶則、元胄，或契闊艱厄，[7]或綢繆恩舊，將安將樂，漸見遺忘，內懷怏怏，矜伐不已。[8]雖時主之刻薄，亦言語以速禍乎？然高祖佐命元功，鮮有終其天命，配享清廟，[9]寂寞無聞。斯蓋草創帝圖，事出權道，本異同心，故久而逾薄。其牽牛蹊田，[10]雖則有罪，奪之非道，能無怨乎？皆深文巧詆，[11]致之刑辟，高祖沉猜之心，固已甚矣。求其餘慶，不亦難哉！

[1]愆：耽誤。　垓下：地名。在今安徽靈璧縣南沱河北岸。公元前202年楚、漢兩軍決戰，韓信、彭越、英布率軍圍困楚軍於此，項羽兵敗身亡。

[2]項王：即項羽。紀見《史記》卷七，傳見《漢書》卷三一。

[3]英布：人名。西漢時人。傳見《史記》卷九一、《漢書》卷三四。　淮南之舉：此指英布舉淮南之眾降漢一事。

[4]憤：庫本、中華本作“憤”。　菹：古代的一種肉刑，把人剁成肉醬。

[5]雲雷：比喻險難環境。典出《易·屯》：“《象》曰：屯，剛柔始交而難生，動乎險中，大亨貞。”按，“屯”之卦象爲“坎”上“震”下，“坎”之象爲雲，“震”之象爲雷。

[6]厲階：比喻禍端。典出《詩·大雅·桑柔》：“誰生厲階，

至今爲梗。"毛傳："厲，惡。"另《詩·大雅·瞻卬》："婦有長舌，維厲之階。"鄭玄箋曰："階，所由上下也。"

　　[7]契闊：相交、相約。

　　[8]矜伐：恃才誇功，誇耀。

　　[9]配享清廟：指功臣祔祀於帝王宗廟。配享，合祭、祔祀。清廟，太廟，帝王的宗廟。

　　[10]牽牛蹊田：牽牛的讓牛踩了別人田地，結果被人將牛奪走。後以此代指罪輕罰重，從中謀利。典出《左傳》宣公十一年："抑人亦有言曰：'牽牛以蹊人之田，而奪之牛。牽牛以蹊者，信有罪矣，而奪之牛，罰已重矣。'"蹊田，指踐踏田禾。

　　[11]深文巧詆：用含義深的文辭，以不實之語進行詆毀。

隋書　卷四一

列傳第六

高熲

　　高熲,[1]字昭玄,一名敏,自云渤海蓚人也。[2]父
賓,[3]背齊歸周,[4]大司馬獨孤信引爲僚佐,[5]賜姓獨孤
氏。及信被誅,妻子徙蜀。[6]文獻皇后以賓父之故吏,[7]
每往來其家。賓後官至都州刺史,[8]及熲貴,贈禮部尚
書、渤海公。[9]

[1]高熲:人名。傳另見《北史》卷七二。
[2]渤海:郡名。治所在今山東陽信縣西南。　蓚(tiáo):縣
名。治所在今河北景縣南。
[3]賓:人名。即高賓。《周書》卷三七、《北史》卷七二有
附傳。
[4]背齊歸周:《周書·高賓傳》《北史·高賓傳》載"背齊歸
周"均作背東魏歸西魏。《周書》《北史》所載準確。因兩書皆記
高賓原仕東魏,因避讒棄官奔西魏時是西魏大統六年(540),而北
齊、北周兩朝此時皆尚未建立(參本條注後),故記"背東魏歸西

"魏"更合理。齊，即北齊（550—577），或稱高齊，都鄴（今河北臨漳縣西南鄴鎮東）。周，即北周（557—581），都長安（今陝西西安市西北）。

〔5〕大司馬：官名。此是北周大司馬卿的簡稱。西魏恭帝三年仿《周禮》建六官，置大司馬卿爲夏官府最高長官。掌邦政；征伐敵國及四時治兵講武皆由其主持；大祭祀則掌宿衛；廟社則奉羊牲。正七命。北周同。　獨孤信：人名。西魏、北周重臣，大統十二年拜大司馬。傳見《周書》卷一六、《北史》卷六一。

〔6〕蜀：郡名。治所在今四川成都市。

〔7〕文獻皇后：亦簡稱"獻皇后""獻后"。即隋文帝獨孤皇后的謚號。傳見本書卷三六、《北史》卷一四。

〔8〕鄀（ruò）州：治所在今湖北荆門市西北。

〔9〕禮部尚書：官名。贈官。正三品。　渤海公：諸本皆同，但《周書·高賓傳》《北史·高熲傳》皆作"武陽公"。考《周書》《北史》之《高賓傳》均載北周時高賓已封爵"武陽縣伯"，而且其子高熲襲爵也是此名。故隋開皇中，高賓因子高熲受寵而追贈更高爵位，順理成章應爲"武陽公"。記"渤海公"者當存疑。

熲少明敏，有器局，略涉書史，尤善詞令。初，孩孺時，家有柳樹，高百許尺，亭亭如蓋。里中父老曰：[1]"此家當出貴人。"年十七，周齊王憲引爲記室。[2]武帝時，[3]襲爵武陽縣伯，[4]除内史上士，[5]尋遷下大夫。[6]以平齊功，拜開府。[7]尋從越王盛擊隰州叛胡，[8]平之。

〔1〕里：基層行政區劃名，爲鄉以下的農村基層行政單位。

〔2〕齊王憲：北周宇文泰第五子宇文憲，封齊王。傳見《周書》卷一二、《北史》卷五八。　記室：官名。北周王府均設有記

室，掌章表書記文檄。品秩不詳。

[3]武帝：北周皇帝宇文邕的謚號。紀見《周書》卷五、六、《北史》卷一〇。

[4]武陽縣伯：爵名。北周十一等爵的第五等。正七命（參見王仲犖《北周六典》卷八《封爵第十九》，中華書局1979年版，第554頁）。

[5]内史上士：官名。亦稱小内史上士，北周爲春官府内史曹的屬官，掌草擬皇帝詔令，參修國志及起居注。置二員，正三命（參見王仲犖《北周六典》卷四《春官府第九》，第174頁）。

[6]下大夫：官名。此是北周小内史下大夫的省稱。原爲春官府内史司次官。佐長官内史中大夫掌綸誥，並參議刑罰爵賞及軍國大事。後該司置内史上大夫爲長官，其地位相應下降。正四命。

[7]開府：官名。全稱爲開府儀同三司，周武帝建德四年（575）改稱“開府儀同大將軍”，屬勳官。北周府兵制中二十四軍的每軍長官均加此勳官名，可開府置官屬。北周九命。

[8]越王盛：人名。北周太祖宇文泰之子宇文盛，天和中，進爵爲越王。傳見《周書》卷一三、《北史》卷五八。　隰（xí）州：治所在今山西隰縣。　胡：古代稱北方和西方的少數民族爲胡。

　　高祖得政，[1]素知熲强明，又習兵事，多計略，意欲引之入府，遣邗國公楊惠諭意。[2]熲承旨欣然曰：“願受驅馳。縱令公事不成，熲亦不辭滅族。”於是爲相府司録。[3]時長史鄭譯、司馬劉昉並以奢縱被疏，[4]高祖彌屬意於熲，委以心膂。尉迴之起兵也，[5]遣子惇率步騎八萬，[6]進屯武陟。[7]高祖令韋孝寬擊之，[8]軍至河陽，[9]莫敢先進。高祖以諸將不一，令崔仲方監之，[10]仲方辭父在山東。[11]時熲又見劉昉、鄭譯並無去意，遂自請行，深合上旨，遂遣熲。熲受命便發，遣人辭母，[12]云忠孝不可兩兼，歔欷就路。至軍，爲橋於沁水，賊於上流縱大栰，熲預爲木狗以禦之。[13]既度，焚橋而戰，大破之。遂至鄴下，[14]與迥交戰，仍共宇文忻、李詢等設策，[15]因平尉迥。軍還，侍宴於卧內，上撤御帷以賜之。進位柱國，[16]改封義寧縣公，[17]遷相府司馬，任寄益隆。

[1]高祖：隋文帝楊堅的廟號。紀見本書卷一、二，《北史》卷一一。

[2]邗（hán）國公：爵名。北周十一等爵的第四等。正九命。
楊惠：人名。即楊雄，本名惠，隋文帝楊堅之姪。傳見本書卷四三，《北史》卷六八有附傳。

[3]相府司録：官名。北周大丞相府重要僚屬之一，總録一府之事。位在長史、司馬下。

[4]長史：官名。北周丞相府屬官，全稱爲大丞相府長史。爲府中大丞相下衆官員之首。　鄭譯：人名。傳見本書卷三八，《周書》卷三五、《北史》卷三五有附傳。　司馬：官名。此是北周丞相府的官員名，全稱是大丞相府司馬。位僅次長史。　劉昉：人名。傳見本書卷三八、《北史》卷七四。

[5]尉迥：人名。即尉遲迥，北周太祖宇文泰之甥，周宣帝時任大前疑、相州總管。傳見《周書》卷二一、《北史》卷六二。

[6]惇：人名。即尉遲惇，尉遲迥之子，北周封魏安郡公，兵敗爲郭衍擒殺。事見《北史·尉遲迥傳》。

[7]武陟：縣名。治所在今河南武陟縣南。

[8]韋孝寬：人名。西魏、北周名將。西魏時韋孝寬指揮玉璧之戰粉粹了東魏高歡進攻，西魏實力得以壯大；北周時又數獻平齊之策，多被采納，因功官至大司空、上柱國，封郿國公。傳見《周

書》卷三一、《北史》卷六四。

　[9]河陽：縣名。治所在今河南孟州市西。

　[10]崔仲方：人名。傳見本書卷六〇，《北史》卷三二有
附傳。

　[11]山東：地區名。戰國、秦、漢時期，通稱華山或崤山以東
爲山東。

　[12]母：指高熲母楊氏，字季姜。事迹可見《金石録》卷二
二《隋齊國太夫人楊氏墓誌》）。

　[13]賊於上流縱大栿（fá），熲預爲木狗以禦之：大栿、木狗，
宋刻遞修本、汲古閣本、殿本、庫本同。但《北史》卷七二、《通
鑑》卷一七四《陳紀》太建十二年八月條作“火栿”“土狗”。《考
異》曰：“《隋書》作‘木栿’‘木狗’。今從《北史》。”又本書中
華本亦作“火栿”“土狗”。

　[14]鄴：城名。北周相州總管治所。大象二年（580）相州總
管尉遲迥起兵討楊堅時，鄴邑位今河北臨漳縣西南。兵敗，城被焚
毁，鄴邑移至今河南安陽市。

　[15]宇文忻：人名。傳見本書卷四〇，《北史》卷六〇有附
傳。　李詢：人名。本書卷三七、《北史》卷五九有附傳。

　[16]柱國：官名。全稱爲柱國大將軍。北魏太武帝置，以爲開
國元勳長孫嵩的加官。孝莊帝因尒朱榮有擁立之功，特置以授之，
位在丞相上。西魏文帝以宇文泰有中興之功，又置此官授之。後凡
屬功參佐命、望實俱重的，也得居之。自大統十六年以前任此官的
名義上有八人。北周武帝增置上柱國等官，並以上柱國大將軍爲勳
官之首。柱國大將軍次之，正九命。

　[17]義寧縣公：爵名。北周十一等爵的第六等。“命數未詳，
非正九命則當是九命”（參見王仲犖《北周六典》卷八《封爵第十
九》，第548頁）。

　　高祖受禪，[1]拜尚書左僕射，[2]兼納言，[3]進封渤海郡公，[4]朝臣莫與爲比，上每呼爲獨孤而不名也。頹深避權勢，上表遜位，讓於蘇威。[5]上欲成其美，聽解僕射。數日，上曰：「蘇威高蹈前朝，頹能推舉。吾聞進賢受上賞，寧可令去官！」於是命頹復位。俄拜左衛大將軍，[6]本官如故。時突厥屢爲寇患，[7]詔頹鎮遏緣邊。及還，賜馬百餘匹，牛羊千計。領新都大監，[8]制度多出於頹。頹每坐朝堂北槐樹下以聽事，其樹不依行列，有司將伐之。上特命勿去，以示後人。其見重如此。又拜左領軍大將軍，[9]餘官如故。母憂去職，[10]二旬起令視事。頹流涕辭讓，優詔不許。[11]

　　[1]禪：中國古代歷史上統治權轉移的一種方式，即皇帝把帝位讓給他人。

　　[2]尚書左僕射：官名。隋尚書省置左右僕射各一人，地位僅次於尚書令。由於隋代尚書令不常置，僕射成爲尚書省實際長官，是宰相之職。從二品。

　　[3]納言：官名。門下省長官，職掌封駁制敕，並參與軍國大政決策等，居宰相之職。置二員，正三品。

　　[4]渤海郡公：爵名。隋九等爵的第四等。從一品。

　　[5]蘇威：人名。傳見本書卷四一，《北史》卷六三有附傳。

　　[6]左衛大將軍：官名。隋文帝設左右衛，各置大將軍一人，掌宮掖禁禦，督攝仗衛。左衛大將軍爲左衛長官。正三品。

　　[7]突厥：古族名、國名。廣義包括突厥、鐵勒諸部落，狹義專指突厥。公元六世紀時游牧於金山（今阿爾泰山）以南，因金山形似兜鍪，俗稱「突厥」，遂以名部落。西魏廢帝元年（552），土門自號伊利可汗，建立突厥汗國，後分裂爲西突厥、東突厥兩個汗

國。傳見本書卷八四、《北史》卷九九、《舊唐書》卷一九四、《新
唐書》卷二一五。

[8]新都大監：興建新的都城即大興城土木工程的總管官員。
新都，指大興城（在今陝西西安市）。

[9]左領軍大將軍：官名。左領軍府長官。按，本書《百官志
下》、《通典》卷二八《職官·左右領軍衛》載隋文帝朝，“左右領
軍府，各掌十二軍籍帳、差科、辭訟之事。不置將軍。唯有長史、
司馬”等。然據本書卷一《高祖紀上》、《通鑑》卷一七六《陳紀》
至德三年三月條，可推知最遲開皇三年（583）三月戊午左右領軍
府已各置領軍大將軍了。

[10]母憂：居母喪。按，岑仲勉據《隋齊國太夫人楊氏墓誌》
考証，指出高熲母“楊氏之卒乃在（開皇）十年”。而本傳將此事
記在“開皇二年”前，易誤解爲此事發生在“開皇初”（參見岑仲
勉《隋書求是》，中華書局2004年版，第83頁）。

[11]優詔：褒美嘉獎的詔書。

開皇二年，[1]長孫覽、元景山等伐陳，[2]令熲節度諸
軍。會陳宣帝薨，[3]熲以禮不伐喪，奏請班師。蕭巖之
叛也，[4]詔熲綏集江、漢，[5]甚得人和。上嘗問熲取陳之
策，熲曰：“江北地寒，田收差晚，江南土熱，水田早
熟。量彼收穫之際，微徵士馬，聲言掩襲。彼必屯兵禦
守，足得廢其農時。彼既聚兵，我便解甲，再三若此，
賊以爲常。後更集兵，彼必不信，猶豫之頃，我乃濟
師，登陸而戰，兵氣益倍。又江南土薄，舍多竹茅，所
有儲積，皆非地窖。密遣行人，因風縱火，待彼修立，
復更燒之。不出數年，自可財力俱盡。”上行其策，由
是陳人益弊。九年，晉王廣大舉伐陳，[6]以熲爲元帥長

史，三軍諮稟，皆取斷於熲。及陳平，晋王欲納陳主寵姬張麗華。[7]熲曰："武王滅殷，[8]戮妲己。[9]今平陳國，不宜取麗華。"乃命斬之，王甚不悦。及軍還，以功加授上柱國，[10]進爵齊國公，[11]賜物九千段，定食千乘縣千五百户。[12]上因勞之曰："公伐陳後，人言公反，朕已斬之。君臣道合，非青蠅所間也。"[13]熲又遜位，詔曰："公識鑒通遠，器略優深，出參戎律，廓清淮海，[14]入司禁旅，實委心腹。自朕受命，常典機衡，竭誠陳力，心迹俱盡。此則天降良輔，翊贊朕躬，幸無詞費也。"其優獎如此。

[1] 開皇：隋文帝楊堅年號（581—600）。

[2] 長孫覽：人名。傳見本書卷五一，《北史》卷二二有附傳。　元景山：人名。傳見本書卷三九，《北史》卷一八有附傳。　陳：南朝陳（557—589），都於建康（今江蘇南京市）。

[3] 陳宣帝：人名。即南朝陳皇帝陳頊。紀見《陳書》卷五、《南史》卷一〇。

[4] 蕭巖：人名。南朝後梁皇帝蕭琮的叔父。《周書》卷四八、《北史》卷九三有附傳。

[5] 江、漢：泛指長江、漢水一帶地區。

[6] 晋王廣：即楊廣。紀見本書卷三、四，《北史》卷一二。

[7] 陳主：指陳後主陳叔寶。紀見《陳書》卷六、《南史》卷一〇。　張麗華：人名。陳後主寵妃，陳滅爲高熲所殺。《陳書》卷七、《南史》卷一二有附傳。

[8] 武王：即周武王姬發。詳見《史記》卷四《周本紀》。

[9] 妲己：商紂王的寵妃。事見《國語·晋語一》、《史記》卷三《殷本紀》。

[10]上柱國：官名。隋文帝因改北周之制形成十一等散實官，以酬勤勞。上柱國是第一等，開府置府佐。從一品。

[11]齊國公：爵名。隋九等爵的第三等。從一品。

[12]定食千乘縣千五百戶：此即受封者所享有的封地食邑戶數，收其租稅而食。自三國魏始有"實（真）封"和"虛封"之分。後者有封邑但不食租稅。隋、唐即如此。此"定食"意實封。千乘縣，治所在今山東廣饒縣。

[13]青蠅：蒼蠅。蠅色黑，故稱。喻指讒人。

[14]淮海：泛指古淮水下游近海地區，約當今江蘇中部和北部一帶。

是後右衛將軍龐晃及將軍盧賁等，[1]前後短熲於上。上怒之，皆被疏黜。因謂熲曰："獨孤公猶鏡也，每被磨瑩，皎然益明。"未幾，尚書都事姜曄、楚州行參軍李君才並奏稱水旱不調，[2]罪由高熲，請廢黜之。二人俱得罪而去，親禮逾密。上幸并州，[3]留熲居守。及上還京，[4]賜縑五千匹，復賜行宮一所，以爲莊舍。其夫人賀拔氏寢疾，[5]中使顧問，絡繹不絕。上親幸其第，賜錢百萬，絹萬匹，復賜以千里馬。上嘗從容命熲與賀若弼言及平陳事，[6]熲曰："賀若弼先獻十策，後於蔣山苦戰破賊。[7]臣文吏耳，焉敢與大將軍論功！"[8]帝大笑，時論嘉其有讓。尋以其子表仁取太子勇女，[9]前後賞賜不可勝計。時熒惑入太微，[10]犯左執法。[11]術者劉暉私言於熲曰：[12]"天文不利宰相，可修德以禳之。"熲不自安，以暉言奏之。上厚加賞慰。突厥犯塞，以熲爲元帥，擊賊破之。又出白道，[13]進圖入磧，遣使請兵。近臣緣此言熲欲反，上未有所答，熲亦破賊而還。

[1]右衛將軍：官名。隋文帝設左、右衛，掌宮掖禁禦，督攝仗衛。右衛將軍爲右衛屬官。從三品。按，諸本及本書卷五〇、《北史》卷七五《龐晃傳》皆同。唯《通鑑》卷一七七《隋紀》開皇九年四月條作"左衛將軍"。　龐晃：人名。傳見本書卷五〇、《北史》卷七五。　將軍：據本書卷三八《盧賁傳》載當時其爲"左領軍、右將軍"，《北史》卷三〇《盧賁傳》作"左領軍將軍"。此處所記"將軍"籠統；本書《盧賁傳》"左領軍、右將軍"中"右"似衍文，《北史》所記確。　盧賁：人名。傳見本書卷三八，《北史》卷三〇有附傳。

[2]尚書都事：官名。隋初改尚書都令史置。掌受事發辰，察稽失、監印、給紙筆。正八品上。　姜曄：人名。名亦見《北史》卷七二《高潁傳》，具體事迹不詳。　楚州：隋開皇十二年置，治所在今江蘇淮安市淮陰區西南。　行參軍：官名。此爲州府屬官，隋代州府設户、兵等曹參軍事，法、士曹等行參軍，及行參軍等佐官。上州諸曹行參軍事正八品，中州諸曹行參軍從八品，下州諸曹行參軍事及上州行參軍正九品，下州行參軍從九品。　李君才：人名。名亦見本書《刑法志》、《北史·高潁傳》，具體事迹不詳。

[3]并州：治所在今山西太原市西南古城營。

[4]京：此指隋文帝所建的大興城，又稱"西京"。在今陝西西安市及其南郊。

[5]賀拔氏：指高潁夫人，事迹不詳。

[6]賀若弼：人名。傳見本書卷五二，《北史》卷六八有附傳。

[7]蔣山：即今江蘇南京市中山門外鍾山。

[8]大將軍：據本書《賀若弼傳》，平陳時賀若弼任吳州總管。滅陳後即拜右領軍大將軍，轉左武候大將軍。故此大將軍是籠統的尊稱。

[9]表仁：人名。即高潁第三子高表仁。襲爵渤海郡公，入唐

爲新州刺史。按，岑仲勉據拓本《×散大夫行洛州偃師縣令高君
（安期）墓誌銘并序》等，補高表仁生平事迹（參見岑仲勉《隋書
求是》，第83頁）。　太子勇女：皇太子楊勇之女。事迹不詳。

[10]熒惑入太微：古人以爲"熒惑爲賊，爲亂入宮，宮中不
安"（參本書《天文志下》）。熒惑，火星别名，因隱現不定，令人
迷惑，故名。太微，即太微垣，在北斗之南，軫宿和翼宿之北。

[11]左執法：時高潁任尚書左僕射，故稱。

[12]劉暉：人名。隋初爲儀同、太史令，曾參與定曆。

[13]白道：地名。在今内蒙古呼和浩特市西北。爲河套東北地
區通往陰山以北的交通要道。

　　時太子勇失愛於上，[1]潛有廢立之意。謂潁曰："晋
王妃有神憑之，[2]言王必有天下，若之何？"潁長跪曰：
"長幼有序，其可廢乎！"上默然而止，獨孤皇后知潁不
可奪，[3]陰欲去之。初，夫人卒，后言於上曰："高僕射
老矣，而喪夫人，陛下何能不爲之娶！"上以后言謂潁，
潁流涕謝曰："臣今已老，退朝之後，唯齋居讀佛經而
已。雖陛下垂哀之深，至於納室，非臣所願。"上乃止。
至是，潁愛妾産男，上聞之極歡，后甚不悦。上問其
故，后曰："陛下當復信高潁邪？始陛下欲爲潁娶，潁
心存愛妾，面欺陛下。今其詐已見，陛下安得信之！"
上由是疏潁。會議伐遼東，[4]潁固諫不可。上不從，以
潁爲元帥長史，[5]從漢王征遼東，[6]遇霖潦疾疫，不利而
還。后言於上曰："潁初不欲行，陛下强遣之，妾固知
其無功矣。"又上以漢王年少，專委軍於潁。潁以任寄
隆重，每懷至公，無自疑之意。諒所言多不用，甚銜
之。及還，諒泣言於后曰："兒幸免高潁所殺。"上聞

之，彌不平。俄而上柱國王世積以罪誅，[7]當推覈之際，乃有宮禁中事，云於頴處得之。上欲成頴之罪，聞此大驚。時上柱國賀若弼、吳州總管宇文㢸、刑部尚書薛冑、民部尚書斛律孝卿、兵部尚書柳述等明頴無罪，[8]上逾怒，皆以之屬吏。自是朝臣莫敢言者。頴竟坐免，以公就第。

[1]太子勇：即隋文帝長子楊勇。傳見本書卷四五、《北史》卷七一。

[2]晉王妃：即隋煬帝楊廣的蕭皇后。傳見本書卷三六、《北史》卷一四。

[3]獨孤皇后：即隋文帝楊堅的皇后獨孤氏，詳見前注。

[4]遼東：地區名。亦稱遼左。泛指今遼河以東地區。

[5]元帥長史：隋行軍出征方置元帥，總轄軍務。開府，設長史等僚佐。

[6]漢王：隋文帝楊堅第五子楊諒，開皇元年封漢王。傳見本書卷四五、《北史》卷七一。

[7]王世積：人名。傳見本書卷四〇，《北史》卷六八有附傳。

[8]吳州：治所在今江蘇揚州市西北。　總管：官名。北周置諸州總管，隋承繼，又有增置。全稱是總管刺史加使持節。總管的統轄範圍可達數州至十餘州，成一軍政管轄區。隋文帝在并、益、荆、揚四州置大總管，其餘州置總管。總管分上、中、下三等，品秩分別爲流內視從二品、正三品、從三品。　宇文㢸：人名。傳見本書卷五六、《北史》卷七五。按，岑仲勉指出："按頴之免在十九年八月，依本紀二，㢸於二十年正月始爲吳州總管，此追書其後官耳。"（岑仲勉：《隋書求是》，第83頁）　刑部尚書：官名。是尚書省下轄六部之一刑部的長官。職掌刑法、徒隸、勾覆及關禁之政，總判刑部、都官、比部、司門四司之事。正三品。　薛冑：人

名。傳見本書卷五六，《北史》卷三六有附傳。　民部尚書：官名。
隋沿北魏、北齊置度支尚書，開皇三年改稱民部尚書，是尚書省下
轄六部之一民部的長官。職掌全國土地、戶口、賦稅、錢糧之政
令。正三品。　斛律孝卿：人名。隋開皇年間曾任太府卿，卒於民
部尚書。《北史》卷五三有附傳。　兵部尚書：官名。隋尚書省下
轄六部之一兵部的長官。掌全國軍衛武官選授之政令，統兵部、職
方、駕部、庫部四曹。置一員，正三品。　柳述：人名。本書卷四
七、《北史》卷六四有附傳。

未幾，上幸秦王俊第，[1]召頴侍宴。頴歔欷悲不自
勝，獨狐皇后亦對之泣，左右皆流涕。上謂頴曰：“朕
不負公，公自負也。”因謂侍臣曰：“我於高頴勝兒子，
雖或不見，常似目前。自其解落，瞙然忘之，如本無高
頴。不可以身要君，自云第一也。”

[1]秦王俊：隋文帝楊堅第三子楊俊。傳見本書卷四五、《北
史》卷七一。

頃之，頴國令上頴陰事，[1]稱：“其子表仁謂頴曰：
‘司馬仲達初托疾不朝，[2]遂有天下。公今遇此，焉知非
福！’”於是上大怒，囚頴於内史省而鞫之。[3]憲司復奏
頴他事，云：“沙門真覺嘗謂頴云：[4]‘明年國有大
喪。’尼令暉復云：[5]‘十七、十八年，皇帝有大厄。十
九年不可過。’上聞而益怒，顧謂群臣曰：“帝王豈可力
求！孔子以大聖之才，作法垂世，寧不欲大位邪？天命
不可耳。頴與子言，自比晋帝，此何心乎？”有司請斬
頴。上曰：“去年殺虞慶則，[6]今兹斬王世積，如更誅

頴，天下其謂我何？”於是除名爲民。頴初爲僕射，其母誡之曰：“汝富貴已極，但有一斫頭耳，爾宜愼之！”頴由是常恐禍變。及此，頴歡然無恨色，以爲得免於禍。

[1]國令：官名。諸王、公等封國官長。品級不一。公國令視正七品。

[2]司馬仲達：人名。曹魏時期重臣司馬懿，字仲達。紀見《晋書》卷一。

[3]内史省：官署名。隋避諱改中書省爲内史省，爲三省之一，置監、令各一員，尋廢監，置令二員爲長官。下置侍郎、舍人等官員。掌皇帝詔令出納宣行，爲機要之司。

[4]沙門：梵語的譯音。或譯爲“娑門”“桑門”“喪門”等。一説“沙門”等非直接譯自梵語，而是吐火羅語的音譯。原爲古印度反婆羅門教思潮各個派別出家者的通稱，佛教盛行後專指佛教僧侣。　真覺：人名。具體事迹不詳。

[5]尼：比丘尼的省稱。俗稱尼姑。　令暉：人名。具體事迹不詳。

[6]虞慶則：人名。傳見本書卷四〇、《北史》卷七三。

煬帝即位，[1]拜爲太常。[2]時詔收周、齊故樂人及天下散樂。[3]頴奏曰：“此樂久廢。今若徵之，恐無識之徒棄本逐末，遞相教習。”帝不悦。帝時侈靡，聲色滋甚，又起長城之役。頴甚病之，謂太常丞李懿曰：[4]“周天元以好樂而亡，[5]殷鑒不遠，安可復爾！”時帝遇啓民可汗恩禮過厚，[6]頴謂太府卿何稠曰：[7]“此虜頗知中國虛實、山川險易，恐爲後患。”復謂觀王雄曰：“近來朝廷殊無綱紀。”有人奏之，帝以爲謗訕朝政，於是下詔誅之，諸子徙邊。

[1]煬帝：隋楊廣的謚號。紀見本書卷三、四，《北史》卷一二。

[2]太常：官名。即太常卿，爲太常寺長官。掌宗廟郊社禮樂等，總判所屬各署事。正三品。

[3]周：指北周。　齊：指北齊。　散樂：古代樂舞名。原指周代民間樂舞。南北朝後，成爲“百戲”（散樂雜戲，如扛鼎、吞火、爬竿、履火、耍龍燈等）的同義語。

[4]太常丞：官名。隋太常寺副官，設二人，掌判本寺日常公務。隋初爲從六品下，煬帝大業五年（609）升爲從五品。　李懿：人名。事迹不詳。

[5]周天元：即北周宣帝宇文贇。紀見《周書》卷七、《北史》卷一〇。

[6]啓民可汗：東突厥可汗，名染干，全稱爲意利珍豆啓民可汗，開皇十七年隋文帝册突利可汗爲啓民可汗。事略見本書卷八四、《北史》卷九九《突厥傳》。

[7]太府卿：官名。太府寺長官，掌庫儲出納。在大業三年（此據本書《百官志下》和《通鑑》卷一八〇《隋紀》，《唐六典》卷二二《少府監》、《通典》卷二七《少府監》則爲“大業五年”）從太府寺分出少府監前，還兼管百工技巧、官府手工業。大業四年前正三品，此年降爲從三品。　何稠：人名。傳見本書卷六八、《北史》卷九〇。

潁有文武大略，明達世務。及蒙任寄之後，竭誠盡節，進引貞良，以天下爲己任。蘇威、楊素、賀若弼、韓擒等，[1]皆潁所推薦，各盡其用，爲一代名臣。自餘立功立事者，不可勝數。當朝執政將二十年，朝野推服，物無異議。治致升平，頴之力也。論者以爲真宰相。及其被誅，天下莫不傷惜，至今稱冤不已。所有奇策密謀及損益時政，頴皆削稿，世無知者。

[1]楊素：人名。傳見本書卷四八，《北史》卷四一有附傳。
韓擒：人名。即韓擒虎，唐人避諱省"虎"字。傳見本書卷五二，《北史》卷六八有附傳。

其子盛道，[1]官至莒州刺史，[2]徙柳城而卒。[3]次弘德，[4]封應國公，晋王府記室。[5]次表仁，封勃海郡公，徙蜀郡。

[1]盛道：人名。即高盛道。事亦見《北史》卷七二《高頴傳》。
[2]莒州：治所在今山東沂水縣。
[3]柳城：地名。即今新疆鄯善縣西南魯克沁鎮。
[4]弘德：人名。即高弘德。事亦見《北史·高頴傳》。
[5]晋王府記室：王府屬官名。掌書記。

蘇威 子夔

蘇威字無畏，京兆武功人也。[1]父綽，[2]魏度支尚書。[3]威少有至性，五歲喪父，哀毀有若成人。周太祖時，[4]襲爵美陽縣公，[5]仕郡功曹。[6]大冢宰宇文護見而禮之，[7]以其女新興主妻焉。[8]見護專權，恐禍及己，逃入山中，爲叔父所逼，[9]卒不獲免。然威每屏居山寺，以諷讀爲娱。未幾，授使持節、車騎大將軍、儀同三司，[10]改封懷道縣公。[11]武帝親總萬機，[12]拜稍伯下大夫。[13]前後所授，並辭疾不拜。有從父妹者，[14]適河南元雄。[15]雄先與突厥有隙，突厥入朝，請雄及其妻子，將甘心焉。周遂遣之。威曰：“夷人昧利，可以賂動。”遂標賣田宅，罄家所有以贖雄，論者義之。宣帝嗣位，就拜開府。

[1]京兆：郡名。治所在今陝西西安市。 武功：縣名。治所在今陝西武功縣西北武功鎮。

[2]綽：人名。即蘇綽。西魏大臣，佐宇文泰創籍帳、户籍等制度。傳見《周書》卷二三、《北史》卷六三。

[3]魏：此當指西魏（535—557），都於長安（今陝西西安市西北郊）。 度支尚書：官名。據前引《周書》《北史》之《蘇綽傳》，其西魏大統十年任“大行臺度支尚書”。因當時大行臺長官宇文泰是西魏的真正統治者，故大行臺度支尚書實際管理西魏全國的財政及軍需供應等政務。

[4]周太祖：指宇文泰。紀見《周書》卷一、二，《北史》卷九。

[5]襲爵美陽縣公：宋刻遞修本、汲古閣本、殿本、庫本、中華本及《北史》卷六三《蘇威傳》和《通鑑》卷一七九《陳紀》太建十三年二月條皆同，但《周書·蘇綽傳》作“襲爵美陽伯”。考《周書》《北史》之《蘇綽傳》均載蘇綽最高爵爲“美陽縣伯”，《周書·蘇綽傳》載隋文帝追述蘇綽官爵也證此點。可斷蘇綽未曾爵“縣公”，蘇威當然也不能襲此級爵。故“美陽縣公”當爲“美陽縣伯”之訛。

[6]功曹：官名。全稱爲功曹史。漢朝郡縣置，職掌人事，並參政務。魏晉南北朝沿置。

[7]大冢宰：全稱爲大冢宰卿。西魏恭帝三年（556）仿《周禮》建六官，置大冢宰卿一人，爲天官冢宰府最高長官。正七命。掌邦治，以建邦之六典佐皇帝治邦國。北周沿置，然其權力却因人而異，若有"五府總於天官"之命，則稱冢宰，能總攝百官，實爲大權在握之宰輔；若無此命，即稱太宰，與五卿並列，僅統本府官。按，據《周書》卷一一《宇文護傳》，宇文護任此官在北周。

宇文護：人名。西魏權臣宇文泰之侄，北周建立，宇文護專政。傳見《周書》卷一一，《北史》卷五七有附傳。

[8]新興主：指宇文護之女，事迹不詳。《北史·蘇威傳》作"新興公主"。

[9]叔父：據《北史·蘇綽傳》載，蘇綽弟名蘇椿，或是此人。

[10]使持節：漢朝官員奉使外出時，或由皇帝授予節杖，以提高其威權。魏、晉以後，凡重要軍事長官出征或出鎮時，加使持節，可誅殺二千石以下官員。皇帝派遣大臣出巡或祭吊等事時，也使持節，以表示權力和尊崇。　車騎大將軍：軍號名。儀同府長官軍號，以車騎將軍中資深者爲車騎大將軍。金印紫綬。典京師兵衛，掌宮衛。北周爲九命。　儀同三司：官名。北周府兵制中儀同府長官加此勳官名，不掌具體事務。九命。（參見王仲犖《北周六典》卷九《勳官第二十》，第578頁；谷霽光《府兵制度考釋》，上海人民出版社1962年版，第51頁）

[11]改封：應作"進封"。

[12]武帝：北周皇帝宇文邕的謚號。紀見《周書》卷五、六，《北史》卷一〇。

[13]稍伯下大夫：官名。即小稍伯下大夫。地官府民部中大夫屬官。佐稍伯中大夫掌本方事務。北周正四命。

[14]從父妹：事迹不詳。

[15]河南：郡名。治所在今河南洛陽市東北。　元雄：人名。
具體事迹不詳。

　　高祖爲丞相，[1]高熲屢言其賢，高祖亦素重其名，
召之。及至，引入卧内，與語大悦。居月餘，威聞禪代
之議，遁歸田里。高熲請追之，高祖曰：“此不欲預吾
事，且置之。”及受禪，徵拜太子少保。[2]追贈其父爲邳
國公，邑三千户，[3]以威襲焉。俄兼納言、民部尚書。
威上表陳讓，詔曰：“舟大者任重，馬駿者遠馳。以公
有兼人之才，無辭多務也。”威乃止。

　　[1]丞相：官名。北周静帝大象二年置左、右大丞相。以宇文
贇爲右大丞相，但僅有虚名；以楊堅爲左大丞相，總攬朝政。旋去
左右之號，獨以楊堅爲大丞相，實爲控制朝廷的權臣。
　　[2]太子少保：官名。東宫三少之一。掌輔導太子，多爲安置
退免大臣的閑職或用作加官、贈官，無官署。正三品。
　　[3]邑三千户：諸本皆同。另《册府元龜》卷七七《帝王部·
委任》、卷一三八《帝王部·旌表》亦皆作“邑三千户”。但《周
書》卷二三《蘇綽傳》作“邑二千户”。

　　初，威父在西魏，以國用不足，爲徵税之法，頗稱
爲重。[1]既而歎曰：“今所爲者，正如張弓，非平世法
也。後之君子，誰能弛乎？”威聞其言，每以爲己任。
至是，奏减賦役，務從輕典，上悉從之。漸見親重，與
高熲參掌朝政。威見宫中以銀爲幔鈎，因盛陳節儉之美
以諭上。上爲之改容，雕飾舊物，悉命除毁。上嘗怒一
人，將殺之，威入閤進諫，不納。上怒甚，將自出斬

之，威當上前不去。上避之而出，威又遮止。上拂衣而入。良久，乃召威謝曰：“公能若是，吾無憂矣。”於是賜馬二匹，錢十餘萬。尋復兼大理卿、京兆尹、御史大夫，[2]本官悉如故。

[1]爲徵税之法，頗稱爲重：税法内容見本書《食貨志》。另，《通鑑》卷一七九《陳紀》太建十三年三月條胡三省評此税法云：“自今觀之，亦不爲重矣。”

[2]大理卿：官名。大理寺長官。掌審獄定刑名，決疑案。置一員，正三品。　京兆尹：官名。爲京城長安所在地京兆郡長官。正三品。　御史大夫：官名。御史臺長官，職掌國家刑憲典章之政令，司彈劾糾察百官等。置一員。其品級，隋大業五年（按，此據本書《百官志下》，而《唐六典》卷一三《御史臺》爲“大業八年”）前是從三品，此年降爲正四品。

治書侍御史梁毗以威領五職，[1]安繁戀劇，無舉賢自代之心，抗表劾威。上曰：“蘇威朝夕孜孜，志存遠大，舉賢有闕，何遽迫之！”顧謂威曰：“用之則行，舍之則藏，唯我與爾有是夫！”因謂朝臣曰：“蘇威不值我，無以措其言；我不得蘇威，何以行其道？楊素才辯無雙，至若斟酌古今，助我宣化，非威之匹也。蘇威若逢亂世，南山四皓，[2]豈易屈哉！”其見重如此。

[1]治書侍御史：官名。或説西漢宣帝時令侍御史二人治書（管理圖籍文書），遂有其名。東漢爲御史臺屬官。隋朝以御史大夫爲御史臺長官，治書侍御史爲次官，實主臺務。佐御史大夫監察彈劾百官。從五品。　梁毗：人名。傳見本書卷六二、《北史》卷

七七。

　　[2]南山四皓：諸本皆同。但《北史》卷六三《蘇威傳》作
"商山四皓"。《通鑑》卷一七九《陳紀》太建十三年三月條爲"南
山四皓"。胡三省注云："商山在長安南，故曰南山。隋主以蘇威隱
遯於周世，故云然。"故"南山四皓"即指"商山四皓"。商山四
皓，東園公、甪里先生（甪，一作角）、綺里季、夏黃公，避秦亂，
隱商山，年皆八十有餘，鬚眉皆白，時稱商山四皓。漢高祖召，不
應。後高祖欲廢太子，呂后用留侯計，迎四皓，輔太子，遂使高祖
輟廢太子之議。詳見《史記》卷五五《留侯世家》。

　　未幾，拜刑部尚書，解少保、御史大夫之官。後京
兆尹廢，檢校雍州別駕。[1]時高熲與威同心協贊，政刑
大小，無不籌之，故革運數年，天下稱治。俄轉民部尚
書，納言如故。屬山東諸州民饑，上令威賑恤之。後二
載，遷吏部尚書。[2]歲餘，兼領國子祭酒。[3]隋承戰争之
後，憲章疏駮，上令朝臣釐改舊法，爲一代通典。律令
格式，[4]多威所定，世以爲能。九年，拜尚書右僕射。[5]
其年，以母憂去職，柴毀骨立。上敕威曰："公德行高
人，情寄殊重，大孝之道，蓋同俯就。必須抑割，爲國
惜身。朕之於公，爲君爲父，宜依朕旨，以禮自存。"
未幾，起令視事，固辭，優詔不許。明年，上幸并州，
命與高熲同總留事。[6]俄追詣行在所，使決民訟。

　　[1]檢校：官制用語。初謂代理，隋及唐初皆有。即尚未實授
其官，但已掌其職事。中唐以後"檢校"含意有變。　雍州：治所
在今陝西西安市。　別駕：官名。爲府州上佐之一，迭與長史互改
名稱，亦或並之，並無實際職任。

　　[2]吏部尚書：官名。尚書省下轄六部之一吏部的長官。掌全國文職官員銓選、考課等政令。正三品。

　　[3]國子祭酒：官名。爲國子寺長官。初隸太常寺，統國子、太學、四門、書算學。開皇十三年不隸太常寺，改爲國子學長官。仁壽元年罷，唯置太學，以博士領之。大業三年改置國子監，依舊置祭酒爲長官。從三品。

　　[4]律令格式：法典名稱。律，是對各種違法行爲的懲罰條文；令，是國家典章制度的規定；格，是政府以詔敕形式頒布的各種禁令，主要是對違法者的處罰，可看作對律的補充和變通條例；式，是官府機構的辦事章程。四者前代已先後出現，至隋並行。

　　[5]尚書右僕射：官名。隋尚書省置左、右僕射各一人，地位僅次於尚書令。由於隋代尚書令不常置，僕射便成爲尚書省實際長官，是宰相之職。從二品。

　　[6]總留事：亦稱總留後事。即皇帝外出巡幸，以後事付留臺官總之。

　　威子熲，[1]少有盛名於天下，引致賓客，四海士大夫多歸之。後議樂事，熲與國子博士何妥各有所持。[2]於是熲、妥俱爲一議，使百僚署其所同。朝廷多附威，同熲者十八九。妥恚曰：“吾席間函丈四十餘年，[3]反爲昨暮兒之所屈也！”[4]遂奏威與禮部尚書盧愷、吏部侍郎薛道衡、尚書右丞王弘、考功侍郎李同和等共爲朋黨，[5]省中呼王弘爲世子，李同和爲叔，言二人如威之子弟也。復言威以曲道任其從父弟徹、肅等冒冒爲官。[6]又國子學請蕩陰人王孝逸爲書學博士，[7]威屬盧愷，以爲其府參軍。上令蜀王秀、上柱國虞慶則等雜治之，[8]事皆驗。上以《宋書·謝晦傳》中朋黨事令威讀之。威惶懼，免冠頓首。上曰："謝已晚矣。"於是免威官爵，以開府就第。[9]知名之士坐威得罪者百餘人。

[1]夔：人名。即蘇夔。事另見《北史》卷六三《蘇威傳》。

[2]國子博士：官名。國子寺國子學置，以教授生徒。正五品上。仁壽元年（601）罷。大業三年改置國子監，國子學依舊置國子博士，正五品。　何妥：人名。傳見本書卷七五、《北史》卷八二。

[3]吾席間函丈四十餘年：何妥北周武帝時已爲太學博士，故自稱。席間函丈，語出《禮記·曲禮上》。席，舊稱所司職務，如教師稱教席。函丈，鄭玄注："函猶容也，講問宜相對，容丈，足以指畫也。"後用爲對前輩學者或老師的敬稱。

[4]昨暮兒：初生兒。比喻幼稚無知。

[5]禮部尚書：官名。尚書省下轄六部之一禮部的長官。掌禮儀、祭祀、宴享等政令，總判禮部、祠部、主客、膳部四曹。置一員。正三品。　盧愷：人名。傳見本書卷五六，《北史》卷三〇有附傳。　吏部侍郎：官名。隋文帝時於吏部四曹之一吏部曹置吏部侍郎一員，爲該曹長官。正六品上。煬帝大業三年諸曹侍郎並改稱"郎"，又始置"侍郎"，爲尚書省下轄六部之副長官。正四品。此後，吏部侍郎纔成爲吏部副長官。協助長官吏部尚書掌全國文職官員銓選等政令。　薛道衡：人名。傳見本書卷五七，《北史》卷三六有附傳。　尚書右丞：官名。尚書省屬官，與尚書左丞對置，各一人，分掌尚書省事務，糾駁諸司文案，總判兵、刑、工三部之事。隋初爲從四品下，煬帝大業三年升爲正四品。　王弘：人名。事迹不詳。　考功侍郎：官名。尚書省吏部考功曹（司）長官。掌考課官吏。隋初爲正六品上，後升爲從五品。大業三年改名考功郎。　李同和：人名。具體事迹不詳。

[6]徹、肅：即蘇徹、蘇肅。事略見本書卷五六、《北史》卷

三〇《盧愷傳》。

[7]國子學：隋最高學府。初隸國子寺，置博士、助教各五人。後隸國子監，置博士、助教各一人。學生無常員。 蕩陰：一爲縣名。西漢置，治所在今河南湯陰縣。一爲邑名。即今河南湯陰縣。一爲里名。在今山東淄博市東北臨淄區。這裏具體所指不明。按，諸本皆同。但《北史·蘇威傳》作"黎陽"。 王孝逸：人名。事迹不詳。 書學博士：官名。隋朝始置，隸國子寺。掌書學教授之事。從九品。開皇十三年罷。

[8]秀：人名。隋文帝楊堅第四子楊秀，封蜀王。傳見本書卷四五、《北史》卷七一。

[9]開府：官名。即開府儀同三司，隋文帝因改北周之制形成十一等散實官，以酬勤勞。開府是第六等，開府置府佐。正四品上。

未幾，上曰："蘇威德行者，但爲人所誤耳。"命之通籍。[1]歲餘，復爵邳公，拜納言。從祠太山，[2]坐不敬免。俄而復位。上謂群臣曰："世人言蘇威詐清，家累金玉，此妄言也。然其性很戾，[3]不切世要，求名太甚，從己則悦，違之必怒，此其大病耳。"尋令持節巡撫江南，[4]得以便宜從事。過會稽，[5]逾五嶺而還。[6]時突厥都藍可汗屢爲邊患，[7]復使威至可汗所，與結和親。可汗即遣使獻方物。以勤勞，進位大將軍。[8]仁壽初，[9]復拜尚書右僕射。上幸仁壽宮，[10]以威總留後事。及上還，御史奏威職事多不理，[11]請推之。上怒，詰責威。威拜謝，上亦止。後上幸仁壽宮，不豫，皇太子自京師來侍疾，[12]詔威留守京師。

［1］通籍：亦作“通藉”。謂記名於門籍，可以進出宮門。

［2］太山：即山東泰山。

［3］很：宋刻遞修本、中華本同。汲古閣本、殿本、庫本及《北史》卷六三《蘇威傳》皆作“狠”。

［4］持節：官員或使臣奉使外出時持有皇帝授予節杖，以示其威權。　江南：地區名。指長江以南。

［5］會稽：郡名。治所在今浙江省紹興市。

［6］五嶺：山名。即今湘、贛與桂、粵邊界越城、都龐、萌渚、騎田、大庾五嶺的合稱。一説有揭陽嶺而無都龐嶺。

［7］都藍可汗：東突厥可汗雍虞閭之號。事見本書卷八四、《北史》卷九九《突厥傳》。

［8］大將軍：官名。隋文帝因改北周十一等勳官之制形成十一等散實官，用以酬勤勞，無實際職掌。大將軍是十一等散實官的第四等，可開府置僚佐。正三品。

［9］仁壽：隋文帝楊堅年號（601—604）。

［10］仁壽宮：宮殿名。在今陝西麟游縣西天臺山上，冠山構殿，絶壑爲池。因其涼爽宜人，故爲消夏離宮。

［11］御史：此泛指隋御史臺官員。御史臺長官爲御史大夫，其屬下有治書侍御史、侍御史、殿内侍御史、監察御史等。職掌國家刑憲典章之政令，司彈劾糾察百官等。

［12］皇太子：此指楊廣。　京師：指長安。治所在今陝西西安市。

　　煬帝嗣位，加上大將軍。[1]及長城之役，威諫止之。[2]高熲、賀若弼等之誅也，威坐與相連，免官。歲餘，拜魯郡太守。[3]俄召還，參預朝政。[4]未幾，拜太常卿。其年從征吐谷渾，[5]進位左光禄大夫。[6]帝以威先朝舊臣，漸加委任。後歲餘，復爲納言。與左翊衛大將軍宇文述、黄門侍郎裴矩、御史大夫裴藴、内史侍郎虞世基参掌朝政,[7]時人稱爲"五貴"。

　　[1]上大將軍:官名。隋文帝因改北周之制形成十一等散實官,以酬勤勞。上大將軍是第三等,開府置府佐。從二品。

　　[2]長城之役,威諫止之:據本書卷三、《北史》卷一二《隋煬帝紀》和《通鑑》卷一八〇《隋紀》大業三年七月條均載此役未停。此記載不實。

　　[3]魯郡:治所在今山東兗州市。

　　[4]参預朝政:以他官爲宰相参議朝政。

　　[5]吐谷(yù)渾:古族名。本遼東鮮卑之種,姓慕容氏,西晋時西遷至群羌故地,北朝至隋唐時期游牧於今青海北部和新疆東南部地區。傳見本書卷八三、《晋書》卷九七、《魏書》卷一〇一、《周書》卷五〇、《北史》卷九六、《舊唐書》卷一九八、《新唐書》卷二二一上。

　　[6]左光禄大夫:官名。屬散實官。隋文帝時置左、右光禄大夫,皆正二品;煬帝大業三年定令,"左"爲正二品,"右"爲從二品。

　　[7]左翊衛大將軍:官名。煬帝大業三年改左右衛爲左右翊衛,職掌未變。左翊衛大將軍即左衛大將軍之改名。正三品。　宇文述:人名。傳見本書卷六一、《北史》卷七九。　黄門侍郎:官名。隋初於門下省置給事黄門侍郎,是門下省長官納言之副職,協助納言参議政令的制定。置四員,正三品。　裴矩:人名。傳見本書卷六七、《舊唐書》卷六三、《新唐書》卷一〇〇,《北史》卷三八有附傳。　裴藴:人名。傳見本書卷六七、《北史》卷七四。　内史侍郎:官名。内史省副長官。佐宰相之職的本省長官内史監、令處理政務。正四品下。　虞世基:人名。傳見本書卷六七、《北史》卷八三。

及遼東之役，以本官領左武衛大將軍，[1]進位光禄大夫，[2]賜爵房陵侯。[3]其年，進封房公。威以年老，上表乞骸骨。上不許，復以本官參掌選事。明年，從征遼東，領右禦衛大將軍。[4]

[1]領：官制用語。初指兼領、暫代，即已有本官本職，又暫行他官他職而不具其位，不任其官。多爲兼攝之意，常有以卑官領高職、以白衣領某職者。　左武衛大將軍：官名。隋文帝設左武衛，置左武衛大將軍一人爲其首。掌領外軍宿衛宫禁。正三品。

[2]光禄大夫：官名。屬散實官，煬帝大業三年廢特進，改置光禄大夫等九大夫。從一品。

[3]房陵侯：殿本、庫本及《北史》卷六三《蘇威傳》皆同。宋刻遞修本、汲古閣本、中華本則作“寧陵侯”。但後文緊接着説“其年，進封房公”。考進封房公一事，前引《蘇威傳》均同。而唯從房陵侯升房公（此當是“房陵公”略稱）纔可作“進封”；若從寧陵侯升房公應作“改封”。故可斷“房陵侯”確。

[4]右禦衛大將軍：官名。煬帝大業三年置，爲禁軍指揮機構右禦衛長官，是十二衛大將軍之一。總右禦府事，並統諸鷹揚府府兵。正三品。

楊玄感之反也，[1]帝引威帳中，懼見於色，謂威曰：“此小兒聰明，得不爲患乎？”威曰：“夫識是非，審成敗者，乃所謂聰明。玄感粗疏，非聰明者，必無所慮。但恐寖成亂階耳。”威見勞役不息，百姓思亂，微以此諷帝，帝竟不寤。從還至涿郡，[2]詔威安撫關中。[3]以威孫尚輦直長儇爲副。[4]其子鴻臚少卿夔，[5]先爲關中簡黜大使，[6]一家三人，俱奉使關右，三輔榮之。[7]歲餘，帝下手詔曰："玉以潔潤，丹紫莫能渝其質；松表歲寒，霜雪莫能凋其采。可謂溫仁勁直，性之然乎！房公威器懷溫裕，識量弘雅，早居端揆，備悉國章，先皇舊臣，朝之宿齒。棟梁社稷，弼諧朕躬，守文奉法，卑身率禮。昔漢之三傑，[8]輔惠帝者蕭何；[9]周之十亂，[10]佐成王者邵奭。[11]國之寶器，其在得賢，參變臺階，具瞻斯允。雖復事藉論道，終期獻替，銓衡時務，朝寄爲重，可開府儀同三司，餘並如故。"威當時見尊重，朝臣莫與爲比。

[1]楊玄感：人名。傳見本書卷七○，《北史》卷四一有附傳。

[2]涿郡：大業初改幽州置，治所在今北京市西南。

[3]關中：地區名。與"關內"意同。秦至唐時稱函谷或潼關以西、隴坂以東、終南山以北爲關中。

[4]尚輦直長：官名。煬帝大業三年殿內省尚輦局置爲次官。佐長官尚輦奉御掌宮廷輿輦、傘扇等事務。　儇（xuān）：人名。即蘇儇。事迹不詳。

[5]鴻臚少卿：官名。鴻臚寺次官。佐長官鴻臚卿掌接待外使、朝會贊導及吉凶禮儀等事。開皇三年曾廢鴻臚寺，將其職能歸入太常寺；開皇十二年又恢復。卿置一員，隋初爲正四品上，煬帝降爲從四品。

[6]簡黜大使：當是握有考核獎懲官吏權力的使職。使，使職。即臨時差遣官員處理某項事務者爲"使"，事後即罷。

[7]三輔：西漢治理京畿地區的三個職官的合稱。亦指其所轄地區。本文指隋京城長安及附近地區。

[8]三傑：此指漢代的張良、韓信、蕭何。

　[9]惠帝：西漢皇帝劉盈的謐號。紀見《漢書》卷二。　蕭何：人名。漢高祖時丞相。世家見《史記》卷五三。

　[10]十亂：典出《尚書·泰誓》："予（周武王）有亂臣十人，同心同德。"指周公旦、召公奭、太公望、畢公、榮公、太顛、閎夭、散宜生、南宮适、文母（一説指文王之后大姒，一説指武王之妻邑姜）。後因以"十亂"指上述十個輔佐周武王治國平亂的大臣。

　[11]成王：此指西周成王。詳見《史記》卷四《周本紀》。邵奭（shì）：人名。即召公奭，周成王時召公奭擔任太保，輔佐成王、康王成就"成康之治"。詳見《史記》卷三四《燕召公世家》。

　　後從幸雁門，[1]爲突厥所圍，朝廷危憚。帝欲輕騎潰圍而出，威諫曰："城守則我有餘力，輕騎則彼之所長。陛下萬乘之主，何宜輕脱！"帝乃止。突厥俄亦解圍而去。車駕至太原，[2]威言於帝曰："今者盜賊不止，士馬疲敝。願陛下還京師，深根固本，爲社稷之計。"帝初然之，竟用宇文述等議，遂往東都。[3]

　[1]雁門：郡名。煬帝大業三年改代州置，治所在今山西代縣西北。

　[2]太原：郡名。治所在今山西太原市西南古城營。

　[3]東都：指洛陽。

　　時天下大亂，威知帝不可改，意甚患之。屬帝問侍臣盜賊事，宇文述曰："盜賊信少，不足爲虞。"威不能詭對，以身隱於殿柱。帝呼威而問之。威對曰："臣非職司，不知多少，但患其漸近。"帝曰："何謂也？"威曰：“他日賊據長白山，[1]今者近在滎陽、汜水。”[2]帝不悦而罷。尋屬五月五日，百僚上饋，多以珍玩。威獻《尚書》一部，微以諷帝，帝彌不平。後復問伐遼東事，威對願赦群盜，遣討高麗，[3]帝益怒。御史大夫裴蘊希旨，令白衣張行本奏威昔在高陽典選，[4]濫授人官，畏怯突厥，請還京師。帝令案其事。及獄成，下詔曰：“威立性朋黨，好爲異端，懷挾詭道，徼幸名利，詆訶律令，謗訕臺省。[5]昔歲薄伐，奉述先志，凡預切問，各盡胸臆，而威不以開懷，遂無對命。啓沃之道，其若是乎！資敬之義，何其甚薄！”於是除名爲民。後月餘，有人奏威與突厥陰圖不軌者，大理簿責威。[6]威自陳奉事二朝三十餘載，精誠微淺不能上感，咎釁屢彰，罪當萬死。帝憫而釋之。其年從幸江都宮，[7]帝將復用威。裴蘊、虞世基奏言，昏耄羸疾。帝乃止。

[1]長白山：即今山東鄒平縣西南會仙山。

[2]滎陽：郡名。治所在今河南鄭州市。　汜水：河名。源出今河南鞏義市東南，北流今滎陽市西北汜水鎮西，北入黄河。

[3]高麗：古國名。此時亦稱高句麗。故地在今朝鮮半島北部。傳見本書卷八一、《北史》卷九四、《舊唐書》卷一九九上、《新唐書》卷二二〇。

[4]白衣：古代平民服。因指平民。亦指無功名或無官職的士人。按，宋刻遞修本、汲古閣本、殿本、庫本、中華本同，《通鑑》卷一八三《隋紀》大業十二年五月也載：“河南白衣張行本。”但《北史》卷六三《蘇威傳》作“御史”。又本書卷六七、《北史》卷七四《裴蘊傳》均未載張行本身份。　張行本：人名。隋白衣平民，事亦見本書卷六七《虞世基傳》，具體事迹不詳。　高陽：郡

名。治所在今河北定州市。

[5]臺省：東漢至隋唐對中央中樞官署尚書臺（省）、中書省、門下省、御史臺的簡稱及其合稱。

[6]大理：官署名。全稱爲大理寺。北齊始置，爲國家最高審判機構。掌決正刑獄，定刑名，並審核諸州刑獄。

[7]江都宫：宫殿名。隋煬帝置，在今江蘇揚州市西。

　　宇文化及之弑逆也，[1]以威爲光禄大夫、開府儀同三司。化及敗，歸於李密。[2]未幾密敗，歸東都，越王侗以爲上柱國、邳公。[3]王充僭號，[4]署太師。[5]威自以隋室舊臣，遭逢喪亂，所經之處，皆與時消息，以求容免。及大唐秦王平王充，坐於東都閶闔門内，[6]威請謁見，稱老病不能拜起。王遣人數之曰：“公隋朝宰輔，政亂不能匡救，遂令品物塗炭，君弑國亡。見李密、王充，皆拜伏舞蹈。[7]今既老病，無勞相見也。”尋歸長安，[8]至朝堂請見，又不許。卒於家。時年八十八。[9]

[1]宇文化及：人名。傳見本書卷八五，《北史》卷七九有附傳。

[2]李密：人名。傳見本書卷七〇、《舊唐書》卷五三、《新唐書》卷八四，《北史》卷六〇有附傳。

[3]侗（tóng）：人名。即楊侗，隋煬帝之孫，元德太子楊昭次子。傳見本書卷五九、《北史》卷七一。

[4]王充：人名。傳見本書卷八五、《北史》卷七九、《舊唐書》卷五四、《新唐書》卷八五。按，全名爲王世充。唐人避李世民諱而缺字。（本卷後同，不再注）

[5]太師：官名。隋三師之首。名爲訓導之官，與天子坐而論

道，實無具體職權。多贈與德高望重的元老大臣爲榮譽銜，無其人則缺。正一品。

[6]閶闔門：《通鑑》卷一八九《唐紀》武德四年五月條胡三省注云："晋都洛陽，其城西面北來第三門曰閶闔。隋營新都，《唐六典》所載都城、皇城、宫城，苑城諸門，皆無閶闔，蓋唐改之也。"

[7]舞蹈：臣下朝見君上時的禮節。

[8]長安：此指隋文帝所建的大興城。在今陝西西安市。

[9]八十八：殿本、汲古閣本、庫本皆同，然宋刻遞修本、中華本、《北史》卷六三《蘇威傳》和《通鑑》卷一八九《唐紀》武德四年五月條均作"八十二"。考《周書》卷二三《蘇綽傳》、《通鑑》卷一五九《梁紀》中大同元年載，蘇綽死於大統十二年。本書卷四一、《北史》卷六三《蘇威傳》又載蘇威"五歲喪父"。可推知蘇威約生於大統八年。又據《通鑑》卷一八九《唐紀》，知蘇威死於武德四年（621）。綜合推算，這些數字雖不完全吻合，但"八十二"的記載較準確。

威治身清儉，以廉慎見稱。每至公議，惡人異己，雖或小事，必固爭之。時人以爲無大臣之體。所修格令章程，並行於當世，然頗傷苛碎，論者以爲非簡久之法。[1]及大業末年，[2]尤多征役，至於論功行賞，威每承望風旨，輒寢其事。時群盜蜂起，郡縣有表奏詣闕者，又詰詰使人，令减賊數。故出師攻討，多不克捷。由是爲物議所譏。子虁。

[1]簡久之法：汲古閣本、殿本、庫本及《北史》卷六三《蘇威傳》皆同，但宋刻遞修本、中華本"久"作"允"。

[2]大業：隋煬帝楊廣年號（605—618）。

　　夔字伯尼，少聰敏，有口辯。八歲誦詩書，兼解騎射。年十三，從父至尚書省，[1]與安德王雄馳射，[2]賭得雄駿馬而歸。十四詣學，與諸儒論議，詞致可觀，見者莫不稱善。及長，博覽群言，尤以鍾律自命。[3]初不名夔，其父改之，頗爲有識所哂。起家太子通事舍人。[4]楊素甚奇之，素每戲威曰："楊素無兒，蘇夔無父。"後與沛國公鄭譯、國子博士何妥議樂，因而得罪，議寢不行。著《樂志》十五篇，以見其志。數載，遷太子舍人。[5]後加武騎尉。[6]仁壽末，詔天下舉達禮樂之源者，晋王昭時爲雍州牧，[7]舉夔應之。與諸州所舉五十餘人謁見，高祖望夔謂侍臣："唯此一人，稱吾所舉。"於是拜晋王友。[8]

　　[1]尚書省：官署名。隋與門下、内史並號三省，共掌軍國大政。該省爲全國政務中樞，職事尤重。長官爲尚書令，副名左右僕射。下轄六曹（部）：吏部、祠部、度支、左户、都官、五兵，分司政務。

　　[2]安德王：爵名。全稱安德郡王。郡王，隋九等爵的第二等。從一品。

　　[3]鍾律：音律。

　　[4]起家：自家中徵召授官。後亦指初仕。　太子通事舍人：官名。東宫官屬。隋置於典書房。掌導引宫臣辭見及承令勞問事。煬帝改稱宣令舍人。正七品下。

　　[5]太子舍人：官名。太子典書坊屬官。掌書令表啓之事。大業三年改名管記舍人。從六品下。

　　[6]武騎尉：官名。開皇六年始置，初爲武散官八尉之一。大

業三年罷。

[7]昭：人名。即隋煬帝長子楊昭。傳見本書卷五九、《北史》卷七一。　牧：官名。京都所在州的長官。從二品。

[8]晋王友：官名。王國的屬官，掌陪侍規諷。從五品下。

煬帝嗣位，遷太子洗馬，[1]轉司朝謁者。[2]以父免職，夔亦去官。後歷尚書職方郎、燕王司馬。[3]遼東之役，夔領宿衛，以功拜朝散大夫。[4]時帝方勤遠略，蠻夷朝貢，前後相屬。帝嘗從容謂宇文述、虞世基等曰：“四夷率服，觀禮華夏，鴻臚之職，[5]須歸令望。寧有多才藝，美容儀，可以接對賓客者爲之乎？”咸以夔對。帝然之，即日拜鴻臚少卿。其年，高昌王麴伯雅來朝，[6]朝廷妻以公主。夔有雅望，令主婚焉。其後弘化、延安等數郡盜賊蜂起，[7]所在屯結，夔奉詔巡撫關中。突厥之圍雁門也，夔領城東面事。夔爲弩樓車箱獸圈，一夕而就。帝見而善之，以功進位通議大夫。[8]坐父事，除名爲民。復丁母憂，不勝哀而卒，時年四十九。

[1]太子洗馬：官名。隸門下坊司經局，職掌東宮圖書經籍、釋典講經之事。太子不軌則行規諫之責。從五品上。

[2]司朝謁者：官名。煬帝置，爲謁者臺副長官。佐長官謁者臺大夫受詔勞問，出使慰撫，及申奏冤枉等。從五品。

[3]尚書職方郎：官名。即隋初尚書省兵部職方司長官職方侍郎，大業三年改此名。掌全國地圖、城隍、烽堠等政事。正六品。　燕王司馬：官名。王國的屬官。通判王府事。從四品下。

[4]朝散大夫：官名。屬散實官。隋文帝置，正四品；煬帝改爲從五品。

[5]鴻臚：官署名。即鴻臚寺。北齊始置，隋因之。下領典客、司儀、崇玄三署。掌諸藩册封、外使接待、吉凶禮儀、佛道寺觀等事。

[6]高昌王麴伯雅：高昌國王，公元601至613年在位，後因政變失位，公元620至623年復位。事見本書卷八三、《舊唐書》卷一九八、《新唐書》卷二二一上《高昌傳》。

[7]弘化：郡名。治所在今甘肅慶陽市。　延安：郡名。治所在今陝西延安市城東延河東岸。

[8]通議大夫：官名。煬帝大業三年置，屬散實官。從四品。

史臣曰：齊公霸圖伊始，[1]早預經綸，魚水冥符，風雲玄感。正身直道，弼諧興運，心同契合，言聽計從。東夏克平，[2]南國底定，[3]參謀帷幄，決勝千里。高祖既復禹迹，[4]思布堯心，[5]舟楫是寄，鹽梅斯在。兆庶賴以康寧，百僚資而輯睦，年將二紀，人無間言。屬高祖將廢儲宫，[6]由忠信而得罪，逮煬帝方逞浮侈，以忤時而受戮。若使遂無猜釁，克終厥美，雖未可參蹤稷、契，[7]足以方駕蕭、曹。[8]繼之實難，惜矣！邳公周道云季，[9]方事幽貞，隋室龍興，首應旌命。綢繆任遇，窮極榮寵，久處機衡，多所損益，馨竭心力，知無不爲。然志尚清儉，體非弘曠，好同惡異，有乖直道，不存易簡，未爲通德。歷事二帝，三十餘年，雖廢黜當時，終稱遺老。君邪而不能正言，國亡而情均衆庶。予違汝弼，徒聞其語，疾風勁草，未見其人。禮命關於興王，[10]抑亦此之由也。虁志識沉敏，方雅可稱，若天假之年，足以不虧堂構矣。[11]

　　［1］齊公：爵名。指齊國公高熲。

　　［2］東夏：泛指中國東部。

　　［3］南國：泛指中國南方。

　　［4］禹：古帝名。詳見《史記》卷二《夏本紀》。

　　［5］堯：傳說中的古帝陶唐氏之號。詳見《史記》卷一《五帝本紀》。

　　［6］儲宮：即皇太子楊勇。

　　［7］稷：周先祖。詳見《史記》卷四《周本紀》。　契：傳說中商的祖先，爲帝嚳子。參閱《尚書·舜典》、《史記》卷三《殷本紀》。

　　［8］蕭：指蕭何。　曹：指曹參，西漢繼蕭何之後第二位丞相。《史記》卷五四有《曹相國世家》，傳見《漢書》卷三九。

　　［9］周：此指北周。

　　［10］興王：勵精圖治、勤於王業的君主。

　　［11］堂構：原指房舍，此比喻繼承祖先的遺業。典出《尚書·大誥》。

隋書　卷四二

列傳第七

李德林　子百藥

　　李德林字公輔，[1]博陵安平人也。[2]祖壽，[3]湖州户曹從事。[4]父敬族，[5]歷太學博士、鎮遠將軍。[6]魏孝静帝時，[7]命當世通人正定文籍，以爲内校書，[8]別在直閤省。[9]德林幼聰敏，年數歲，誦左思《蜀都賦》，[10]十餘日便度。高隆之見而嗟歎，[11]遍告朝士，云："若假其年，必爲天下偉器。"鄴京人士多就宅觀之，[12]月餘，日中車馬不絶。年十五，誦五經及古今文集，日數千言。俄而該博墳典，[13]陰陽緯候無不通涉。[14]善屬文，辭覈而理暢。魏收嘗對高隆之謂其父曰：[15]"賢子文筆終當繼温子昇。"[16]隆之大笑曰："魏常侍殊已嫉賢，[17]何不近比老、彭，[18]乃遠求温子！"年十六，遭父艱，自駕靈輿，反葬故里。時正嚴冬，單衰跣足，州里人物由是敬慕之。博陵豪族有崔諶者，[19]僕射之兄，[20]因休假還鄉，車服甚盛。將從其宅詣德林赴弔，相去十餘里，從者數十騎，稍稍減留。比至德林門，纔餘五騎，云不得令李生怪人燻灼。德林居貧轗軻，母氏多疾，方留心典籍，無復宦情。其後，母病稍愈，逼令仕進。

[1]李德林：人名。傳另見《北史》卷七二。

[2]博陵：郡名。治所在今河北正定縣。 安平：縣名。治所在今河北安平縣。

[3]壽：人名。即李壽。北魏任官湖州户曹從事，其他事迹不詳。

[4]湖州户曹從事：《北史・李德林傳》作"魏湖州户曹從事"。湖州，治所在今河南唐河縣西南。户曹從事，官名。北魏爲州户曹署屬員。掌户口、籍帳、婚嫁等事。

[5]敬族：人名。即李敬族。事亦見《北史・李德林傳》。

[6]太學博士：官名。北魏國子學、太學各置博士，教授學生。從七品。 鎮遠將軍：軍號名。北魏《後品令》定爲正四品，西魏、北周正六命。

[7]魏孝静帝：東魏皇帝元善見的諡號。紀見《魏書》卷一二、《北史》卷五。

[8]内校書：官名。北魏著作省置校書郎。孝文帝時有秘書校書郎、集書校書郎，又有内校書。掌整理、考校典籍，兼參與修史及修正曆法等事。

[9]直閣省：官署名。北魏具體設置不詳。

[10]左思：人名。字太沖，西晋文學家，曾撰《三都賦》，一時洛陽紙貴。傳見《晋書》卷九二。

[11]高隆之：人名。東魏、北齊大臣，武定末官至太保、尚書令。傳見《北齊書》卷一八、《北史》卷五四。

[12]鄴京：城名。因其爲東魏都城，故稱鄴京。時位今河北臨漳縣西南鄴鎮東。

　　[13]墳典：三墳（傳説中中國最古的書籍）、五典（傳説中的上古五部典籍）的並稱，後轉爲古代典籍的通稱。

　　[14]陰陽：指陰陽五行之學。　緯候：一爲緯書與《尚書中候》的合稱，亦爲緯書的通稱；二稱讖緯之學，多指天象符瑞、占驗灾異之書。

　　[15]魏收：人名。傳見《魏書》卷一〇四、《北齊書》卷三七、《北史》卷五六。

　　[16]温子昇：人名。北魏、東魏時著名文學家，北地三才之一。傳見《魏書》卷八五、《北史》卷八三。

　　[17]常侍：據《北史》《魏書》之《魏收傳》，知魏收於東魏任散騎常侍，此當是其簡稱。散騎常侍，官名。北魏爲集書省官員。掌諷議左右，從容獻納，兼以出入王命。北齊沿之。另於起居省亦置。從三品。

　　[18]老、彭：以老子和彭祖喻李德林文才。

　　[19]崔諶：人名。博陵安平人，東魏、北齊崔暹之兄，曾任河間太守。

　　[20]僕射：官名。魏、晋以來爲尚書省次官，輔助尚書令執行政務、參議大政等。北朝亦位列宰相，然録尚書、尚書令常置，故其地位稍遜南朝。按，據《北齊書》卷三〇《崔暹傳》，崔暹在東魏高澄掌權時爲度支尚書，兼僕射。

　　任城王湝爲定州刺史，[1]重其才，召入州館。[2]朝夕同游，殆均師友，不爲君民禮數。嘗語德林云：“竊聞蔽賢蒙顯戮。久令君沈滯，吾獨得潤身，朝廷縱不見尤，亦懼明靈所譴。”於是舉秀才入鄴，[3]于時天保八年也。[4]王因遺尚書令楊遵彦書云：[5]“燕趙固多奇士，此言誠不爲謬。今歲所貢秀才李德林者，文章學識，固不待言，觀其風神器宇，終爲棟梁之用。至如經國大體，是賈生、晁錯之儔；[6]雕蟲小技，殆相如、子雲之輩。[7]今雖唐、虞君世，[8]俊乂盈朝，然修大廈者，豈厭夫良材之積也？吾嘗見孔文舉《薦禰衡表》云：[9]‘洪水橫流，帝思俾乂。’以正平比夫大禹，[10]常謂擬諭非倫。今以德林言之，便覺前言非大。”遵彥即命德林製《讓尚書令表》，援筆立成，不加治點。因大相賞異，以示吏部郎中陸卬。[11]卬云：“已大見其文筆，浩浩如長河東注。比來所見，後生制作，乃涓澮之流耳。”卬仍命其子乂與德林周旋，[12]戒之曰：“汝每事宜師此人，以爲模楷。”時遵彥銓衡，深慎選舉，秀才擢第，罕有甲科。德林射策五條，[13]考皆爲上，授殿中將軍。[14]既是西省散員，[15]非其所好，又以天保季世，乃謝病還鄉，闔門守道。

[1]湝（jiē）：人名。即高湝。北齊神武帝高歡第十子。傳見《北齊書》卷一〇、《北史》卷五一。按，《北齊書》《北史》本傳未載其任定州刺史事。　定州：治所在今河北定州市。

[2]州館：指州學。

[3]秀才：本意指優秀人才。漢武帝始定爲選舉科目。三國魏州舉秀才。晋朝沿之。南北朝略同。時秀才之選最爲重要，多以此出任要職，所舉者也多出於世家豪族。此是北齊選舉科目名。

[4]天保：北齊文宣帝高洋年號（550—559）。

[5]尚書令：官名。北魏初不常置，亦不掌實際政務。孝文帝改制後，尚書省權任頗重，以錄尚書爲長官，尚書令爲副貳。兼掌監察百官，皆爲宰相。北齊第二品。　楊遵彥：人名。即楊愔，字遵彥，北齊天保初遷尚書右僕射。傳見《北齊書》卷三四，《北史》卷四一有附傳。

[6]賈生：人名。即賈誼，漢初名士，撰有名篇《過秦論》。傳見《史記》卷八四、《漢書》卷四八。　晁錯：人名。漢文帝時任御史大夫，政治上主張削藩。傳見《史記》卷一〇一、《漢書》卷四九。

[7]相如：人名。即西漢文學家司馬相如。傳見《史記》卷一一七、《漢書》卷五七。　子雲：人名。即揚雄，字子雲，漢賦四大家之一。傳見《漢書》卷八七。

[8]唐：即唐堯。傳說中的古帝名。詳見《史記》卷一《五帝本紀》。　虞：即虞舜。傳說中的古帝名。詳見《史記·五帝本紀》。

[9]孔文舉：人名。即孔融，字文舉，東漢末年“建安七子”之一。傳見《後漢書》卷七〇。　《薦禰衡表》：收錄於孔融所撰《孔北海集》。

[10]正平：人名。即禰衡。傳見《後漢書》卷八〇下。　大禹：古帝名。詳見《史記》卷二《夏本紀》。

[11]吏部郎中：官名。魏晉南北朝與吏部郎互稱，爲尚書省吏部曹長官，吏部尚書屬下。主管官吏選任銓叙調動政務。北齊第六品。　陸卬：人名。傳見《北齊書》卷三五，《北史》卷二八有附傳。

[12]乂：人名。即陸乂。北齊任官員外散騎常侍兼中書舍人。《北史》卷二八有附傳。

[13]射策：北齊選官考試的一種方法。始創於漢朝。即將試題書於簡策，按難易分爲甲、乙兩科，或甲、乙、丙三科，列而置之，不使彰顯。應試者任意取策，不得更換。主考者依其答案評定優劣。朝廷依成績優劣，分別授予相應官職。魏晉南北朝沿之。

[14]殿中將軍：官名。爲侍衛武職，隸左、右衛府。北齊八品上。

[15]西省：官署名。北魏孝文帝改制以後爲禁軍直宿專署。北齊因之。　散員：無具體職掌之官。

　　乾明初，[1]遵彥奏追德林入議曹。[2]皇建初，[3]下詔搜揚人物，復追赴晉陽。[4]撰《春思賦》一篇，代稱典麗。是時長廣王作相，[5]居守在鄴。敕德林還京，[6]與散騎常侍高元海等參掌機密。[7]王引授丞相府行參軍。[8]未幾而王即帝位，授奉朝請，[9]寓直舍人省。[10]河清中，[11]授員外散騎侍郎，[12]帶齋帥，[13]仍別直機密省。[14]天統初，[15]授給事中，[16]直中書，[17]參掌詔誥。[18]尋遷中書舍人。[19]武平初，[20]加通直散騎侍郎。[21]又敕與中書侍郎宋士素，副侍中趙彥深別典機密。[22]尋丁母艱去職，勺飲不入口五日。因發熱病，遍體生瘡，而哀泣不絕。諸士友陸騫、宋士素，名醫張子彥等，[23]爲合湯藥。德林不肯進，遍體洪腫，數日間，一時頓差，身力平復。諸人皆云孝感所致。太常博士巴叔仁表上其事，[24]朝廷嘉之。纔滿百日，奪情起復，德林以羸病屬疾，請急罷歸。

[1]乾明：北齊廢帝高殷年號（560）。

[2]議曹：官署名。掌言職。北齊職掌不詳。

[3]皇建：北齊孝昭帝高演年號（560—561）。

[4]晉陽：縣名。治所在今山西太原市。

[5]長廣王：即北齊武成帝高湛。紀見《北齊書》卷七、《北史》卷八。

[6]敕：下行文書。始用於漢朝。凡官長告誡僚屬、尊長告諭子孫均稱敕。南北朝以後，則成爲皇帝專用的命令文書之一。

[7]高元海：人名。北齊宗室。《北齊書》卷一四、《北史》卷五一有附傳。

[8]行參軍：官名。府屬僚佐之一。三國至唐皆置。北齊三公府行參軍品位最高，爲從七品上，其他遞降。

[9]奉朝請：官名。原指兩漢達官顯貴定期朝見皇帝的一種政治優待。東晉獨立爲官，亦作加官。南朝列爲散騎（集書）省屬官，安置閑散。北魏亦爲閑散官。北齊改爲職事官，掌獻納諫諍，隸集書省。從七品下。

[10]舍人省：官署名。北魏置，北齊沿之，隸中書省。掌署敕行下，宣旨勞問。領中書舍人、主書。

[11]河清：北齊武成帝高湛年號（562—565）。

[12]員外散騎侍郎：官名。西晉武帝始置，南朝、北魏、北齊沿置，屬散騎省（東省、集書省）。爲閑散之職。北齊此官屬集書省，所授頗濫。正七品上。

[13]齋帥：官名。北朝在皇帝左右的齋帥地位較高，常兼任其他較重要的官職。北齊門下省齋帥局置，起到過伺察百官的作用。從七品下。此外，北齊諸王國也置。

[14]機密省：掌管機要大事的部門。按，據前文當指舍人省。

[15]天統：北齊後主高緯年號（565—569）。

[16]給事中：官名。北齊隸集書省，掌諫議獻納。從六品上。

[17]中書：官署名。中書省的簡稱。北齊置監、令爲長官。掌擬詔出令及宮廷伶官樂隊。下屬舍人省掌署敕頒行，宣旨勞問。

[18]詔誥：文書名。詔，初意爲上告於下文書。秦始皇統一天下，始定天子稱皇帝，其令爲詔。此後，即作爲皇帝專用的命令文書之一。後世皆因之。亦稱“詔書”“詔旨”“詔命”等。

[19]中書舍人：官名。爲中書省下屬舍人省官員。掌署敕行下，宣旨勞問。北齊第六品上。

[20]武平：北齊後主高緯年號（570—575）。

[21]通直散騎侍郎：官名。北齊於集書省及其下轄起居省置。掌諷議左右，從容獻納。從五品上。

[22]中書侍郎：官名。爲中書省官員。三國魏始置。魏、晉職

任機要。南朝擬詔出令事權悉由中書舍人執掌，侍郎職閑官清。北魏、北齊略同。北齊從四品上。　宋士素：人名。北魏宋游道之子，由趙彥深舉薦引入内省，久典機密。事見《北齊書》卷四七《宋游道傳》。　侍中：官名。爲門下省長官。掌獻納諫正，及兼統宫廷内務之職。常總典機密，受遺詔輔政，權任尤重。北齊第三品。　趙彥深：人名。北齊重臣，文宣帝時徵爲侍中。傳見《北齊書》卷三八、《北史》卷五五。按，此句中華本標點作：“又敕與中書侍郎宋士素、副侍中趙彥深别典機密。”欠妥。如此標點，將“中書侍郎宋士素”和“副侍中趙彥深”完全並列，使人因中書侍郎是宋士素官銜，會誤以爲副侍中是趙彥深的官銜。而北齊無此官。考《北齊書》《北史》之《趙彥深傳》，知趙彥深官即侍中。可斷“副”乃輔助義。故當用逗號爲確。

[23]陸騫：人名。北齊後主武平末任吏部郎中。事見《北史》卷二八《陸印傳》。　張子彥：人名。事迹不詳。

[24]太常博士：官名。爲太常寺官員，掌禮制。北齊從七品下。　巴叔仁：人名。事迹不詳。

魏收與陽休之論《齊書》起元事，[1]敕集百司會議。收與德林書曰：“前者議文，總諸事意，小如混漫，難可領解。今便隨事條列，幸爲留懷，細加推逐。凡言或者，皆是敵人之議。既聞人説，因而探論耳。”德林復書曰：“即位之元，《春秋》常義。謹按魯君息姑不稱即位，[2]亦有元年，非獨即位得稱元年也。議云受終之元，《尚書》之古典。謹案《大傳》，周公攝政，[3]一年救亂，二年伐殷，三年踐奄，[4]四年建侯衛，[5]五年營成周，[6]六年制禮作樂，七年致政成王。[7]論者或以舜、禹受終，是爲天子。然則周公以臣禮而死，此亦稱元，非獨受終爲帝也。蒙示議文，扶病省覽，荒情迷識，暫得發蒙。當世君子，必無橫議，唯應閣筆贊成而已。輒謂前二條有益於議，仰見議中不録，謹以寫呈。”收重遺書曰：“惠示二事，感佩殊深。以魯公諸侯之事，昨小爲疑。息姑不書即位，舜、禹亦不言即位。息姑雖攝，尚得書元，舜、禹之攝稱元，理也。周公居攝，乃云一年救亂，似不稱元。自無《大傳》，不得尋討。一之與元，其事何別？更有所見，幸請論之。”

[1]陽休之：人名。北齊著名學者，官至和州刺史。傳見《北齊書》卷四二，《北史》卷四七有附傳。

[2]魯君息姑：即魯隱公。詳見《史記》卷三三《魯周公世家》。

[3]周公：即周文王子姬旦。詳見《史記·魯周公世家》。

[4]奄：古國名。在今山東曲阜市。

[5]侯衛：自侯服至衛服之地。借指侯服至衛服之間的諸侯。

[6]成周：城名。周成王時周公所建。在今河南洛陽市白馬寺東漢魏洛陽故城附近。

[7]成王：此指西周成王。詳見《史記》卷四《周本紀》。

德林答曰：

攝之與相，其義一也。故周公攝政，孔子曰“周公相成王”；[1]魏武相漢，[2]曹植曰“如虞翼唐”。[3]或云高祖身未居攝，[4]灼然非理。攝者專賞罰之名，古今事殊，不可以體爲斷。陸機見舜肆類上帝，[5]班瑞群后，[6]便云舜有天下，須格於文祖也，[7]欲使晋之三主異於舜攝。[8]竊以爲舜若堯死獄訟不歸，便是夏朝之益，[9]何得不須格於文祖也？若使用王者之禮，便曰即真，則周公負扆朝諸侯，霍光行周公之事，[10]皆真帝乎？斯不然矣。必知高祖與舜攝不殊，不得從士衡之謬。

[1]周公相成王：語出《尚書・大誥》。

[2]魏武：即曹操。紀見《三國志》卷一。按，曹操於東漢末爲丞相，挾天子以令諸侯。

[3]曹植：人名。曹操之子。傳見《三國志》卷一九。 如虞翼唐：虞，即虞舜。唐，即唐堯。

[4]高祖：高歡的廟號。紀見《北齊書》卷一、二，《北史》卷六。

[5]陸機：人名。字士衡，西晉著名文學家。傳見《晉書》卷五四。 肆類上帝：語出《尚書・舜典》，後以“肆類”稱祭天之禮。

[6]班瑞群后：語出《尚書・舜典》。

[7]文祖：當是西晉太祖文帝司馬昭的簡稱。紀見《晉書》卷二。

[8]晉之三主：當指司馬懿、司馬師、司馬昭。紀見《晉書》卷一、二。

[9]益：人名。即伯益。相傳爲堯、舜時大臣，禹要禪位於他。詳見《史記》卷二《夏本紀》。

[10]霍光：人名。西漢權臣，歷漢武帝、漢昭帝、漢宣帝三朝，官至大司馬、大將軍。曾輔政漢昭帝，主持廢立荒淫無道的昌邑王劉賀，擁立漢宣帝，功勳卓著。傳見《漢書》卷六八。

或以爲書元年者，當時實録，非追書也。大齊之興，[1]實由武帝，[2]謙匿受命，豈直史也？比觀論者聞追舉受命之元，多有河漢，[3]但言追數受命之歲，情或安之。似所怖者元字耳，事類朝三，是許其一年，不許其元年也。案《易》"黃裳元吉"，[4]鄭玄注云：[5]"如舜試天子，周公攝政。"是以試攝不殊。《大傳》雖無元字，一之與元，無異義矣。《春秋》不言一年一月者，欲使人君體元以居正，蓋史之婉辭，非一與元別也。漢獻帝死，[6]劉備自尊崇。[7]陳壽，[8]蜀人，[9]以魏爲漢賊。寧肯蜀主未立，已云魏武受命乎？士衡自尊本國，誠如高議，欲使三方鼎峙，同爲霸名。習氏《漢晉春秋》，[10]意在是也。正司馬炎兼并，[11]許其帝號。魏之君臣，吳人並以爲戮賊，亦寧肯當塗之世，云晉有受命之徵？史者，編年也，故魯號《紀年》。墨子又云，[12]吾見《百國春秋》。史又有無事而書年者，是重年驗也。若欲高祖事事謙冲，即須號令皆推魏氏。[13]便是編魏年，紀魏事，此即魏末功臣之傳，豈復皇朝帝紀者也。

[1]大齊：此指北齊（550—577），都鄴（今河北臨漳縣西南鄴鎮東）。

[2]武帝：高歡謚號"神武皇帝"的簡稱。

[3]河漢：比喻博大精深的事物。

[4]黃裳元吉：語出《易·坤卦》。

[5]鄭玄：人名。東漢經學家，嘗遍注群經。傳見《後漢書》卷三五。

[6]漢獻帝：東漢獻帝劉協。紀見《後漢書》卷九。

[7]劉備：人名。三國蜀漢先主。紀見《三國志》卷三二。

[8]陳壽：人名。三國蜀漢及西晉史學家，著有《三國志》。傳見《晉書》卷八二。

[9]蜀人：《陳壽傳》云陳壽爲"巴西安漢人"。蜀，地區名。

泛指今四川地區。

　　[10]習氏：即習鑿齒，東晉史學家。傳見《晉書》卷八二。

　　[11]司馬炎：人名。西晉武帝。紀見《晉書》卷三。

　　[12]墨子：春秋末宋國人，事迹略見《史記》卷七四《孟子荀卿列傳》、卷一三〇《太史公自序》及《漢書·藝文志》。

　　[13]魏氏：指北魏（386—557），亦單稱魏。初都平城（今山西大同市東北），公元494年遷都洛陽（今河南洛陽市東北白馬寺東）。公元534年分裂爲東魏和西魏兩個政權。東魏（534—550）都於鄴（今河北臨漳縣西南鄴鎮東），西魏（535—557）都於長安（今陝西西安市西北郊）。

　　陸機稱紀元立斷，或以正始，[1]或以嘉平。[2]束晳議云，[3]赤雀白魚之事。[4]恐晉朝之議，是并論受命之元，[5]非止代終之斷也。公議云陸機不議元者，是所未喻，願更思之。陸機以刊木著於《虞書》，[6]龜黎見於商典，[7]以蔽晉朝正始、嘉平之議，斯又謬矣。唯可二代相涉，兩史並書，必不得以後朝創業之迹，斷入前史。若然，則世宗、高祖皆天保以前，[8]唯入魏氏列傳，不作齊朝帝紀，[9]可乎？此既不可，彼復何證！

　　[1]正始：三國魏齊王曹芳年號（240—249）。

　　[2]嘉平：三國魏齊王曹芳年號（249—254）。

　　[3]束晳：人名。西晉經學家。傳見《晉書》卷五一。

　　[4]赤雀：傳說中的瑞鳥。　白魚：傳說周武王渡河，有白魚躍入王舟中，武王俯取以祭。或附會周興滅紂之瑞。

　　[5]受命：受天之命。古帝王自稱受命於天以鞏固其統治。

　　[6]刊木：砍伐樹木。語出《尚書·禹貢》。

[7]龕黎：庫本本卷考證云："《書經》西伯戡黎作戡。按，'戡'與'龕'通。"戡，平定。黎，古國名。在今山西長治縣境。

[8]世宗：北齊皇帝高澄的廟號。紀見《北齊書》卷三、《北史》卷六。

[9]齊朝：指北齊。

　　是時中書侍郎杜臺卿上《世祖武成皇帝頌》，[1]齊主以爲未盡善，[2]令和士開以頌示德林。[3]宣旨云："臺卿此文，未當朕意。以卿有大才，須叙盛德，即宜速作，急進本也。"德林乃上頌十六章并序，文多不載。武成覽頌善之，賜名馬一匹。三年，祖孝徵入爲侍中，[4]尚書左僕射趙彦深出爲兗州刺史。[5]朝士有先爲孝徵所待遇者，間德林，云是彦深黨與，不可仍掌機密。孝徵曰："德林久滯絳衣，[6]我常恨彦深待賢未足。内省文翰，[7]方以委之。尋當有佳處分，不宜妄説。"尋除中書侍郎，仍詔修國史。齊主留情文雅，召入文林館。[8]又令與黄門侍郎顏之推二人同判文林館事。[9]五年，敕令與黄門侍郎李孝貞、中書侍郎李若別掌宣傳。[10]尋除通直散騎常侍，[11]兼中書侍郎。隆化中，[12]假儀同三司。[13]承光中，[14]授儀同三司。

[1]杜臺卿：人名。傳見本書卷五八，《北史》卷五五有附傳。世祖武成皇帝：北齊高湛的廟號和謚號。

[2]齊主：此指北齊後主高緯。紀見《北齊書》卷八、《北史》卷八。

[3]和士開：人名。北齊後主高緯武平元年封淮陽王，除尚書令、録尚書事。傳見《北齊書》卷五〇、《北史》卷九二。

[4]祖孝徵：人名。即祖珽，字孝徵，北齊著名學者，官至尚書左僕射。傳見《北齊書》卷三九，《北史》卷四七有附傳。

[5]尚書左僕射：官名。秦、西漢置尚書僕射，爲尚書令副貳，是低級官。東漢爲尚書臺次官，職權益重。獻帝時分置左、右。魏、晉置爲尚書省次官，輔助尚書令執行政務，參議大政等。南朝尚書令爲宰相之任，不親庶務，尚書省日常政務常由僕射主持。梁、陳常缺尚書令，僕射實成省的主官，位列宰相。北朝亦位列宰相，然録尚書、尚書令常置，故其地位稍遜南朝。　兗州：治所在今山東兗州市。

[6]絳衣：深紅色衣服。此指品級低的官服。

[7]内省：設在宮禁内的官署，稱内省。

[8]文林館：官署名。北齊文人學士入館者，稱待詔文林館。主要職務是編撰供皇帝閲覽的書籍，撰成後名《修文殿御覽》。

[9]黄門侍郎：官名。秦、西漢爲中朝官，侍從皇帝。東漢與給事黄門合爲一官，遂成爲“給事黄門侍郎”的省稱。魏、晉至隋初因之，爲侍中省或門下省次官。出入禁中，近侍帷幄，位頗重。北齊黄門侍郎輔助長官侍中總典機密。第四品上。　顔之推：人名。北齊後主時官任給事黄門侍郎。傳見《北齊書》卷四五、《北史》卷八三。

[10]李孝貞：人名。傳見本書卷五七，《北史》卷三三有附傳。　李若：人名。開皇中卒於秦王府咨議參軍。事見《北史》卷四三《李庶傳》。

[11]通直散騎常侍：官名。北齊於集書省及其下轄起居省置。掌諷議左右，從容獻納。第四品下。

[12]隆化：北齊後主高緯年號（576）。

[13]假：官制用語。代理、兼攝之意。　儀同三司：官名。原謂官非三公而儀制待遇同於三司（三公）。南北朝授予範圍不斷擴大，逐漸成爲官號。北齊位三公下，二品。

[14]承光：北齊幼主高恒年號（577）。

及周武帝克齊，[1]入鄴之日，敕小司馬唐道和就宅宣旨慰喻，[2]云：“平齊之利，唯在於爾。朕本畏爾逐齊王東走，[3]今聞猶在，大以慰懷，宜即入相見。”道和引之入內，遣內史宇文昂訪問齊朝風俗政教、人物善惡，[4]即留內省，三宿乃歸。仍遣從駕至長安，[5]授內史上士。[6]自此以後，詔誥格式，及用山東人物，[7]一以委之。武帝嘗於雲陽宮作鮮卑語謂群臣云：[8]“我常日唯聞李德林名，及見其與齊朝作詔書移檄，我正謂其是天上人。豈言今日得其驅使，復為我作文書，極為大異。”神武公紇豆陵毅答曰：[9]“臣聞明王聖主，得騏驎鳳凰為瑞，是聖德所感，非力能致之。瑞物雖來，不堪使用。如李德林來受驅策，亦陛下聖德感致，有大才用，無所不堪，勝於騏驎鳳凰遠矣。”武帝大笑曰：“誠如公言。”宣政末，[10]授御正下大夫。[11]大象初，[12]賜爵成安縣男。[13]

[1]周武帝：北周皇帝宇文邕的謚號。紀見《周書》卷五、六，《北史》卷一〇。

[2]小司馬：官名。全稱為小司馬上大夫，為夏官司馬府次官。佐長官大司馬卿總統禁衛兵。北周正六命。 唐道和：人名。即唐邕，字道和，北齊、北周人。傳見《北齊書》卷四〇、《北史》卷五五。

[3]齊王：指北齊後主和幼主。

[4]內史：官名。西魏、北周內史官署屬春官府，初以內史中大夫為長官，周宣帝大象元年（579）改置內史上大夫為長官。掌詔書撰寫，參議刑罰爵賞及軍國大事，並修撰國志及起居注。內史

上大夫正六命，内史中大夫正五命。　宇文昂：人名。事亦見《通鑑》卷一七三，具體事迹不詳。

[5]長安：北周都城。在今陝西西安市西北郊。

[6]内史上士：官名。亦稱小内史上士，北周爲春官府内史曹的屬官，掌草擬皇帝詔令，參修國志及起居注。置二員，正三命（參見王仲犖《北周六典》卷四《春官府第九》，中華書局 1979 年版，第 174 頁）。

[7]山東：地區名。戰國、秦、漢時代，通稱華山或崤山以東爲山東。

[8]雲陽宮：行宮名。即秦之林光宫，漢之甘泉宮。在今陝西淳化縣西北甘泉山上。

[9]神武公：爵名。按，據《周書》卷三〇《竇毅傳》，全稱爲神武郡公。北周正九命。　紇豆陵毅：人名。即竇毅，北周官至大柱國、大司馬。《周書》卷三〇、《北史》卷六一有附傳。按，中華本校勘記云：“即竇毅，北周賜姓‘紇豆陵氏’。本書或稱竇毅，或稱紇豆陵毅。”

[10]宣政：北周武帝宇文邕年號（578）。

[11]御正下大夫：官名。全稱爲小御正下大夫。北周爲天官冢宰府官員。佐御正上大夫職掌草擬詔册文誥，近侍樞機。凡諸刑罰爵賞，以及軍國大事，皆須參議。北周正四命。

[12]大象：北周靜帝宇文闡年號（579—580）。

[13]成安縣男：爵名。北周正五命。

　　宣帝大漸，[1]屬高祖初受顧命，[2]邘國公楊惠謂德林曰：[3]“朝廷賜令總文武事，經國任重，非群才輔佐，無以克成大業。今欲與公共事，必不得辭。”德林聞之甚喜，乃答云：“德林雖庸懦，[4]微誠亦有所在。若曲相提獎，必望以死奉公。”高祖大悦，即召與語。劉昉、鄭譯初矯詔召高祖受顧命輔少主，[5] 總知內外兵馬事。諸衛既奉敕，[6] 並受高祖節度。鄭譯、劉昉議，欲授高祖冢宰，[7] 鄭譯自攝大司馬，[8] 劉昉又求小冢宰。[9] 高祖私問德林曰：“欲何以見處？”德林云：“即宜作大丞相，[10] 假黃鉞，[11] 都督內外諸軍事。[12] 不爾，無以壓衆心。”及發喪，便即依此。以譯爲相府長史，[13] 帶內史上大夫，昉但爲丞相府司馬。[14] 譯、昉由是不平。以德林爲丞相府屬，[15] 加儀同大將軍。[16]

[1]宣帝：北周皇帝宇文贇的謚號。

[2]高祖：隋文帝楊堅的廟號。

[3]邗（hán）國公：爵名。北周十一等爵的第四等。正九命。楊惠：人名。即楊雄，本名惠，隋文帝楊堅之侄。傳見本書卷四三，《北史》卷六八有附傳。

[4]愞（nuò）：同懦。

[5]劉昉：人名。傳見本書卷三八、《北史》卷七四。 鄭譯：人名。傳見本書卷三八，《北史》卷三五有附傳。 少主：指北周靜帝宇文闡。紀見《周書》卷八、《北史》卷一〇。

[6]衛：此指北周府兵制之軍事編制。

[7]冢宰：官名。全稱爲大冢宰卿。西魏恭帝三年（556）仿《周禮》建六官，置大冢宰卿一人，爲天官冢宰府最高長官。正七命。掌邦治，以建邦之六典佐皇帝治邦國。北周沿置，然其權力却因人而異，若有五府總於天官之命，則稱冢宰，能總攝百官，實爲大權在握之宰輔；若無此命，即稱太宰，與五卿並列，僅統本府官。

[8]大司馬：官名。大司馬卿的簡稱。西魏恭帝三年仿《周禮》建六官，置大司馬卿爲夏官府最高長官。掌邦政，征伐敵國及

四時治兵講武皆由其主持，大祭祀則掌宿衛，廟社則奉羊牲。正七命。北周同。

[9]小冢宰：官名。全稱爲小冢宰上大夫，爲天官府大冢宰卿之下屬。置兩員，北周正六命。

[10]大丞相：官名。北周靜帝大象二年置左、右大丞相。以宇文贊爲右大丞相，但僅有虛名；以楊堅爲左大丞相，總攬朝政。旋去左右之號，獨以楊堅爲大丞相。實爲控制朝廷的權臣。

[11]假黃鉞：黃鉞即飾以黃金的鉞，本用於皇帝儀仗。三國時特賜出征重臣，以示威重，令其專主征伐。其後相沿爲成制。晉和南朝宋、齊以及北齊、北周也有此制。

[12]都督内外諸軍事：官名。原稱都督中外諸軍事，爲避楊堅父諱而改。三國魏黃初三年（222）始置此官，及曹真任此時成爲全國最高軍事統帥。魏晉南北朝時，祇有特殊權臣就任，不常置。

[13]相府長史：官名。北周丞相府屬官，全稱是大丞相府長史。爲府中大丞相下衆官員之首。

[14]丞相府司馬：官名。北周丞相府屬官，全稱是大丞相府司馬。爲丞相府屬官，位僅次長史。

[15]丞相府屬：楊堅大丞相府府僚除長史、司馬外，還置司録、從事内郎、掾、屬、主簿等。此是泛指某一僚屬，但從後文級位當在從事内郎以下。

[16]儀同大將軍：勳官名。北周九命。

未幾而三方構亂，[1]指授兵略，皆與之參詳。軍書羽檄，朝夕填委，一日之中，動逾百數。或機速競發，口授數人，文意百端，不加治點。郧公韋孝寬爲東道元帥，[2]師次永橋，[3]爲沁水泛長，[4]兵未得度。長史李詢上密啓云：[5]“大將梁士彦、宇文忻、崔弘度並受尉遲迥饟金，[6]軍中恟恟，人情大異。”高祖得詢啓，深以爲

憂，與鄭譯議，欲代此三人。德林獨進計云："公與諸
將，並是國家貴臣，未相伏馭，今以挾令之威，使得之
耳。安知後所遣者，能盡腹心，前所遣人，獨致乖異？
又取金之事，虛實難明，即令換易，彼將懼罪，恐其逃
逸，便須禁錮。然則鄖公以下，必有驚疑之意。且臨敵
代將，自古所難，樂毅所以辭燕，[7]趙括以之而敗趙。[8]
如愚所見，但遣公一腹心，明於智略，爲諸將舊來所信
服者，速至軍所，使觀其情僞。縱有異志，必不敢動。"
丞相大悟曰："若公不發此言，幾敗大事。"即令高熲馳
驛往軍所，[9]爲諸將節度，竟成大功。凡厥謀謨，多此
類也。

[1]三方構亂：指相州總管尉遲迥、益州總管王謙、鄖州總管
司馬消難起兵反楊堅。

[2]鄖公：爵名。鄖國公的簡稱。北周正九命。　韋孝寬：人
名。西魏、北周名將。傳見《周書》卷三一、《北史》卷六四。
元帥：據《通鑑》卷一七四《陳紀》太建十二年，知是"行軍元
帥"的簡稱。北周出征軍的統帥名。根據需要臨時任命，事罷
則廢。

[3]永橋：中華本《周書·韋孝寬傳》校勘記考證："永橋"
即"永橋城"，是鎮名。若此，當在今河南武陟縣西。

[4]沁水：即今沁河，源出山西沁源縣北太岳山東麓，南流至
河南武陟縣入黃河。

[5]長史：北周高級幕僚。據本書卷三七《李詢傳》、《通鑑》
卷一七四《陳紀》太建十二年，知李詢是韋孝寬行軍元帥幕府長
史。　李詢：人名。本書卷三七、《北史》卷五九有附傳。

[6]梁士彥：人名。傳見本書卷四〇、《周書》卷三一、《北

史》卷七三。　宇文忻：人名。傳見本書卷四〇，《北史》卷六〇有附傳。　崔弘度：人名。傳見本書卷七四，《北史》卷三二有附傳。　尉遲迥：人名。北周太祖宇文泰之甥，周宣帝時任大前疑、相州總管。傳見《周書》卷二一、《北史》卷六二。

〔7〕樂毅：人名。戰國時期中山人，軍事家。傳見《史記》卷八〇。

〔8〕趙括以之而敗趙：宋刻遞修本、汲古閣本、殿本、庫本、中華本均作“趙括以之敗趙”，無“而”字。趙括，人名。戰國時趙國人。事見《史記》卷八一《廉頗藺相如列傳》。

〔9〕高熲：人名。傳見本書卷四一、《北史》卷七二。　驛：又名館驛、郵驛、驛舍、傳舍、郵舍。戰國時已設，歷代相傳。供傳達軍政公文者及來往官吏、使臣途中歇宿、換馬（車船）之處所。

　　進授丞相府從事内郎。[1] 禪代之際，[2] 其相國總百揆、九錫殊禮詔策箋表璽書，[3] 皆德林之辭也。高祖登阼之日，授内史令。[4]

〔1〕丞相府從事内郎：楊堅大丞相府府僚名。

〔2〕禪代：中國古代歷史上統治權轉移的一種方式，即皇帝把帝位讓給他人。

〔3〕相國：官名。初爲春秋戰國時期對輔政大臣的尊稱。後漸成爲官稱，爲百官之長，與丞相略同而位稍尊。秦不置。漢魏晉南北朝不常置，位尊於丞相，職權品秩略同，非尋常人臣之位。　百揆：百官。　九錫（cì）：傳説古代帝王尊禮大臣所給的九種器物。王莽代漢建新前，先加九錫，此後掌政大臣奪取政權、建立新王朝前，都加九錫，成爲例行公事。　詔策箋表璽書：此指各種文書名。

[4]内史令：官名。内史省長官，掌皇帝詔令出納宣行，居宰相之職。正三品。

　　初，將受禪，虞慶則勸高祖盡滅宇文氏，[1]高熲、楊惠亦依違從之。唯德林固争，以爲不可。高祖作色怒云："君讀書人，不足平章此事。"於是遂盡誅之。自是品位不加，出於高、虞之下，唯依班例授上儀同，[2]進爵爲子。[3]

　　[1]虞慶則：人名。傳見本書卷四〇、《北史》卷七三。
　　[2]班例：官職等級制度。官員臨朝時所站位置。　上儀同：官名。全稱爲上儀同三司。隋文帝因改北周十一等勳官之制形成十一等散實官，用以酬勤勞，無實際職掌。上儀同三司則是十一等散實官的第七等，可開府置僚佐。從四品上。
　　[3]子：爵名。隋文帝時九等爵的第八等。正四品下。

　　開皇元年，[1]敕令與太尉任國公于翼、高熲等同修律令。[2]事訖奏聞，别賜九環金帶一腰，駿馬一匹，賞損益之多也。格令班後，蘇威每欲改易事條。[3]德林以爲格式已頒，義須畫一，縱令小有蹉駁，非過蠹政害民者，不可數有改張。威又奏置五百家鄉正，[4]即令理民間辭訟。德林以爲本廢鄉官判事，[5]爲其里閭親戚，剖斷不平，今令鄉正專治五百家，恐爲害更甚。且今時吏部，[6]總選人物，天下不過數百縣，於六七百萬户内，詮簡數百縣令，猶不能稱其才，乃欲於一鄉之内，選一人能治五百家者，必恐難得。又即時要荒小縣，有不至五百家者，復不可令兩縣共管一鄉。敕令内外群官，就東宮會議。自皇太子以下，[7]多從德林議。蘇威又言廢郡，德林語之云："修令時，公何不論廢郡爲便。今令纔出，其可改乎？"然高熲同威之議，稱德林狠戾，多所固執。由是高祖盡依威議。

［1］開皇：隋文帝楊堅年號（581—600）。

［2］太尉：官名。隋三公之一。隋初參議國家大事，置府僚，但不久就省除府及僚佐，成了榮譽性質的頭銜。正一品。　任國公：爵名。隋九等爵的第三等。從一品。　于翼：人名。北周武帝建德四年位居柱國，官任安州總管，奉詔統率數萬大軍東伐北齊，克齊十九城而還。傳見《周書》卷三〇，《北史》卷二三有附傳。

　律令：通常指律、令、格、式。律，是對各種違法行爲的懲罰條文；令，是國家典章制度的規定；格，是政府以詔敕形式頒布的各種禁令，主要是對違法者的處罰，可看作對律的補充和變通條例；式，是官府機構的辦事章程。四者前代已先後出現，至隋並行。

［3］蘇威：人名。傳見本書卷四一，《北史》卷六三有附傳。

［4］鄉正：官名。鄉是縣以下的基層行政單位。鄉正爲一鄉之長。

［5］鄉官：秦朝以前大體指鄉級政府治事之所。漢朝沿用。漢朝亦指三老、孝悌、力田等協助郡縣治理一鄉的官吏。隋初指州都、郡正、縣正等以下光初主簿、光初功曹等佐官，由地方長官署用，不治時事。開皇十五年罷。

［6］吏部：官署名。隋爲尚書省六部之首。下統吏部、主爵、司勳、考功等曹（司）。以吏部尚書爲長官。掌全國文職官員銓選、勳封、考課之政。

［7］皇太子：此指楊勇。

五年，敕令撰録作相時文翰，勒成五卷，謂之《霸朝雜集》。序其事曰：

竊以陽烏垂曜，[1]微藿傾心，神龍騰舉，飛雲觸石。聖人在上，幽顯冥符，故稱比屋可封，萬物斯睹。臣皇基草創，便豫驅馳，遂得參可封之民，爲萬物之一，其爲嘉慶，固以多也。若夫帝臣王佐，應運挺生，接踵於朝，諒有之矣。而班、爾之妙，[2]曲木變容，朱、藍所染，素絲改色。二十二臣，[3]功成盡美；二十八將，[4]效力於時。種德積善，豈皆比於稷、契，[5]計功稱伐，非悉類於耿、賈。[6]書契已還，立言立事，質非殆庶，何世無之。蓋上禀睿后，旁資群傑，牧商鄙賤，屠釣幽微，化爲侯王，皆由此也。有教無類，童子羞於霸功；見德思齊，狂夫成於聖業。治世多士，亦因此焉。煙霧可依，騰蛇與蛟龍俱遠；栖息有所，蒼蠅同騏驥之速。因人成事，其功不難。自此而談，雖非上智，事受命之主，委質爲臣，遇高世之才，連官接席，皆可以翊亮天地，流名鐘鼎，何必蒼頡造書，[7]伊尹制命，公旦操筆，[8]老聃爲史，[9]方可叙帝王之事，談人鬼之謀乎？至若臣者，本慚賓實，[10]非勳非德，厠軒冕之流，無學無才，處藝文之職。若不逢休運，非遇天恩，光大含弘，博約文禮，萬官百辟，才悉兼人，收拙里閭，退仕鄉邑，不種東陵之瓜，[11]豈過南陽之掾，[12]安得出入閶闔之闈，[13]趨走太微之庭，[14]履天子之階，侍聖皇之側，樞機帷幄，霑及榮寵者也！

[1]陽烏：神話傳説中在太陽裏的三足烏。因用以借指太陽。

[2]班、爾：指春秋戰國時期兩位能工巧匠魯班（即公輸般）與王爾。

[3]二十二臣：指舜帝時期的二十二臣，其中十人掌管中央事務，十二人爲地方巡視的州牧。

[4]二十八將：指東漢光武帝時開國功臣雲臺二十八將。

[5]稷：周先祖。詳見《史記》卷四《周本紀》。　契：傳説中商的祖先，爲帝嚳子。參閲《尚書・舜典》、《史記》卷三《殷本紀》。

[6]耿、賈：指東漢光武帝開國名將耿弇與賈復。

[7]蒼頡：又作倉頡。古代傳説中的漢字創造者。《史記》據《世本》以爲是黄帝時的史官。

[8]公旦：指周成王輔臣周公旦。詳見《史記》卷三三《魯周公世家》。

[9]老聃：相傳爲春秋時期思想家，道教的創始人。姓李名耳，字聃，故亦稱老聃。作《道德經》五千言，亦名《老子》，爲道教的經典著作。

[10]賓實：謂名聲與事功相稱。語本《莊子・逍遥游》："名者，實之賓也。"

[11]東陵之瓜：漢廣陵人邵平曾爲秦東陵侯，秦滅爲布衣，於長安城東青門外種瓜。時人稱爲"東陵瓜"。典出《三輔黄圖・都城十二門》。

[12]南陽：郡名。隋前治所在今河南南陽市。據説諸葛亮曾隱居於此地。　掾：官府中佐助官吏的通稱。

[13]閫閾之閫（kǔn）：借指朝廷。閫閾，指宫殿。閫，門檻。

[14]太微：星官名。即太微垣，在北斗之南，軫宿和翼宿之北。古人以之象徵人間宫廷。

　　昔歲木行將季,[1] 諒闇在辰,[2] 火運肇興,[3] 群官總己。有周典八柄之所,[4] 大隋納百揆之日, 兩朝文翰, 臣兼掌之。時溥天之下, 三方構亂, 軍國多務, 朝夕填委。簿領紛紜, 羽書交錯, 或速均發弩, 或事大滔天, 或日有萬幾, 或幾有萬事。皇帝內明外順, 經營區宇, 吐無窮之術, 運不測之神, 幽贊兩儀, 財成萬類。咨謀臺閣, 曉喻公卿, 訓率土之濱, 責反常之賊。三軍奉律, 戰勝攻取之方; 萬國承風, 安上治民之道。讓受終之禮, 報群臣之令, 有憲章古昔者矣, 有隨事作故者矣。千變萬化, 譬彼懸河; 寸陰尺日, 不棄光景。大則天壤不遺, 小則毫毛無失。遠尋三古, 未聞者盡聞; 逖聽百王, 未見者皆見。發言吐論, 即成文章, 臣染翰操牘, 書記而已。昔放勛之化,[5] 老人睹而未知; 孔丘之言, 弟子聞而不達。愚情稟聖, 多必乖舛。加以奏閣趨墀, 盈懷滿袖, 手披目閱, 堆案積几。心無別慮, 筆不暫停, 或畢景忘餐, 或連宵不寐, 以勤補拙, 不遑自處。其有詞理疏謬, 遺漏闕疑, 皆天旨訓誘, 神筆改定。運籌建策, 通幽達冥, 從命者獲安, 違命者悉禍。懸測萬里, 指期來事, 常如目見, 固乃神知。變大亂而致太平, 易可誅而爲淳粹, 化成道洽, 其在人文, 盡出聖懷, 用成典誥, 並非臣意所能至此。伯禹矢謨,[6] 成湯陳誓,[7] 漢光數行之札,[8] 魏武《接要》之書,[9] 濟時拯物, 無以加也。屬神器大寶, 將遷明德, 天道人心, 同謀歸往。周靜南面,[10] 每詔褒揚, 在位諸公, 各陳本志, 璽書表奏, 群情賜委。臣寰海之內, 忝曰一民, 樂推之心，切於黎獻，[11]欣然從命，輒不敢辭。比夫潘勖之册魏王，[12]阮籍之勸晉后，[13]道高前世，才謝往人，内手捫心，夙宵慚惕。檄書露板，[14]及以諸文，有臣所作之，有臣潤色之。唯是愚思，非奏定者，雖詞乖麗藻，而理歸霸德，文有可忽，事不可遺。前奉敕旨，集納麓已還，至於受命文筆，當時制述，條目甚多，今日收撰，略爲五卷云爾。

[1]木行：指北周是木德，故天命決定應被火德的隋所替代。古代陰陽家把金、木、水、火、土五行看成五德，認爲歷代王朝各代表一德，按照五行相克或相生的順序，交互更替，周而復始。

[2]諒闇（ān）：亦作“諒陰”。居喪時所住的房子。借指居喪。多用於皇帝。

[3]火運：即火德。指隋天命。

[4]有周：指北周（557—581），都於長安（在今陝西西安市西北郊）。　八柄：古代帝王統馭臣下的八種手段，即爵、禄、予、置、生、奪、廢、誅。典出《周禮·天官·大宰》。

[5]放勛：帝堯名。

[6]伯禹：人名。即夏禹。

[7]成湯：人名。亦作“成商”。商開國之君。詳見《史記》卷三《殷本紀》。

[8]漢光：漢光武帝劉秀的省稱。紀見《後漢書》卷一。

[9]魏武：三國魏武帝曹操的省稱。紀見《三國志》卷一。

[10]周静：指北周静帝宇文闡。

[11]黎獻：黎民中的賢者。典出《尚書·益稷》。

[12]潘勖：人名。東漢末人，曹操册立魏公時九錫策命爲其所作。事見《三國志》卷二一《衛覬傳》。　册：古代帝王用於册立、封贈的詔書。　魏王：指曹操。

　　[13]阮籍：人名。三國曹魏人，"竹林七賢"之一，撰有《爲鄭沖勸晉王箋》。傳見《晉書》卷四九。　晉后：指司馬昭。三國曹魏權臣，司馬氏建立西晉後，追謚爲晉文帝。紀見《晉書》卷二。

　　[14]露板：亦作"露版"。一指奏章。因其不緘封，故稱。二指檄文或告捷文書。

　　高祖省讀訖，明旦謂德林曰："自古帝王之興，必有異人輔佐。我昨讀《霸朝集》，方知感應之理。昨宵恨夜長，不能早見公面。必令公貴與國始終。"於是追贈其父恒州刺史。[1] 未幾，上曰："我本意欲深榮之。"復贈定州刺史、安平縣公，[2]謚曰孝，[3]以德林襲焉。德林既少有才名，重以貴顯，凡製文章，動行於世。或有不知者，謂爲古人焉。

　　[1]恒州：治所在今河北正定縣南。

　　[2]定州：治所在今河北定州市。　安平縣公：爵名。隋九等爵的第五等。從一品。

　　[3]謚：謚法。上古有號無謚，周初始制謚法，秦始皇廢不用，自漢初恢復。即帝王、貴族、大臣死後，據其生前事迹依謚法給予一定的謚號，以示褒貶。

　　德林以梁士彦及元諧之徒頻有逆意，[1]大江之南，[2]抗衡上國。[3]乃著《天命論》上之，其辭曰：

　　[1]元諧：人名。傳見本書卷四〇、《北史》卷七三。

　　[2]大江：指長江。

[3]上國：指隋。

　　粵若邃古，玄黃肇辟，帝王神器，歷數有歸。生其德者天，應其時者命，確乎不變，非人力所能爲也。龍圖鳥篆，[1]號諡遺迹，[2]疑而難信，缺而未詳者，靡得而明焉。其在典文，焕乎緗素，欽明至德，莫盛於唐、虞，貽謀長世，莫過於文、武。[3]大隋神功積於文王，[4]天命顯於唐叔。[5]昔邑姜方娠，夢帝謂己：“余命而子曰虞，將與之唐，而蕃育其子孫。”及生，有文在其手曰“虞”，遂以命之。成王滅唐而封太叔。[6]又唐叔之封也，箕子曰：“其後必大。”[7]《易》曰：“崇高富貴，莫大於帝王。”《老子》謂：“域内四大，王居一焉。”此則名虞與唐，美兼二聖，將令其後必大，終致唐、虞之美，蕃育子孫，用享無窮之祚。

　　[1]龍圖：《易·繫辭上》：“河出圖，洛出書，聖人則之。”據漢儒孔安國、劉歆等解說：伏羲時有龍馬出於黃河，馬背有旋毛如星點，稱作龍圖。　鳥篆：篆體古文字。形如鳥的爪迹，故稱。
　　[2]號諡：上古有號無諡，周初始制諡法而有諡號。號諡概稱這兩者。
　　[3]文、武：此指周文王、周武王。詳見《史記》卷四《周本紀》。
　　[4]文王：此指周文王。
　　[5]唐叔：亦稱唐虞叔。詳見《史記》卷三九《晉世家》。
　　[6]“昔邑姜”至“封太叔”：語出《史記》卷四二《鄭世家》。邑姜，即周武王之妻。己，指周武王。虞，即唐叔虞。唐，指陶唐氏，傳說中遠古部落，居平陽（今山西臨汾市）。成王，即

周成王。詳見《史記·周本紀》。太叔，即唐叔虞。

[7]箕子曰："其後必大"：語出《左傳》僖公十五年。箕子，殷商末期人。詳見《史記》卷三八《宋微子世家》。

　　逮皇家建國，初號大興，[1]箕子必大之言，於茲乃驗。天之眷命，懸屬聖朝，重耳區區，[2]豈足云也！有娀玄鳥，商以興焉；[3]姜嫄巨迹，周以興焉；[4]邑姜夢帝，隋以興焉。古今三代，靈命如一，本枝種德，弈葉丕基。佐高帝而滅楚，[5]立宣皇以定漢。[6]東京太尉，關西孔子，[7]生感遺鱣之集，歿降巨鳥之奇，[8]累仁積善，大申休命。太祖挺生，[9]庇民匡主，立殊勳於魏室，[10]建盛業於周朝。[11]啓翼軫之國，[12]肇炎精之紀，[13]爰受厥命，陟配彼天。皇帝載誕之初，神光滿室，具興王之表，韞大聖之能。或氣或雲，蔭映於廊廟，如天如日，臨照於軒冕。内明外順，自險獲安，豈非萬福扶持，百禄攸集。有周之末，朝野騷然，降志執均，鎮衛宗社。明神饗其德，上帝付其民，誅姦逆於九重，行神化於四海。于斯時也，尉迥據有齊累世之都，[14]乘新國易亂之俗，驅馳蛇豕，連合縱橫，地乃九州陷三，民則十分擁六。王謙乘連率之威，[15]憑全蜀之險，興兵舉衆，震蕩江山，鴆毒巴、庸，[16]蠶食秦、楚。[17]此二虜也，窮凶極逆，非欲割洪溝之地，[18]閉劍閣之門，[19]皆將長戟强弩，睥睨宸極。從漳河而達負海，[20]連岱岳而距華陽，[21]迫脅荆蠻，[22]吐納江漢。[23]佐鬭嫁禍，紛若蝟毛，曝骨履腸，間不容礪。爾乃奉殪戎之命，運先天之略，不出戶庭，推轂分閫，一麾以定三方，數旬而清萬國。

蕩滌天壤之速，規摹指畫之神，造化以來，弗之聞也。光熙前緒，罔有不服，煙雲改色，鐘石變音，[24]三靈顧望，[25]萬物影響。木運告盡，[26]褰裳克讓，天歷在躬，推而弗有。百辟庶尹，四方岳牧，稽圖讖之文，[27]順億兆之請，披肝瀝膽，晝歌夜吟，方屈箕潁之高，[28]式允幽明之願。基命宥密，如恒如升，推帝居歆，創業垂統。殊徽號，改服色，建都邑，叙彝倫，薄賦輕徭，慎刑恤獄，除繁苛之政，興清靜之風，去無用之官，省相監之職。奇才間出，盛德無隱，星精雲氣，共趨走於階墀，山神海靈，咸燮理於臺閣。東漸日谷，西被月川，教暨北溟之表，聲加南海之外。悠悠沙漠，區域萬里，蠢蠢百蠻，莫之與競。五帝所不化，[29]三王所未賓，[30]屈膝頓顙，盡爲臣妾。殊方異類，書契不傳，梯山越海，貢琛奉贄，欣欣如也。巢居穴處，化以宮室，不火不粒，訓以庖厨。禮樂合天地之同，律吕節寒暑之候，制作詳垂衣之後，[31]淳粹得神農之前。[32]遨游文雅之場，出入杳冥之極，合神謨鬼，通幽洞微，群物歲成，含生日用，飲和氣以自得，沐玄澤而不知也。丹雀爲史，玄龜載書，甘露自天，醴泉出地。神禽異獸，珍木奇草，望風觀海，應化歸風。備休祥於圖牒，馨幽遐而戻止。猶且父天子民，兢兢翼翼，至矣大矣，七十四帝，曷可同年而語哉！

[1]大興：據本書卷一《高祖紀上》，知此指北周明帝時封楊堅爲大興郡公。

[2]重耳：即春秋時晉文公。詳見《史記》卷三九《晉世家》。

[3]有娀（sōng）玄鳥，商以興焉：舊傳有娀氏之女娀簡（亦稱簡狄），因吞玄鳥卵而生商始祖契。詳見《史記》卷三《殷本紀》。

[4]姜嫄巨迹，周以興焉：舊傳有邰氏之女姜嫄，因踐巨人足迹而生周始祖弃。詳見《史記》卷四《周本紀》。

[5]佐高帝而滅楚：輔佐劉邦滅楚者爲楊喜。詳見《後漢書》卷五四《楊震傳》。高帝，指漢高祖劉邦。

[6]立宣皇以定漢：指楊敞擁立漢宣帝劉詢爲帝。詳見《漢書》卷六六《楊敞傳》。宣皇，指漢宣帝劉詢。紀見《漢書》卷八。

[7]東京太尉，關西孔子：均指東漢楊震。

[8]生感遺鱣之集，歿降巨鳥之奇：記載均見前引《楊震傳》。

[9]太祖：此是隋文帝楊堅父楊忠的廟號。楊忠傳見《周書》卷一九。

[10]魏：北魏或後魏。

[11]周朝：指北周。

[12]翼軫：二十八宿中的翼宿和軫宿。古爲楚之分野。《史記·天官書》："翼軫，荆州。"此暗指楊忠爵，楊堅繼爵隨國公。

[13]炎精：火德，火的本性。又指應火運而興的王朝。此暗指隋朝。

[14]尉迥：人名。即尉遲迥。　齊累世之都：指鄴邑，在今河北臨漳縣西南。北周相州總管治所。大象二年相州總管尉遲迥起兵討楊堅。

[15]王謙：人名。傳見《周書》卷二一，《北史》卷六〇有附傳。

[16]巴、庸：均爲先秦時古國。前者領有今四川東南部一帶；後者在今湖北竹山縣西南。這裏泛指北周益州總管王謙所轄今四川一帶。

[17]秦：泛指陝西一帶。　楚：泛指湖北一帶。

[18]洪溝：戰國魏惠王時鑿。自今河南滎陽縣北引黃河，東流經今中牟縣北，至開封市南折而南流，經今通許縣東、太康縣西，至淮陽縣東南注入潁水。楚漢相爭劃界於此，東屬楚，西屬漢。

[19]劍閣：關名。即今四川劍門關。

[20]漳河：亦名漳水。源出今山西長子縣西，東流穿過太行山至河北臨漳縣北，下游歷代屢有變遷，今已非故道。

[21]岱岳：泰山的別稱。　華陽：以在華山之陽而得名。相當今陝西秦嶺以南，四川和雲南、貴州一帶。

[22]荆蠻：指居於荆州地區的蠻族。荆，州名。治所在今湖北江陵縣。蠻，泛指古代南方各少數民族。參見《魏書》卷一〇一、《北史》卷九五、《南史》卷七九《蠻傳》。

[23]江漢：指長江和漢水。

[24]鐘：汲古閣本、殿本、庫本同，宋刻遞修本、中華本作"鍾"。

[25]三靈：一指日、月、星；二指天、地、人；三指天神、地祇、人鬼。

[26]木運：亦稱"木行""木德"。此指北周是木運，故天命決定應被火運的隋所替代。

[27]圖讖：古代方士或儒生編造的關於帝王受命徵驗一類的書，多爲隱語、預言。

[28]箕潁：宋刻遞修本、殿本、庫本、中華本均作"箕潁"。按，箕潁，指箕山和潁水。相傳堯時，賢者許由曾隱居箕山之下、潁水之陽。後因以"箕潁"指隱居者或隱居之地。符合本文之意。而"箕潁"無解。可斷"潁"爲"潁"之訛。

[29]五帝：上古傳説中的五位帝王。説法不一。

[30]三王：指夏、商、周三代之君。一説夏禹、商湯、周武王。一説夏禹、商湯、周文王。

[31]垂衣：亦作垂裳，是"垂衣裳"之省文。謂定衣服之制，示天下以禮。後用以稱頌帝王無爲而治。典出《易·繫辭》。

[32]神農：傳説中的太古帝王名。始教民爲耒耜，務農業。又傳他曾嘗百草，發現藥材，教人治病。

若夫天下之重，不可妄據，故唐之許由，[1]夏之伯益，[2]懷道立事，人授而弗可也。軒初四帝，[3]周餘六王，[4]藉世因基，自取而不得也。孟軻稱仲尼之德過於堯、舜，著述成帝者之事，弟子備王佐之才，黑不代蒼，泣麟歎鳳，栖栖汲汲，雖聖達而莫許也。蚩尤則黃帝抗衡，[5]共工則黑帝勍敵，[6]項羽誅秦摧漢，[7]宰割神州，角逐爭驅，盡威力而無就也。其餘猋起妖妄，[8]曾何足數！賊子逆臣，所以爲亂，皆由不識天道，不悟人謀，牽逐鹿之邪説，謂飛鳧而爲鼎。[9]若使四凶爭八元之誠，[10]三監同九臣之志，[11]韓信、彭越深明帝子之符，[12]孫述、隗囂妙識真人之出，[13]尉迥同謳歌之類，王謙比獄訟之民，福禄蟬聯，胡可窮也！而違天逆物，獲罪人神。嗚呼！此前事之大戒矣。誅夷烹醢，歷代共尤，僭逆凶邪，時煩獄吏，其可不戒慎哉！蓋積惡既成，心自絶於善道，物類相感，理必至於誅戮。天奪其魄，鬼惡其盈故也。大帝聰明，群臣正直，耳目監於率土，賞罰參於國朝，輔助一人，覆育兆庶。豈有食人之禄，受人之榮，包藏禍心而不殲盡者也？必當執法未處其罪，司命已除其籍。自古明哲，慮遠防微，執一心，持一德，立功坐樹，[14]上書削藁，位尊而心逾下，禄厚而志彌約，寵盛思之以懼，道高守之以恭，克念於此，則姦回不至。事乃畏天，豈惟愛禮，謙光滿覆，義在知幾，吉凶由人，妖不自作。

[1]許由：人名。亦作"許繇"。傳說中的隱士。相傳堯讓以天下，不受，遁居於潁水之陽箕山之下。堯又召爲九州長，由不願聞，洗耳於潁水之濱。事見《史記》卷六一《伯夷列傳》。

[2]伯益：人名。舜時東夷部落的首領，爲嬴姓各族的祖先。相傳伯益助禹治水有功，禹欲讓位於益，益避居箕山之北。詳見《尚書·舜典》《孟子·萬章上》。

[3]軒初四帝：指黃帝時所滅東方青帝、南方赤帝、西方白帝、北方黑帝。參銀雀山所出漢簡《黃帝戰四帝》。

[4]周餘六王：指戰國時東方韓、趙、魏、楚、燕、齊六國。

[5]蚩尤：傳說中的古代九黎族首領。與黃帝戰於涿鹿，失敗被殺。但古籍所載，説法不一。參見《逸周書·嘗麥》、《管子·五行》、《周禮·春官·肆師》賈公彥疏引《五經音義》、《尚書·呂刑》陸德明釋文、《山海經·大荒北經》等。

[6]共工：一爲古代傳説中的天神，與顓頊爭爲帝，用頭觸不周山（見《淮南子·墜形訓》《天文訓》）。一爲古史傳説人物，爲堯臣，和驩兜、三苗、鯀並稱爲"四凶"，被流放於幽州（見《尚書·舜典》、銀雀山漢墓竹簡《孫臏兵法·見威王》）。

[7]項羽：人名。紀見《史記》卷七，傳見《漢書》卷三一。

[8]欻（xū）：忽然，輕舉貌，疾貌。

[9]鳧（fú）：亦作鳬。野鴨。也指家鴨。

[10]四凶：相傳爲堯舜時代四個惡名昭彰的部族首領。　八元：相傳高辛氏（帝嚳）有才子八人，後用以稱頌有才德的人。典出《左傳》文公十八年。

[11]三監：周武王滅商後，以商舊都封給紂子武庚，並以殷都以東爲衛，由武王弟管叔監之；殷都以西爲鄘，由武王弟蔡叔監之；殷都以北爲邶，由武王弟霍叔監之。總稱三監。一説指武庚、管叔、蔡叔。　九臣：亦稱九官。傳說舜設置的九個大臣。

[12]韓信：人名。西漢開國功臣。傳見《史記》卷九二、《漢書》卷三三。　彭越：人名。西漢開國功臣，後封梁王，因被告謀反爲劉邦所殺。傳見《史記》卷九〇、《漢書》卷三四。

[13]孫述：人名。即公孫述，東漢初割據益州稱帝。傳見《後漢書》卷一三。　隗囂：人名。王莽末期地方割據勢力，東漢初年占據天水，自稱西州大將軍。傳見《後漢書》卷一三。

[14]坐樹："坐樹不言"的省寫，謂功高而不自矜。典出《後漢書》卷一七《馮異傳》。

衆星共極，在天成象。夙沙則主雖愚蔽，[1]民盡知歸，有苗則始爲跋扈，[2]終而大服。漢南諸國，見一面以從殷；[3]河西將軍，率五郡以歸漢。[4]故能招信順之助，保太山之安。彼陳國者，[5]盜竊江外，[6]民少一郡，地減半州。遇受命之主，逢太平之日，自可獻土銜璧，乞同溥天。乃復養喪家之疹，遵顛覆之軌，趑趄吳、越，[7]仍爲匪民。雖時屬大道，偃兵舞鍼，[8]然國家當混一之運，金陵是殄滅之期，[9]有命不恒，斷可知矣。房風之戮，[10]元龜匪遥，孫皓之俟，[11]守株難得。迷而未覺，諒可愍焉。斯故未辯玄天之心，不聞君子之論也。

[1]夙沙：古部族名。在今山東膠東地區。相傳夙沙之民自攻其君主而歸神農氏。典出《呂氏春秋·用民》。

[2]有苗：古部族名。亦稱三苗。堯、舜、禹時代中國南方較強大的部族，傳説舜時被遷到三危。

[3]漢南諸國，見一面以從殷：商湯征洛、荆，漢南諸國聽説商湯賢能，一時歸附有三十六國（一説四十國）。參《帝王世紀》《呂氏春秋》。

[4]河西將軍，率五郡以歸漢：東漢初年，河西五郡大將軍竇融歸順光武帝劉秀。此即著名典故"竇融歸漢"。詳見《後漢書》卷二三《竇融傳》。

[5]陳國：即南朝陳（557—589），都於建康（今江蘇南京市）。

[6]江外：中原以江南（長江以南）爲江外。

[7]吳、越：此用春秋、戰國時的吳、越之地指當時的陳國領土。

[8]鏚（qī）：斧子。兵器，亦用爲儀仗。

[9]金陵：戰國楚築金陵城於今江蘇南京市清凉山上，後人以金陵作爲今南京市的別稱。

[10]房風之戮：詳見《國語·魯語下》。房風，亦作"防風"。古代傳説中部落酋長名。

[11]孫皓之侯：即孫晧降晋後被賜號"歸命侯"。孫皓，三國吳末代皇帝。傳見《三國志》卷四八。按，皓，殿本、汲古閣本、庫本同，中華本作"晧"。皓，《説文》作"晧"。此當指同一人。

德林自隋有天下，每贊平陳之計。八年，車駕幸同州，[1]德林以疾不從。敕書追之，書後御筆注云："伐陳事意，宜自隨也。"時高熲因使入京，上語熲曰："德林若患未堪行，宜自至宅取其方略。"高祖以之付晋王廣。後從駕還，在塗中，高祖以馬鞭南指云："待平陳訖，會以七寶裝嚴公，使自山東無及之者。"及陳平，授柱國、郡公，實封八百户，[2]賞物三千段。晋王廣已宣敕訖，有人説高熲曰："天子畫策，晋王及諸將戮力之所致也。今乃歸功於李德林，諸將必當憤惋，且後世觀公有若虛行。"熲入言之，高祖乃止。

[1]同州：治所在今陝西大荔縣。

[2]柱國：官名。隋文帝因改北周之制形成十一等散實官，以酬勤勞。柱國是第二等，開府置府佐。正二品。　郡公：爵名。爲隋文帝時九等爵的第四等。從一品。　實封：食邑制度之一。所謂食邑，即受封者享有的封地、户，收其租税而食。自三國魏始有"虛封"和"實（真）封"之分。前者徒有虛名，唯有實封纔享其所得封户之租税等。

初，大象末，高祖以逆人王謙宅賜之，文書已出，至地官府，[1]忽復改賜崔謙。[2]上語德林曰："夫人欲得，將與其舅。於公無形迹，不須争之，可自選一好宅。若不稱意，當爲營造，并覓莊店作替。"德林乃奏取逆人高阿那肱衛國縣市店八十堰爲王謙宅替。[3]九年，[4]車駕幸晉陽，店人上表訴稱："地是民物，高氏强奪，於内造舍。"上命有司料還價直。遇追蘇威自長安至，[5]奏云："高阿那肱是亂世宰相，以諂媚得幸，枉取民地，造店賃之。德林誣調，妄奏自入。"李圓通、馮世基等又進云：[6]"此店收利如食千户，[7]請計日追贓。"上因責德林，德林請勘逆人文簿及本換宅之意，上不聽，乃悉追店給所住者。自是益嫌之。十年，虞慶則等於關東諸道巡省使還，[8]並奏云："五百家鄉正，專理辭訟，不便於民。黨與愛憎，公行貨賄。"上仍令廢之。德林復奏云："此事臣本以爲不可。然置來始爾，復即停廢，政令不一，朝成暮毀，深非帝王設法之義。臣望陛下若於律令輒欲改張，即以軍法從事。不然者，紛紜未已。"高祖遂發怒，大詬云："爾欲將我作王莽邪？"[9]初，德林稱父爲太尉諮議以取贈官，[10]李元操與陳茂等陰奏之曰：[11]“德林之父終於校書，[12]妄稱諮議。”上甚銜之。至是，復庭議忤意，[13]因數之曰：“公爲内史，[14]典朕機密，比不可豫計議者，以公不弘耳。寧自知乎？朕方以孝治天下，恐斯道廢闕，故立五教以弘之。[15]公言孝由天性，何須設教。然則孔子不當説《孝經》也。又調冒取店，妄加父官，朕實忿之而未能發。今當以一州相遣耳。”因出爲湖州刺史。[16]德林拜謝曰：“臣不敢復望内史令，請預散參。[17]待陛下登封告成，[18]一觀盛禮，然後收拙丘園，死且不恨。”上不許，轉懷州刺史。[19]在州逢亢旱，課民掘井溉田，空致勞擾，竟無補益，爲考司所貶。[20]歲餘，卒官，時年六十一。贈大將軍、廉州刺史，[21]謚曰文。及將葬，敕令羽林百人，[22]并鼓吹一部，[23]以給喪事。贈物三百段，粟千石，祭以太牢。

[1]地官府：官署名。西魏置。北周沿置，爲六府之一。以大司徒卿爲長官。掌民户、土地、賦役、倉廩、教育、關市及山澤魚獵等政務。

[2]崔謙：人名。按，《周書》卷三五、《北史》卷三二有《崔謙傳》，然此人卒於天和四年（569），此或賜其子崔曠，或另有同名者，則事迹無考。

[3]高阿那肱：人名。北齊後主高緯時任大丞相。傳見《北齊書》卷五〇、《北史》卷九二。　衛國縣：《通鑑》卷一七七《隋紀》開皇十年四月條胡三省注：衛國縣“本漢觀縣”。知治所在今河南清豐縣東南。　塸（ōu）：猶間、所。用於房屋、住宅。

[4]九年：據本書卷二《高祖紀下》和《通鑑》卷一七七《隋紀》，知隋文帝開皇十年到晉陽（并州）。可斷此“九年”訛，此

事發生在開皇十年。

[5]長安：此指隋文帝所建的大興城，又稱"西京"。在今陝西西安市。

[6]李圓通：人名。傳見本書卷六四、《北史》卷七五。　馮世基：人名。亦名馮世期。事見本書卷四六、《北史》卷七五《趙昢傳》。

[7]食：指食邑。

[8]關東：地區名。秦、漢、唐時泛指故函谷關（今河南靈寶市東北）或今潼關（今陝西潼關縣東北楊家莊附近）以東地區。

[9]王莽：人名。西漢末年以外戚專掌朝政，公元8年篡漢稱帝，改國號爲新，公元23年綠林軍攻入長安時被殺。傳見《漢書》卷九九。

[10]太尉諮議：官名。太尉府屬僚佐之一，全稱爲太尉諮議參軍事，亦稱太尉諮議參軍。北齊從四品。

[11]李元操：人名。即李孝貞，字元操。傳見本書卷五七，《北史》卷三三有附傳。　陳茂：人名。傳見本書卷六四，《北史》卷七五有附傳。

[12]校書：官名。全稱校書郎。北齊秘書省、著作省、起居省皆設此官。掌整理、考校典籍，並參預修史等事。第九品上。

[13]庭議：亦作廷議。議事於朝廷。

[14]内史：内史令省稱。

[15]五教：五常之教。指父義、母慈、兄友、弟恭、子孝五種儒家倫理道德的教育。

[16]湖州：按，《通鑑》卷一七七《隋紀》開皇十年四月條胡三省注："烏程縣（治所在今浙江湖州市），舊置吳興郡，隋置湖州。"岑仲勉指出，事在開皇十年，而隋之湖州仁壽二年始置。故此湖州"乃春陵郡之湖州，非吳郡之湖州"（參見岑仲勉《隋書求是》，中華書局2004年版，第83頁）。又據本書《地理志下》和錢大昕《廿二史考異》卷二三《周書文帝紀》，知北魏將春陵郡湖陽

縣置西淮安郡及南襄州，西魏改南襄州爲湖州。可斷本文"湖州刺史"之"湖州"治所在今河南唐河縣西南湖陽鎮。

　　[17]散參：謂散官無職務而可上朝參拜君主者。

　　[18]登封：登山封禪。指古帝王登泰山祭天祭地。

　　[19]懷州：治所在今河南沁陽市。

　　[20]考司：官署名。考功司之省稱。爲隋吏部四曹之一。掌內外文武官吏之考課。

　　[21]贈大將軍：贈散實官名。正三品。　廉州：治所在今河北藁城市西南。

　　[22]羽林：禁衛軍名。

　　[23]鼓吹：即鼓吹樂。古代的一種器樂合奏曲。

　　德林美容儀，善談吐，齊天統中，兼中書侍郎，於賓館受國書。陳使江總目送之曰："此即河朔之英靈也。"[1]器量沉深，時人未能測，唯任城王湝、趙彥深、魏收、陸卬大相欽重，延譽之言，無所不及。德林少孤，未有字，魏收謂之曰："識度天才，必至公輔，吾輒以此字卿。"從官以後，即典機密，性重慎，嘗云古人不言溫樹，[2]何足稱也。少以才學見知，及位望稍高，頗傷自任，爭名之徒，更相讒毀，所以運屬興王，功參佐命，十餘年間竟不徙級。所撰文集，勒成八十卷，遭亂亡失，見五十卷行於世。敕撰《齊史》未成。

　　[1]江總：人名。南朝陳後主時官至尚書令。傳見《陳書》卷二七，《南史》卷三六有附傳。　河朔：泛指黃河以北地區。

　　[2]溫樹：後人作爲居官謹慎的贊語。典出《漢書》卷八一《孔光傳》。

　　有子曰百藥,[1]博涉多才,詞藻清贍。釋巾太子通事舍人,[2]後遷太子舍人、尚書禮部員外郎,[3]襲爵安平縣公,桂州司馬。[4]煬帝恐其初不附己,[5]以爲步兵校尉。[6]大業末,[7]轉建安郡丞。[8]

　　[1]百藥：人名。即李百藥。傳另見《舊唐書》卷七二、《新唐書》卷一〇二。

　　[2]釋巾：亦稱解巾。謂脱去頭巾,換戴官帽。指初仕。　太子通事舍人：官名。東宫官屬。隋置於典書房。掌導引宫臣辭見及承令勞問事。煬帝改稱宣令舍人。正七品下。

　　[3]太子舍人：官名。太子典書坊屬官。掌書令表啓之事。大業三年改名管記舍人。從六品下。　尚書禮部員外郎：官名。隋文帝開皇六年始置,爲尚書省禮部司次官,佐司之長官禮部侍郎掌司事。煬帝改稱儀曹承務郎。品秩不清。

　　[4]桂州：治所在今廣西桂林市。　司馬：官名。此爲州佐官。兩晋南北朝州郡長官多帶將軍名號開軍府,皆置司馬爲幕僚,主軍務。隋廢州郡軍府,文帝改佐官治中爲司馬,協助刺史治理州事。上州正五品、中州從五品、下州正六品。

　　[5]恐：汲古閣本、殿本、庫本同,宋刻遞修本、中華本作“惡”。

　　[6]步兵校尉：官名。隋府兵鷹揚府之下設團,其長官爲校尉。正六品。

　　[7]大業：隋煬帝楊廣年號(605—618)。

　　[8]建安：郡名。治所在今福建福州市。　郡丞：官名。隋煬帝大業三年復改州爲郡,併州長史、司馬之職,置贊治(唐人諱稱贊務)一人,爲郡太守之副貳,尋又改贊治稱爲郡丞。郡丞爲郡屬官之首,爲太守之貳,通判郡事。上郡從七品,中郡正八品,下郡

從八品。

史臣曰：德林幼有操尚，學富才優，譽重鄴中，聲飛關右。王基締構，叶贊謀猷，[1]羽檄交馳，絲綸間發，文誥之美，時無與二。君臣體合，自致青雲，不患莫己知，豈徒言也！

[1]叶（xié）：宋刻遞修本、汲古閣本、殿本、庫本同，中華本作"協"。叶同"協"。

隋書　卷四三

列傳第八

河間王弘 子慶

　　河間王弘字辟惡,[1]高祖從祖弟也。[2]祖愛敬,[3]早卒。父元孫,[4]少孤,隨母郭氏,[5]養於舅族。及武元皇帝與周太祖建義關中,[6]元孫時在鄴下,[7]懼爲齊人所誅,[8]因假外家姓爲郭氏。元孫死,齊爲周所并,[9]弘始入關,與高祖相得。高祖哀之,爲買田宅。弘性明悟,有文武幹略。數從征伐,累遷開府儀同三司。[10]高祖爲丞相,[11]常置左右,委以心腹。高祖詣周趙王宅,[12]將及於難,弘時立於户外,以衛高祖。尋加上開府,[13]賜爵永康縣公。[14]

　　[1]河間王:爵名。全稱是河間郡王。郡王是隋九等爵的第二等。從一品。　弘:人名。即楊弘。傳另見《北史》卷七一,生平亦可見《楊弘墓誌》(載王其禕、周曉薇《隋代墓誌銘彙考》二六二,綫裝書局2007年版,第229頁)。按,據《楊弘墓誌》"字義深"。

[2]高祖：隋文帝楊堅的廟號。帝王死後，在太廟立室奉祀，並追尊某祖某宗的名號，稱廟號。

[3]愛敬：人名。名亦見《北史·楊弘傳》，具體事迹不詳。

[4]元孫：人名。東魏、北齊人。事亦見《北史·楊弘傳》。按，《楊弘墓誌》載“父孫，尚書令、定州刺史、河間懷公”。

[5]郭氏：人名。名亦見《北史·楊弘傳》，具體事迹不詳。

[6]武元皇帝：楊堅追尊其父楊忠的帝號。傳見《周書》卷一九。　周太祖：指宇文泰。“太祖”是他死後北周閔帝受禪稱帝後追尊的廟號。紀見《周書》卷一、《北史》卷九。　關中：地區名。與“關內”意同。秦至唐時稱函谷或潼關以西、隴坂以東、終南山以北爲關中。

[7]鄴：即鄴邑。治所在今河北臨漳縣西南鄴鎮東。

[8]齊：即北齊（550—577），或稱高齊，都鄴（今河北臨漳縣西南鄴鎮東）。

[9]周：即北周（557—581），都長安（今陝西西安市西北郊）。

[10]開府儀同三司：官名。亦簡稱開府，周武帝建德四年（575）改稱開府儀同大將軍。屬勳官。北周府兵制中二十四軍的每軍長官均加此勳官名，可開府置官屬。九命。

[11]丞相：官名。北周靜帝大象二年（580）置左、右大丞相。以宇文贊爲右大丞相，但僅有虛名；以楊堅爲左大丞相，總攬朝政。旋去左右之號，獨以楊堅爲大丞相。實爲控制朝廷的權臣。

[12]周趙王：指北周宇文招，北周太祖宇文泰之子，建德三年，進爵爲趙王。傳見《周書》卷一三、《北史》卷五八。

[13]上開府：官名。全稱是上開府儀同大將軍。北周建德四年改開府儀同三司爲開府儀同大將軍，仍增置上開府儀同大將軍。用以酬勤勞，無實際職權。爲十一等勳官的第五等，可開府置官屬。九命。

[14]永康縣公：爵名。縣公爲北周十一等爵的第六等。“命數未詳，非正九命則當是九命”（參見王仲犖《北周六典》卷八《封

《爵第十九》，中華書局 1979 年版，第 548 頁）。

及上受禪，[1]拜大將軍，[2]進爵郡公。[3]尋贈其父爲柱國、尚書令、河間郡公。[4]其年立弘爲河間王，拜右衛大將軍。[5]歲餘，進授柱國。[6]時突厥屢爲邊患，[7]以行軍元帥，[8]率衆數萬，出靈州道，[9]與虜相遇，戰，大破之，斬數千級。賜物二千段，出拜寧州總管，[10]進位上柱國。[11]弘在州，治尚清静，甚有恩惠。後數載，徵還京師。未幾，拜蒲州刺史，[12]得以便宜從事。時河東多盜賊，[13]民不得安。弘奏爲盜者百餘人，投之邊裔，州境帖然，號爲良吏。每晉王廣入朝，[14]弘輒領揚州總管，[15]及晉王歸藩，弘復還蒲州。在官十餘年，風教大洽。煬帝嗣位，[16]徵還，[17]拜太子太保。[18]歲餘，[19]薨。大業六年，[20]追封郇王。子慶嗣。[21]

[1]禪：中國古代歷史上統治權轉移的一種方式，即皇帝把帝位讓給他人。

[2]大將軍：官名。隋文帝因改北周十一等勳官之制形成十一等散實官，用以酬勤勞，無實際職掌。大將軍是十一等散實官的第四等，可開府置僚佐。正三品。

[3]郡公：爵名。隋九等爵的第四等。從一品。

[4]尚書令：官名。贈官。正二品。

[5]右衛大將軍：官名。隋文帝設左、右衛，各置大將軍一人，掌宮掖禁禦，督攝仗衛。右衛大將軍爲右衛長官。正三品。

[6]柱國：官名。隋文帝因改北周之制形成十一等散實官，以酬勤勞。柱國是第二等，開府置府佐。正二品。

[7]突厥：古族名、國名。廣義包括突厥、鐵勒諸部落，狹義

專指突厥。公元六世紀時游牧於金山（今阿爾泰山）以南，因金山形似兜鍪，俗稱"突厥"，遂以名部落。西魏廢帝元年（552），土門自號伊利可汗，建立突厥汗國，後分裂爲西突厥、東突厥兩個汗國。傳見本書卷八四、《北史》卷九九、《舊唐書》卷一九四、《新唐書》卷二一五。

〔8〕行軍元帥：出征軍的統帥名。根據需要臨時任命，事罷則廢。

〔9〕靈州道：特區名。即在靈州（治所在今寧夏靈武市西南）一帶設置的特區。隋朝在戰爭中於地方設置的特區，稱"道"。

〔10〕寧州：治所在今甘肅寧縣。　總管：官名。北周置諸州總管，隋承繼，又有增置。總管全稱是總管刺史加使持節。統轄範圍可達數州至十餘州，成一軍政管轄區。隋文帝在并、益、荊、揚四州置大總管，其餘州置總管。總管分上、中、下三等，品秩爲流内視從二品、正三品、從三品。

〔11〕上柱國：官名。隋文帝因改北周之制形成十一等散實官，以酬勤勞。上柱國是第一等，開府置府佐。從一品。《楊弘墓誌》載楊弘開皇三年出爲寧州總管，加上柱國在此之前。

〔12〕蒲州：治所在今山西永濟市西南蒲州鎮。

〔13〕河東：地區名。因在黄河以東而得名。戰國、秦、漢指今山西省西南部。唐以後泛指今山西全省。

〔14〕廣：人名。楊廣。紀見本書卷三、四，《北史》卷一二。

〔15〕揚州：治所在今江蘇揚州市。

〔16〕煬帝：楊廣的謚號。

〔17〕徵還：岑仲勉指出，"此是仁壽四年事，故《舊唐書》五八《丘和傳》言漢王諒之反，以和爲蒲州刺史"（參見岑仲勉《隋書求是》，中華書局 2004 年版，第 84 頁）。另，《通鑑》卷一八〇《隋紀》仁壽四年也證此。

〔18〕太子太保：官名。東宮三師之一，掌教諭太子。正二品。

〔19〕歲餘：據《楊弘墓誌》楊弘卒於"大業三年三月廿三

日”。

[20]大業：隋煬帝楊廣年號（605—618）。

[21]慶：人名。即楊慶。《北史》卷七一有附傳。

慶傾曲，善候時變。帝時猜忌骨肉，滕王綸等皆被廢放，[1]唯慶獲全。累遷滎陽郡太守，[2]頗有治績。

[1]綸：人名。即楊綸。本書卷四四、《北史》卷七一有附傳。

[2]滎陽郡：治所在今河南鄭州市。

及李密據洛口倉，[1]滎陽諸縣多應密，慶勒兵拒守。密頻遣攻之，不能克。歲餘，城中糧盡，兵勢日蹙。密因遺慶書曰：

[1]李密：人名。傳見本書卷七〇、《舊唐書》卷五三、《新唐書》卷八四，《北史》卷六〇有附傳。　洛口倉：倉廩名。因其地處洛水入黃口故名，又名興洛倉。在今河南鞏義市東南。隋煬帝大業二年置，倉城周圍二十餘里，有窖三千個，每窖儲糧八百石。

自昏狂嗣位，多歷歲年，剝削生民，塗炭天下。璿室瑤臺之麗，未極驕奢，糟丘酒池之荒，非爲淫亂。今者共舉義旗，勘剪凶虐，八方同德，萬里俱來，莫不期入關以亡秦，爭渡河而滅紂。[1]東窮海、岱，[2]南洎江、淮，[3]凡厥遺人，承風慕義，唯滎陽一郡，王獨守迷。夫微子，[4]紂之元兄，族實爲重；項伯，[5]籍之季父，[6]戚乃非疏，然猶去朝歌而入周，背西楚而歸漢。豈不眷戀宗祊，留連骨肉，但識寶鼎之將移，知神器之先改。

而王之先代，家住山東，[7]本姓郭氏，乃非楊族。止爲宿與隋朝先有勳舊，遂得預霑磐石，名在葭莩。[8]婁敬之與漢高，[9]殊非血胤，呂布之於董卓，[10]良異天親。芝焚蕙歎，事不同此。又王之昏主，心若豺狼，讎忿同胞，有逾沈、關，[11]惟勇及諒，[12]咸罄甸師，[13]況乃族類爲非，何能自保！爲王計者，莫若舉城從義，開門送款，安若太山，高枕而臥，長守富貴，足爲美談，乃至子孫，必有餘慶。

[1]河：指黃河。　紂：指商紂王。詳見《史記》卷三《殷本紀》。

[2]海：泛指中國東部沿海。　岱：即泰山。

[3]江、淮：指長江和淮河。

[4]微子：商紂王的庶兄微子啓。詳見《史記》卷三八《宋微子世家》。

[5]項伯：人名。項羽叔父。事略見《史記》卷七《項羽本紀》。

[6]籍：人名。即項羽，名籍。紀見《史記》卷七，傳見《漢書》卷三一。

[7]山東：地區名。戰國、秦、漢時代，通稱華山或崤山以東爲山東。

[8]葭（jiā）莩（fú）：蘆葦裏的薄膜。比喻親戚關係疏遠淡薄。

[9]婁敬：人名。西漢初齊國盧人，漢高祖劉邦賜姓劉，稱劉敬。傳見《史記》卷九九、《漢書》卷四三。　漢高：指漢高祖劉邦。紀見《史記》卷八、《漢書》卷一。

[10]呂布：人名。東漢末年人，與董卓發誓結爲父子。傳見

《後漢書》卷七五、《三國志》卷七。　董卓：人名。東漢末割據軍閥。傳見《後漢書》卷七二、《三國志》卷六。

[11]沉、闕：高辛氏二子實沈、閼伯的省稱。後用實沈、閼伯爲參、商星的別稱。兩星永不相見。典出《左傳》昭公元年。

[12]勇：人名。即楊勇，隋文帝楊堅長子。傳見本書卷四五、《北史》卷七一。　諒：人名。隋文帝楊堅第五子楊諒，開皇元年封漢王。傳見本書卷四五、《北史》卷七一。

[13]磬：古死刑之一。懸而縊殺。　甸師：古官名。即甸人。掌公族死刑等。

今王世充屢被摧蹙，[1]自救無聊，偷存晷漏，詎能支久？段達、韋津，[2]東都自固，[3]何暇圖人？世充朝亡，達便夕滅。又江都荒湎，[4]流宕忘歸，內外崩離，人神怨憤。上江米船，[5]皆被抄截，士卒饑餒，半菽不充，事切析骸，義均煮弩。舉烽火於驪山，諸侯莫至；[6]浮膠船於漢水，還日未期。[7]王獨守孤城，絕援千里，餱糧之計，[8]僅有月餘，敝卒之多，纔盈數百，有何恃賴，欲相拒抗！求枯魚於市肆，即事非虛，因歸雁以運糧，竟知何日。然城中豪傑，王之腹心，思殺長吏，將爲內啓。正恐禍生匕首，釁發蕭牆，空以七尺之軀，懸賞千金之購，可爲寒心，可爲酸鼻者也。幸能三思，自求多福。

[1]王世充：人名。傳見本書卷八五、《北史》卷七九、《舊唐書》卷五四、《新唐書》卷八五。

[2]段達：人名。傳見本書卷八五、《北史》卷七九。　韋津：人名。事見《北史》卷六四《韋孝寬傳》，《舊唐書》卷九二、《新

唐書》卷一二二《韋安石傳》。

[3]東都：城名。此指隋煬帝所建的洛陽。城址在今河南洛陽市。

[4]江都：郡名。治所在今江蘇揚州市。

[5]上江：地區名。今安徽省舊時別稱。長江由安徽流入江蘇，江蘇稱下江，安徽地居江蘇之西，故稱上江。

[6]舉烽火於驪山，諸侯莫至：指周幽王寵褒姒烽火戲諸侯。典出《史記》卷四《周本紀》。

[7]浮膠船於漢水，還日未期：晋皇甫謐《帝王世紀·周》："昭王在位五十一年，以德衰南征，及濟于漢，楚人惡之，乃以膠船進王。王御船至中流，膠液船解，王及祭公俱没于水中而崩。"後用爲比喻無濟於事或無所作爲。膠船，用膠黏合的船。

[8]之：《北史》卷八四《楊慶傳》作"支"。

　　于時江都敗問亦至，慶得書，遂降于密，改姓爲郭氏。密爲王世充所破，復歸東都，更爲楊氏，越王侗不之責也。[1]及侗稱制，[2]拜宗正卿。[3]世充將篡，慶首爲勸進。世充既僭僞號，降爵郇國公，[4]慶復爲郭氏。世充以兄女妻之，署滎州刺史。及世充將敗，慶欲將其妻同歸長安，其妻謂之曰："國家以妾奉箕箒於公者，欲以申厚意，結公心耳。今叔父窮迫，家國阽危，而公不顧婚姻，孤負付屬，爲全身之計，非妾所能責公也。妾若至長安，則公家一婢耳，何用妾爲！願得送還東都，君之惠也。"慶不許。其妻遂沐浴靚妝，仰藥而死。慶歸大唐，爲宜州刺史、郇國公，[5]復姓楊氏。其嫡母元太妃，年老，兩目失明，王世充以慶叛己而斬之。

[1]侗（tóng）：人名。即楊侗，隋煬帝之孫，元德太子楊昭次子。傳見本書卷五九、《北史》卷七一。

[2]稱制：即帝位。制，本意爲制度、法式、命令。秦始皇統一六國後定爲皇帝命令文告之一種，又稱制書。

[3]宗正卿：官名。爲宗正寺長官。掌皇族外戚屬籍及公主邑司名帳。隋初爲正三品，煬帝改從三品。

[4]郇國公：王世充所封爵名。品秩不詳。

[5]宜州：唐朝治所在今陝西銅川市耀州區。　郇國公：爵名。唐爲九等爵的第三等。從一品。

楊處綱

楊處綱，[1]高祖族父也。生長北邊，少習騎射。在周，嘗以軍功拜上儀同。[2]高祖受禪，贈其父鍾葵爲柱國、尚書令、義城縣公，[3]以處綱襲焉。授開府，[4]督武候事。[5]尋爲太子宗衛率，[6]轉左監門郎將。[7]後數載，起授右領軍將軍。[8]處綱雖無才藝，而性質直，在官彊濟，亦爲當時所稱。尋拜蒲州刺史，吏民悦之。進位大將軍。後遷秦州總管，[9]卒官。諡曰恭。[10]

[1]楊處綱：人名。傳另見《北史》卷七一。

[2]上儀同：勳官名。全稱爲上儀同大將軍。北周武帝置。位在儀同大將軍上，授予有軍勳的功臣及其子弟，無具體職掌。九命。

[3]鍾葵：人名。即楊鍾葵，事迹不詳。　義城縣公：爵名。隋文帝時爲九等爵中第五等。從一品。

[4]開府：官名。屬散實官，全稱開府儀同三司。隋文帝因改

北周之制形成十一等散實官，以酬勤勞。開府是第六等，開府置府佐。正四品上。

[5]武候：官署名。武候衛的省稱。隋文帝設左、右武候衛，各置大將軍一人，主掌皇帝出巡負責保衛。

[6]太子宗衛率：官名。隋時太子東宮掌統宗人侍衛太子，左、右各一員。大業三年改爲太子左、右武侍率。正四品上。

[7]左監門郎將：官名。爲左監門府次官。佐長官左監門府將軍掌宮殿門禁及守衛事。正四品。

[8]右領軍將軍：官名。按，本書《百官志下》、《通典》卷二八《職官·左右領軍衛》載隋文帝朝，"左右領軍府，各掌十二軍籍帳、差科、辭訟之事。不置將軍。唯有長史、司馬"等。然據本書卷一《高祖紀上》、《通鑑》卷一七六《陳紀》至德三年三月條，可推知最遲開皇三年三月戊午左右領軍府已各置領軍大將軍了。右領軍大將軍爲右領軍府長官，右領軍將軍爲其屬下。前者爲正三品，後者爲從三品。

[9]秦州：治所在今甘肅天水市。

[10]諡：諡法。上古有號無諡，周初始制諡法，秦始皇廢不用，自漢初恢復。即帝王、貴族、大臣死後，據其生前事迹依諡法給予一定的諡號，以示褒貶。

　　弟處樂，[1]官至雒州刺史。[2]漢王諒之反也，[3]朝廷以爲有二心，廢錮不齒。

[1]處樂：人名。即楊處樂。事亦見《北史》卷七一《楊處綱傳》。

[2]雒州：治所在今河南洛陽市東北。

[3]諒：人名。隋文帝楊堅第五子楊諒，開皇元年封漢王。傳見本書卷四五、《北史》卷七一。

楊子崇

楊子崇，[1]高祖族弟也。父盆生，[2]贈荊州刺史。[3]子崇少好學，涉獵書記，有風儀，愛賢好士。開皇初，[4]拜儀同，[5]以車騎將軍恒典宿衛。[6]後爲司門侍郎。[7]煬帝嗣位，累遷候衛將軍，[8]坐事免。未幾，復令檢校將軍事。[9]從帝幸汾陽宮，[10]子崇知突厥必爲寇患，屢請早還京師，帝不納。尋有雁門之圍。[11]及賊退，帝怒之曰：“子崇怯懦，妄有陳請，驚動我衆心，不可居爪牙之寄。”出爲離石郡太守，[12]治有能名。

[1]楊子崇：人名。傳另見《北史》卷七一。

[2]盆生：人名。即楊盆生。具體事迹不詳。

[3]荊州：治所在今湖北江陵縣。

[4]開皇：隋文帝楊堅年號（581—600）。

[5]儀同：官名。全稱是儀同三司。隋文帝因改北周十一等勳官之制形成十一等散實官，用以酬勤勞，無實際職掌。儀同三司則是十一等散實官的第八等，可開府置僚佐。正五品上。

[6]車騎將軍：官名。隋文帝設車騎府爲一級府兵指揮機構，分設各地，統領府兵。以車騎將軍爲車騎府長官。正五品上。

[7]司門侍郎：官名。爲尚書省都官（刑部）司門司長官。掌門、關出入之籍等。正六品。

[8]候衛將軍：官名。隋文帝時設左右武候，置大將軍各一人爲長官，候衛將軍爲副貳。掌皇帝車駕出，先驅後殿，晝夜巡察，執捕奸非，烽候道路等；巡狩時則掌營禁。煬帝大業三年改左右武候名左右候衛，爲十二衛之一，其他未變。從三品。

[9]檢校：官制用語。初謂代理，隋及唐初皆有。即尚未實授其官，但已掌其職事。中唐以後"檢校"含意有變。

[10]汾陽宮：宮名。大業四年建，在今山西寧武縣西南管涔山上。

[11]雁門：縣名。治所在今山西代縣。

[12]離石：郡名。治所在今山西呂梁市離石區。

　　自是突厥屢寇邊塞，胡賊劉六兒復擁眾劫掠郡境，[1]子崇上表請兵鎮遏。帝復大怒，下書令子崇巡行長城。子崇出百餘里，四面路絕，不得進而歸。時百姓饑饉，相聚爲盜，子崇前後捕斬數千人。歲餘，朔方梁師都、馬邑劉武周等各稱兵作亂，[2]郡中諸胡復相嘯聚。子崇患之，言欲朝集，[3]遂與心腹數百人自孟門關將還京師。[4]輜重半濟，遇河西諸縣各殺長吏，[5]叛歸師都，道路隔絕，子崇退歸離石。所將左右，既聞太原有兵起，[6]不復入城，遂各叛去。子崇悉收叛者父兄斬之。後數日，義兵夜至城下，城中豪傑復出應之。城陷，子崇爲讎家所殺。

[1]胡：古代稱北方和西方的少數民族爲胡。　劉六兒：人名。唐初曾任嵐州總管，依附宋金剛，武德三年（620）四月爲李世民擒殺。

[2]朔方：郡名。治所在今陝西靖邊縣東北白城子。　梁師都：人名。仕隋爲鷹揚郎將，大業十三年殺郡丞起兵反隋。唐初稱帝建立梁國，貞觀二年（628）兵敗被殺。傳見《舊唐書》卷五六、《新唐書》卷八七。　馬邑：地名。在今山西朔州市。　劉武周：人名。隋末群雄之一，以馬邑爲中心，依附突厥，圖謀帝業。傳見

《舊唐書》卷五五、《新唐書》卷八六。

　　[3]朝集：地方官長官或上佐入朝匯報政績、民情，屬官考課，並聆聽敕命的制度。

　　[4]孟門關：關名。北周孟門津，隋改名爲孟門關。在今山西呂梁市離石區西北孟門鎮西黃河上。

　　[5]河西：地區名。亦稱河右。指今甘肅、青海兩省黃河以西，即河西走廊和湟水流域一帶。

　　[6]太原：郡名。指太原郡，治所在今山西太原市西南古城營。

觀德王雄 弟達

　　觀德王雄，[1]初名惠，高祖族子也。父納，[2]仕周，歷八州刺史、儻城縣公，[3]賜姓叱呂引氏。[4]雄美姿儀，有器度，雍容閑雅，進止可觀。周武帝時，[5]爲太子司旅下大夫。[6]帝幸雲陽宮，[7]衛王直作亂，[8]以其徒襲肅章門，雄逆拒破之。進位上儀同，封武陽縣公，邑千戶。[9]累遷右司衛上大夫。[10]大象中，[11]進爵邘國公，[12]邑五千戶。高祖爲丞相，雍州牧畢王賢謀作難，[13]雄時爲別駕，[14]知其謀，以告高祖。賢伏誅，以功授柱國、雍州牧，仍領相府虞候。[15]周宣帝葬，[16]備諸王有變，令雄率六千騎送至陵所。進位上柱國。

　　[1]觀德王：楊雄封爵觀王，謚曰德。　雄：人名。即楊雄。本名惠，隋文帝楊堅之侄。《北史》卷六八有附傳。按，本卷、《北史·楊雄傳》及《通鑑》卷一八一《隋紀》大業八年條皆作“雄”，但《新唐書·宰相世系表一下》作“士雄”。岑仲勉指出：《昭陵碑考》三“疑雄本名士雄，非無可信”（參見岑仲勉《隋書

求是》，第84頁）。但難成確論。

[2]納：人名。按，宋刻遞修本、殿本、庫本同，但汲古閣本、中華本作“紹”。岑仲勉考證後指出“紹”確，“納”乃傳寫之訛（參見岑仲勉《隋書求是》，第85頁）。楊紹，歷北魏、西魏、北周，北周時任大將軍。傳見《周書》卷二九、《北史》卷六八。

[3]儻城：郡名。北周時治所在今陝西洋縣東北興勢山上。

[4]叱呂引氏：鮮卑族姓。按，諸本皆同。中華本校勘記云：“《周書·楊紹傳》作‘叱利氏’。”另，《新唐書·宰相世系表一下》則作“屋呂引氏”。

[5]周武帝：北周武帝宇文邕的諡號。紀見《周書》卷五、六，《北史》卷一〇。

[6]太子司旅下大夫：官名。爲太子東宮官員，掌隨從迎送太子。北周正四命（參見王仲犖《北周六典》卷八《封爵第十九》，第537頁）。

[7]雲陽宮：即秦之林光宮、漢之甘泉宮。在今陝西淳化縣西北甘泉山上。

[8]衛王直：即宇文直，北周武帝宇文邕同母弟，建德三年封衛王，謀反被誅。傳見《周書》卷一三、《北史》卷五八。

[9]邑千户：指受封者食邑千户，此是虚封。邑，食邑。受封者所享有的封地，收其租税而食。但自三國魏始有“實（真）封”和“虚封”之分。後者有封邑但不食租税。

[10]右司衛上大夫：官名。北周侍衛長官，分置左、右。掌東宮衛士，在非常時期亦可統帥皇帝宿衛兵馬，權任甚重。正六命。

[11]大象：北周靜帝宇文闡年號（579—580）。

[12]邘（yú）國公：按，邘，宋刻遞修本、汲古閣本、殿本、庫本、中華本均作“邘（hán）”，《通鑑》卷一七五《陳紀》太建十三年五月條也作“邘”；《通鑑》該條胡三省注引本書爲據，云：“‘邘’當作‘邘’。”考“邘”“邘”諸書乃至同一書先後互出，中華本《北史》卷一〇、卷六八校勘記指出此點，並據“邘”是

古國名，將中華本《北史》統一作"邘"。就目前資料尚難判斷誰
訛，故保留底本原貌並加注明。

[13]雍州：治所在今陝西西安市西北郊。　　牧：官名。京都所
在州長官。北周爲九命。　　畢王賢：北周明帝之子，建德三年進封
畢王，周宣帝大象初年出任雍州牧。傳見《周書》卷一三、《北
史》卷五八。

[14]別駕：官名。北周爲府州上佐之一，迭與長史互改名稱，
亦或並之，無實際職任。

[15]虞候：官名。北周末楊堅爲大丞相，其相府有帳內虞候大
都督、帳內虞候都督，參預統領親兵侍衛陪從大丞相。此"虞候"
或是其省稱。

[16]周宣帝：北周宣帝宇文贇的謚號。紀見《周書》卷七、
《北史》卷一○。

　　高祖受禪，除左衛將軍，[1]兼宗正卿。俄遷右衛大
將軍，[2]參預朝政。[3]進封廣平王，[4]食邑五千户，以邘
公別封一子。[5]雄請封弟士貴，[6]朝廷許之。或奏高熲朋
黨者，[7]上詰雄於朝。雄對曰："臣忝衛宮闈，朝夕左
右，若有朋附，豈容不知！至尊欽明睿哲，萬機親覽，
熲用心平允，奉法而行。此乃愛憎之理，惟陛下察之。"
高祖深然其言。雄時貴寵，冠絕一時，與高熲、虞慶
則、蘇威稱爲"四貴"。[8]

　　[1]左衛將軍：官名。隋文帝設左、右衛，掌宮掖禁禦，督攝
仗衛。左衛將軍爲左衛屬官。從三品。

　　[2]右衛大將軍：諸本及《北史》卷四三均同。但本書卷一和
《北史》卷一一之《隋文帝紀》皆作"左衛大將軍"；本書和《北

史》卷六八《楊雄傳》後文以及《通鑑》卷一七七《隋紀》開皇
九年七月條皆同。另,《楊雄傳》中也未見其官職曾反復遷轉,故
疑此右衛大將軍是左衛大將軍之訛。即楊雄自開皇元年任左衛大將
軍,直到開皇九年。

[3]參預朝政:職銜名。宰相職銜名義。

[4]廣平王:爵名。全稱是廣平郡王。是隋九等爵的第二等。
從一品。

[5]邴公:爵名。邴國公的省稱。

[6]士貴:人名。即楊士貴,楊雄之弟。名亦見《北史·楊雄
傳》,具體事迹不詳。

[7]高熲:人名。傳見本書卷四一、《北史》卷七二。　朋黨:
指同類的人以惡相濟而結成的集團。後指因政見不同而形成的相互
傾軋的宗派。也指結爲朋黨。

[8]虞慶則:人名。傳見本書卷四○、《北史》卷七三。　蘇
威:人名。傳見本書卷四一,《北史》卷六三有附傳。

　　雄寬容下士,朝野傾矚。高祖惡其得衆,陰忌之,
不欲其典兵馬。乃下册書,[1]拜雄爲司空,[2]曰:"維開
皇九年八月朔壬戌,皇帝若曰:於戲!惟爾上柱國、左
衛大將軍、宗正卿、廣平王,[3]風度寬弘,位望隆顯,
爰司禁旅,綿歷十載。入當心腹,外任爪牙,驅馳軒
陛,勤勞著績。念舊庸勳,禮秩加等。公輔之寄,民具
爾瞻,宜竭乃誠,副兹名實。是用命爾爲司空。往欽
哉!光應寵命,得不慎歟!"外示優崇,實奪其權也。
雄無職務,乃閉門不通賓客。尋改封清漳王。仁壽
初,[4]高祖曰:"清漳之名,未允聲望。"命職方進地
圖,[5]上指安德郡以示群臣曰:"此號足爲名德相稱。"

於是改封安德王。

[1]册書：文書名。册命之書，古代帝王用於册立、封贈等事
的詔書。

[2]司空：官名。隋三公之一。隋初參議國家大事，置府僚，
但不久就省除府及僚佐，成了榮譽性質的頭銜。正一品。

[3]左衞大將軍：官名。隋文帝設左右衞，各置大將軍一人，
掌宫掖禁禦，督攝仗衞。左衞大將軍爲左衞長官。正三品。

[4]仁壽：隋文帝楊堅年號（601—604）。

[5]職方：官署名。爲尚書省兵部下轄四曹之一。掌全國地圖、
城隍、烽堠等政事。

大業初，授太子太傅。[1]及元德太子薨，[2]檢校鄭州
刺史事。[3]歲餘，授懷州刺史。[4]尋拜京兆尹。[5]帝親征
吐谷渾，[6]詔雄總管澆河道諸軍。[7]及還，改封觀王。上
表讓曰：“臣早逢興運，預班末屬，有命有時，藉風雲
之會，無才無德，濫公卿之首。蒙先皇不次之賞，荷陛
下非分之恩，久忝台槐，[8]常慮盈滿，豈可仍叨匪服，
重竊鴻名！臣實面墻，敢緣往例，臣誠昧寵，交懼身
責。昔劉賈封王，[9]豈備三階之任，[10]曹洪上將，[11]寧超
五等之爵？[12]況臣衮章逾於帝子，[13]京尹亞於皇枝，[14]
錫土作藩，鈕金開國，[15]於臣何以自處，在物謂其乖
分。是以露款執愚，祈恩固守。伏願陛下曲留慈照，特
鑒丹誠。頻觸宸嚴，伏增流汗。”優詔不許。

[1]太子太傅：官名。東宫三師之一，掌教諭太子。正二品。

[2]元德太子：指隋煬帝長子楊昭。傳見本書卷五九、《北史》

卷七一。

[3]鄭州：治所在今河南滎陽市西北汜水鎮。

[4]懷州：治所在今河南沁陽市。

[5]京兆尹：官名。爲京城長安所在地京兆郡長官。正三品。

[6]吐谷渾：古族名。本遼東鮮卑之種，姓慕容氏，西晋時西遷至群羌故地，北朝至隋唐時期游牧於今青海北部和新疆東南部地區。傳見本書卷八三、《晋書》卷九七、《魏書》卷一〇一、《周書》卷五〇、《北史》卷九六、《舊唐書》卷一九八、《新唐書》卷二二一上。

[7]澆河道：特區名。即在澆河郡（治所在今青海貴德縣）一帶設置的軍事行動特區。隋朝在戰爭中於地方設置的特區，稱"道"。

[8]台槐：即三公。古以三台星象徵三公，周在外朝種槐樹，以定三公之位，後因以"台槐"稱宰輔之位。

[9]劉賈：人名。漢高祖劉邦六年，劉賈封荆王。詳見《史記》卷五一《荆燕世家》，傳見《漢書》卷三五。

[10]三階：指君王露寢前有三階。

[11]曹洪：人名。三國曹魏時人，魏明帝時官拜驃騎將軍。傳見《三國志》卷九。

[12]五等之爵：公、侯、伯、子、男五等爵位。

[13]況：宋刻遞修本、汲古閣本、殿本、庫本作"況"，中華本作"沉"。"況""况"同字異體，且符合句中文意，而"沉"於此費解。可斷因字形相似而訛。　袞章：袞衣上的紋樣。借指袞衣。即古代帝王及上公穿的繪有卷龍的禮服。

[14]京尹：京兆尹的省稱。

[15]鈕金：此指官爵印。鈕，印鼻，印章上端的雕飾。古代用以區別官印的等級。有各種不同的形式。

　　遼東之役,[1]檢校左翊衛大將軍,[2]出遼東道。次瀘河鎮,[3]遘疾而薨,時年七十一。帝爲之廢朝,[4]鴻臚監護喪事。[5]有司考行,請謚曰懿。帝曰:"王道高雅俗,德冠生人。"乃賜謚曰德。贈司徒,襄國、武安、渤海、清河、上黨、河間、濟北、高密、濟陰、長平等十郡太守。[6]

　　[1]遼東:地區名。泛指遼水以東地區。因高麗國位於遼東,故此"遼東之役"指隋征伐高麗之事。

　　[2]左翊衛大將軍:官名。煬帝大業三年改左右衛爲左右翊衛,職掌未變。左翊衛大將軍即左衛大將軍之改名。正三品。

　　[3]瀘河鎮:地名。在今遼寧義縣境。

　　[4]廢朝:停止朝會。

　　[5]鴻臚:官署名。即鴻臚寺省稱。北齊始置,隋因之。下領典客、司儀、崇玄三署。掌諸藩册封、外使接待、吉凶禮儀、佛道寺觀等事。

　　[6]司徒:贈官名。三公之一。正一品。　襄國:郡名。治所在今河北邢臺市。　武安:郡名。治所在今河北永年縣東南。　渤海:郡名。治所在今山東陽信縣西南。　清河:郡名。治所在今河北清河縣西北。　上黨:郡名。治所在今山西長治市。　河間:郡名。治所在今河北河間市。　濟北:郡名。治所在今山東荏平縣西南。　高密:郡名。治所在今山東諸城市。　濟陰:郡名。治所在今山東曹縣西北。　長平:郡名。治所在今山西晉城市東北高都鎮。

　　子恭仁,[1]位至吏部侍郎。[2]恭仁弟綝,[3]性和厚,頗有文學。歷義州刺史、淮南太守。[4]及父薨,起爲司隸大夫。[5]遼東之役，帝令綝於臨海頓別有所督。[6]楊玄感之反也，[7]玄感弟玄縱自帝所逃赴其兄，[8]路逢綝。綝避人偶語久之，既別而復相就者數矣。司隸刺史劉休文奏之。[9]時綝兄吏部侍郎恭仁將兵於外，帝以是寢之，未發其事。綝憂懼，發病而卒。綝弟續，[10]仕至散騎侍郎。[11]

[1]恭仁：人名。即楊恭仁。入唐以特進致仕。傳另見《舊唐書》卷六二、《新唐書》卷一〇〇。

[2]吏部侍郎：官名。隋文帝時於吏部四曹之一吏部曹置吏部侍郎一員，爲該曹長官，正六品上。煬帝大業三年諸曹侍郎並改稱"郎"，又始置侍郎，爲尚書省下轄六部之副長官，正四品。此後，吏部侍郎纔成爲吏部副長官。協助長官吏部尚書掌全國文職官員銓選等政令。

[3]綝：人名。即楊綝。《北史》卷六八有附傳。

[4]義州：治所在今河南信陽市。　淮南：郡名。治所在今安徽壽縣。

[5]司隸大夫：官名。全稱司隸臺大夫。隋煬帝大業三年置，司隸臺長官。掌巡察糾劾之事。正四品。

[6]臨海頓：一名望海頓。在今遼寧凌海市東南。頓，指食宿之所、館舍。

[7]楊玄感：人名。傳見本書卷七〇，《北史》卷四一有附傳。

[8]玄縱：人名。即楊玄縱，楊素之子，楊玄感之弟，隋文帝時封淮南郡公。事略見本書《楊玄感傳》。

[9]司隸刺史：官名。爲司隸臺屬官。掌巡察畿外諸郡。正六品。　劉休文：人名。事亦見《北史·楊綝傳》，具體事迹不詳。

[10]續：人名。即楊續。貞觀中爲鄆州刺史。《舊唐書》卷六二有附傳。

[11]散騎侍郎：官名。通直散騎侍郎的省稱。隋初屬門下省，掌部從朝直。從五品上。煬帝大業三年罷。

雄弟達，[1]字士達。[2]少聰敏，有學行。仕周，官至儀同、內史下大夫，[3]遂寧縣男。[4]高祖受禪，拜給事黃門侍郎，[5]進爵爲子。[6]時吐谷渾寇邊，詔上柱國元諧爲元帥，[7]達爲司馬。[8]軍還、兼吏部侍郎，加開府。歲餘，轉內史侍郎，[9]出爲鄯、鄭、趙三州刺史，[10]俱有能名。平陳之後，[11]四海大同，上差品天下牧宰，達爲第一，賜雜彩五百段，加以金帶，擢拜工部尚書，[12]加位上開府。達爲人弘厚，有局度。楊素每言曰：[13]“有君子之貌，兼君子之心者，唯楊達耳。”獻皇后及高祖山陵制度，[14]達並參豫焉。

[1]達：人名。即楊達。《北史》卷六八有附傳。按，岑仲勉引《順陵殘碑》校考本傳（參見岑仲勉《隋書求是》，第85頁），可參。

[2]士達：岑仲勉指出，《集古錄目》云楊達“字士莊”（參見岑仲勉《隋書求是》，第86頁）。

[3]內史下大夫：官名。此是北周小內史下大夫的省稱。原爲春官府內史司次官。佐長官內史中大夫掌綸誥，並參議刑罰爵賞及軍國大事。後該司置內史上大夫爲長官，其地位相應下降。正四命。

[4]遂寧縣男：爵名。北周縣男爲十一等爵的第十等。正五命。

[5]給事黃門侍郎：官名。隋初於門下省置給事黃門侍郎，是門下省長官納言的副職，協助納言參議政令的制定。正三品。

[6]子：爵名。爲隋初九等爵的第八等。正四品下。

[7]元諧：人名。傳見本書卷四〇、《北史》卷七三。按，"諧"字底本原作"楷"，據中華本改。　元帥：按，據前引《元諧傳》爲行軍元帥。

[8]司馬：官名。此爲軍府高級幕僚。掌參贊軍務，管理府内武職。其品秩隨府主而定，高低不等。

[9]内史侍郎：官名。内史省副長官，佐宰相之職的本省長官内史監、令處理政務。正四品下。

[10]鄯：州名。治所在今青海樂都縣。　趙：州名。治所在今河北隆堯縣東。

[11]陳：南朝陳（557—589），都於建康（今江蘇南京市）。

[12]工部尚書：官名。尚書省下轄六部之一工部的長官。掌全國百工、屯田、山澤之政令。統工部、屯田、虞部、水部四曹（司）。正三品。

[13]楊素：人名。傳見本書卷四八，《北史》卷四一有附傳。

[14]獻皇后："文獻皇后"的省稱。即文帝獨孤皇后的謚號。傳見本書卷三六、《北史》卷一四。　山陵：帝王或皇后的墳墓。

　　煬帝嗣位，轉納言，[1]仍領營東都副監，[2]帝甚信重之。遼東之役，領右武衛將軍，[3]進位左光禄大夫，[4]卒於師，時年六十二。帝歎惜者久之，贈吏部尚書、始安侯。[5]謚曰恭。贈物三百五十段。

[1]煬帝嗣位，轉納言：《北史》卷六八《楊達傳》同。但本書卷二和《北史》卷一一《隋文帝紀》、《通鑑》卷一七九《隋紀》皆記楊達於"仁壽二年十月癸丑"爲納言，直至大業八年五月死。故此處記載欠準確。參馬俊民《補〈隋書·宰相表〉兼論隋政權核心構成特徵演變及影響》（《中國社會歷史評論》2007 年第五卷）。納言，官名。門下省長官，職掌封駁制敕，並參與軍國大政

決策等，居宰相之職。正三品。

[2]東都副監：指興建新的都城洛陽之土木工程副總管官員。東都，指洛陽（今河南洛陽市）。

[3]右武衛將軍：官名。左右武衛府的軍官，輔助長官左右武衛大將軍領外軍宿衛。從三品。

[4]左光禄大夫：官名。屬散實官。隋文帝時置左、右光禄大夫皆正二品，煬帝大業三年定令，"左"爲正二品，"右"爲從二品。

[5]吏部尚書：官名。贈官。正三品。　始安侯：贈爵。煬帝大業三年祇留王、公、侯三等爵位，此爲最後一等。

史臣曰：高祖始遷周鼎，衆心未附，利建同姓，維城宗社，[1]是以河間、觀德，咸啓山河。屬乃荄荇，地非寵逼，故高位厚秩，與時終始。楊慶二三其德，志在苟生，變本宗如反掌，棄慈母如遺迹，及身而絶，宜其然矣。觀王位登台袞，慶流後嗣，保兹寵禄，實仁厚之所致乎！

[1]維城：連城以衛國。借指皇子或皇室宗族。語出《詩·大雅·板》："宗子維城。"　宗社：宗廟和社稷的合稱。借指國家。

隋書　卷四四

列傳第九

滕穆王瓚 嗣王綸

　　滕穆王瓚，字恒生，一名慧，高祖母弟也。[1]周
世，[2]以太祖軍功封竟陵郡公，[3]尚武帝妹順陽公主，[4]
自右中侍上士遷御伯中大夫。[5]保定四年，[6]改爲納
言，[7]授儀同。[8]瓚貴公子，又尚公主，美姿儀，好書愛
士，甚有令名於當世，[9]時人號曰楊三郎。武帝甚親愛
之。平齊之役，[10]諸王咸從，留瓚居守，帝謂之曰：
"六府事殷，[11]一以相付。朕將遂事東方，無西顧之憂
矣。"其見親信如此。宣帝即位，[12]遷吏部中大夫，[13]
加上儀同。[14]

　　[1]高祖：即隋文帝楊堅。紀見本書卷一、二，《北史》卷一
一。　母弟：同母之弟，別於庶弟。
　　[2]周：即北周（557—581），都長安（今陝西西安市西北）。
　　[3]太祖：此指楊忠。"太祖"是其子楊堅稱帝後追尊的廟號。

傳見《周書》卷一九。　竟陵郡公：爵名。北周十一等爵的第五等。正九命（參見王仲犖《北周六典》卷八《封爵第十九》，中華書局 1979 年版，第 542 頁）。

［4］武帝：即北周武帝宇文邕。紀見《周書》卷五、六，《北史》卷一〇。　順陽公主：北周文帝宇文泰之女。

［5］右中侍上士：官名。北周置左、右中侍上士，掌御寢之禁，皇帝出巡及臨朝，亦隨從護衛。正三命。　御伯中大夫：官名。北周改侍中爲御伯，天官府置御伯中大夫二人，後改爲納言中大夫，掌出入侍從。正五命。

［6］保定：北周武帝宇文邕年號（561—565）。

［7］納言：官名。武帝保定四年改御伯中大夫爲納言中大夫，簡稱納言。

［8］儀同：官名。全稱爲儀同三司。周武帝建德四年（575）改稱儀同大將軍。屬勳官。北周府兵制中儀同府的長官均加此勳官名，可開府置官屬。九命。（參見王仲犖《北周六典》卷九《勳官第二十》，第 578 頁；谷霽光《府兵制度考釋》，上海人民出版社 1962 年版，第 51 頁）

［9］令名：美好聲譽。

［10］齊：即北齊（550—577），或稱高齊，都鄴（今河北臨漳縣西南鄴鎮東）。

［11］六府：即北周仿《周禮》所置天官府、地官府、春官府、夏官府、秋官府、冬官府的總稱。

［12］宣帝：即北周宣帝宇文贇。紀見《周書》卷七、《北史》卷一〇。

［13］吏部中大夫：官名。北周夏官府吏部司置吏部中大夫一員，掌選舉。正五命。

［14］上儀同：勳官名。全稱爲上儀同大將軍。北周武帝置。位在儀同大將軍上，授予有軍勳的功臣及其子弟，無具體職掌。九命。

　　未幾，帝崩，高祖入禁中，將總朝政，令廢太子勇召之，[1]欲有計議。瓚素與高祖不協，聞召不從，曰："作隋國公恐不能保，[2]何乃更爲族滅事邪？"高祖作相，[3]遷大將軍。[4]尋拜大宗伯，[5]典修禮律。進位上柱國、邵國公。[6]瓚見高祖執政，群情未一，恐爲家禍，陰有圖高祖之計，高祖每優容之。及受禪，立爲滕王。[7]後拜雍州牧。[8]上數與同坐，呼爲阿三。後坐事去牧，以王就第。[9]

　　[1]廢太子勇：指隋文帝長子楊勇，隋文帝即位立爲太子，開皇二十年（600）廢爲庶人，故稱"廢太子"。傳見本書卷四五、《北史》卷七一。

　　[2]隋國公：爵名。北周十一等爵的第四等。正九命（參見王仲犖《北周六典》卷八《封爵第十九》，第538頁）。按，"隋國公"應爲"隨國公"。楊堅在北周本襲封隨國公。其稱帝後故國號稱"隨"。因北周、北齊動蕩不安，故去"辶"作"隋"，以"辶"訓"走"故。

　　[3]相：據本書卷一《高祖紀上》爲"左大丞相"。北魏孝莊帝永安元年（528）始置大丞相，永安三年廢。北周靜帝大象二年（580）又置左、右大丞相。以宇文贊爲右大丞相，但僅有虛名；以楊堅爲左大丞相，總攬朝政。旋去左右之號，獨以楊堅爲大丞相，實爲控制朝廷的權臣。

　　[4]大將軍：官名。北周屬勳官，以酬勳勞，無實際職掌。正九命。

　　[5]大宗伯：官名。全稱爲大宗伯卿。西魏恭帝三年（556）仿《周禮》建六官，春官府置大宗伯卿一人，掌邦禮，以佐皇帝和邦國。正七命。

[6]上柱國：官名。北周武帝建德四年置，爲勳官之首，實爲散秩，無實職。正九命。　邵國公：爵名。北周十一等爵的第四等。正九命。

[7]滕王：爵名。隋九等爵的第一等。從一品。

[8]雍州：治所在今陝西西安市西北郊。　牧：官名。京畿地區最高行政長官。從二品。

[9]就第：免職回家。

　　瓚妃宇文氏，先時與獨孤皇后不平，[1]及此鬱鬱不得志，陰有咒詛。上命瓚出之，瓚不忍離絶，固請。上不得已，從之，宇文氏竟除屬籍。[2]瓚由是忤旨，恩禮更薄。開皇十一年，[3]從幸栗園，[4]暴薨，時年四十二。[5]人皆言其遇鴆以斃。子綸嗣。[6]

[1]獨孤皇后：即隋文帝文獻皇后。傳見本書卷三六、《北史》卷一四。

[2]屬籍：宗室譜籍。

[3]開皇：隋文帝楊堅年號（581—600）。

[4]栗園：地名。栗園有多處：一在今河南安陽市東北；一在今河北固安縣界；一在今北京市豐臺區。另，胡三省於《通鑑》卷一七七《隋紀》開皇十一年八月條注云：“栗園在長安南。”考本書多處記載隋文帝來往於長安和栗園之間。如開皇十一年載文帝“八月壬申（二十三），幸栗園”。“乙亥（二十六），至自栗園”。在當時交通工具條件下，能在短短四天兩次來往長安、栗園，可推斷栗園必距長安不遠。若此，此處栗園的地理方位，當是胡三省所注的，即在今長安市南。

[5]四十二：《北史》卷七一本傳作“四十四”。

[6]綸：人名。即楊綸。《北史》卷七一有附傳。

綸字斌籀，[1]性弘厚，美姿容，頗解鍾律。高祖受禪，封邵國公，[2]邑八千戶。[3]明年，拜邵州刺史。[4]晋王廣納妃於梁，[5]詔綸致禮焉，甚爲梁人所敬。

[1]籀（zhòu）：通“籀”。按，宋刻遞修本、汲古閣本、殿本、庫本同，中華本作“籀”。“籀”是“籀”的訛字。後凡同此者，不再出注。

[2]邵國公：爵名。隋九等爵的第三等。從一品。

[3]邑：也稱食邑、封邑。是古代君王封賜給有爵位之人的一種食祿制度，受封者可徵收封地內的民戶租稅充作食祿。魏晋以後，食邑分爲虛封和實封兩類：虛封一般僅冠以“邑”或“食邑”之名，祇是一種榮譽性加銜，受封者並不能獲得實際的食祿收入；而實封一般須冠以“真食”“食實封”等名，受封者可真正獲得食祿收入。此邑八千戶爲虛封。

[4]邵州：治所在今山西垣曲縣東南。

[5]晋王廣：即楊廣，時爲晋王。紀見本書卷三、四，《北史》卷一二。　妃：此指楊廣妻蕭氏。傳見本書卷三六、《北史》卷一四。　梁：此指後梁（555—587），都江陵（今湖北江陵縣）。

綸以穆王之故，[1]當高祖之世，每不自安。煬帝即位，尤被猜忌。綸憂懼不知所爲，呼術者王琛而問之。[2]琛答曰：“王相祿不凡。”乃因曰：“滕即騰也，此字足爲善應。”有沙門惠恩、崛多等，[3]頗解占候，[4]綸每與交通，常令此三人爲度星法。[5]有人告綸怨望咒詛，帝命黃門侍郎王弘窮治之。[6]弘見帝方怒，遂希旨奏綸厭蠱惡逆，[7]坐當死。帝令公卿議其事，司徒楊素等曰：[8]"綸希冀國災，以爲身幸。原其性惡之由，[9]積自家世。惟皇運之始，四海同心，在於孔懷，[10]彌須叶力。[11]其先乃離阻大謀，棄同即異，父悖於前，子逆於後，非直覬覦朝廷，便是圖危社稷。爲惡有狀，其罪莫大，刑兹無赦，抑有舊章，請依前律。"帝以公族不忍，除名爲民，徙始安。[12]諸弟散徙邊郡。大業七年，[13]親征遼東，綸欲上表，請從軍自效，爲郡司所遏。未幾，復徙朱崖。[14]及天下大亂，爲賊林仕弘所逼，[15]携妻子竄于儋耳。[16]後歸大唐，爲懷化縣公。[17]

[1]穆王：即滕穆王瓚。

[2]王琛：人名。事亦見《北史》卷七一《楊綸傳》，又本書《經籍志三》"數術""方伎"均載有王琛所著之書，或即此人。

[3]惠恩：人名。名亦見《北史·楊綸傳》，具體事迹不詳。
崛多：人名。名亦見《北史·楊綸傳》，具體事迹不詳。

[4]占候：觀測天象變化以附會人事，預測吉凶。

[5]度星法：占候的一種。

[6]黃門侍郎：官名。隋門下省副職，煬帝大業三年改給事黃門侍郎爲黃門侍郎，協助納言參議政令的制定。正三品。　王弘：人名。事亦見本書卷三《煬帝紀上》及卷七三《辛公義傳》。

[7]希旨：亦稱"希指"，迎合在上者意願。　厭蠱：謂以巫術致灾禍於人。

[8]司徒：官名。隋三公之一，隋初依舊制，各置府僚，參議國家大事。但不久就省去府及僚佐，置三公則坐於尚書都省，從而失去實權。正一品。　楊素：人名。傳見本書卷四八，《北史》卷四一有附傳。

[9]性：汲古閣本、殿本、庫本同，宋刻遞修本、中華本作

"懷"。《北史·楊綸傳》亦作懷。

[10]孔懷：指甚相思念。《詩·小雅·常棣》："死喪之威，兄弟孔懷。"

[11]叶：宋刻遞修本、汲古閣本、殿本、庫本同，中華本作"協"，兩者通。

[12]始安：郡名。治所在今廣西桂林市。

[13]大業：隋煬帝楊廣年號（605—618）。

[14]朱崖：郡名。又稱珠崖郡。一爲西漢元封元年置，初元三年廢，隋大業六年復置。治所在今海南海口市瓊山區東南。一爲南朝梁置，隋初廢，大業初復置，大業六年改爲儋耳郡。治所在今海南儋州市西北。此爲大業七年後事，當指前者。按，《北史·楊綸傳》作"珠崖"。

[15]林仕弘：人名。隋末饒州鄱陽人。《舊唐書》卷五六、《新唐書》卷八七有附傳。

[16]儋耳：郡名。治所在今海南儋州市西北。

[17]懷化縣公：爵名。唐九等爵的第六等。從二品。

綸弟坦，[1]字文籍，初封竟陵郡公，坐綸徙長沙。[2]坦弟猛，[3]字武籍，徙衡山。[4]猛弟温，[5]字明籍，初徙零陵。[6]温好學，解屬文，既而作《零陵賦》以自寄，其辭哀思。帝見而怒之，轉徙南海。[7]温弟詵，[8]字弘籍，前亦徙零陵。帝以其修謹，襲封滕王，以奉穆王嗣。大業末，薨於江都。[9]

[1]坦：人名。即楊坦。事亦見《北史》卷七一《楊綸傳》。

[2]長沙：郡名。治所在今湖南長沙市。

[3]猛：人名。即楊猛。事亦見《北史·楊綸傳》。

[4]衡山：郡名。隋大業初改衡州置，治所在今湖南衡陽市。

[5]温：人名。即楊温。事亦見《北史·楊綸傳》。

[6]零陵：郡名。治所在今湖南永州市。

[7]南海：郡名。治所在今廣東廣州市。

[8]詵：人名。即楊詵。事亦見《北史·楊綸傳》。按，岑仲勉據《隋滕王故長子墓誌銘》補：楊詵子名厲，字威彦（參見岑仲勉《隋書求是》，中華書局2004年版，第86頁）。

[9]江都：地名。治所在今江蘇揚州市。

道悼王静

道悼王静，字賢籠，滕穆王瓚之子也。出繼叔父嵩。[1]嵩在周代，以太祖軍功，賜爵興城公，[2]早卒。高祖踐位，追封道王，謚曰宣。[3]以静襲焉。卒，無子，國除。[4]

[1]嵩：人名。即楊嵩。傳另見《北史》卷七一。

[2]興城公：爵名。北周興城郡公之省稱。

[3]謚：謚法。上古有號無謚，周初始制謚法，秦始皇廢不用，自漢初恢復。即帝王、貴族、大臣死後，據其生前事迹依謚法給予一定的謚號，以示褒貶。

[4]無子，國除：岑仲勉指出："《北史》七一則云：'無子，以蔡王智積子世澄襲。'按《智積傳》稱有五男，世澄蓋其一也。"（岑仲勉：《隋書求是》，第86頁）

衛昭王爽　嗣王集

衛昭王爽，[1]字師仁，小字明達，高祖異母弟也。

周世，在襁褓中，以太祖軍功，封同安郡公。六歲而太祖崩，爲獻皇后之所鞠養，由是高祖於諸弟中特寵愛之。十七爲内史上士。[2]高祖執政，拜大將軍、秦州總管。[3]未之官，轉授蒲州刺史，[4]進位柱國。[5]及受禪，立爲衛王。尋遷雍州牧，領左右將軍。[6]俄遷右領軍大將軍，[7]權領并州總管。[8]歲餘，進位上柱國，[9]轉涼州總管。[10]爽美風儀，有器局，治甚有聲。

[1]爽：人名。即楊爽。傳另見《北史》卷七一。

[2]内史上士：官名。全稱是小内史上士。爲春官府内史曹的屬官，掌草擬皇帝詔令，參修國志及起居注。置二員，正三命（參見王仲犖《北周六典》卷四《春官府第九》，第174頁）。

[3]秦州：北周時治所在今甘肅天水市。　總管：官名。東魏孝敬帝武定六年（548）始置。西魏也置。北周明帝武成元年（559）正式改都督諸州軍事爲總管，總管之設乃成定制。北周之制，總管加使持節諸軍事。總管或單任，然多兼帶刺史。故總管職權雖以軍事爲主，實際是一地區若干州、防（鎮）的最高軍政長官。

[4]蒲州：治所在今山西永濟市西南。

[5]柱國：官名。全稱爲柱國大將軍。北魏太武帝置，以爲開國元勳長孫嵩的加官。孝莊帝因尒朱榮有擁立之功，特置以授之，位在丞相上。西魏文帝以宇文泰有中興之功，又置此官授之。後凡屬功參佐命、望實俱重的，也得居之。自大統十六年（550）以前任此官的名義上有八人。北周武帝增置上柱國等官，並以上柱國大將軍爲勳官之首。柱國大將軍次之。正九命。

[6]領左右將軍：官名。隋中央十二衛有左右領左右府，各置將軍二人，掌侍衛左右，供御備仗。從三品。

[7]右領軍大將軍：官名。隋中央十二衛置左右領軍府，掌十

二軍籍帳、差科、辭訟之事，右領軍大將軍爲右領軍府長官。正三品。按，本書《百官志下》、《通典》卷二八《職官·左右領軍衛》載隋文帝朝，"左右領軍府，各掌十二軍籍帳、差科、辭訟之事。不置將軍。唯有長史、司馬"等。然據本書卷一《高祖紀上》、《通鑑》卷一七六《陳紀》至德三年三月條，可推知最遲開皇三年三月戊午左右領軍府已各置領軍大將軍了。

[8]權：官制用語。指暫時代理官職。　領：官制用語。以地位較高的官兼理地位較低的職務。　并州：治所在今山西太原市西南古城營。

[9]上柱國：官名。隋文帝因改北周之制形成十一等散實官，以酬勤勞。上柱國是第一等，開府置府佐。從一品。

[10]涼州：治所在今甘肅武威市。按，岑仲勉指出："此與本紀一開皇二年六月爽爲原州總管有衝突"，並於同書《牧守表》一二二原州條詳考，認爲紀、傳各有其是非："爽於二年實先轉涼州，紀作原州者訛，殆後（約五年）自涼州徙原，然後徵入，傳文一若涼任連至七年者亦非。"（參見岑仲勉《隋書求是》，第7、206頁）

　　其年，以爽爲行軍元帥，[1]步騎七萬以備胡。出平涼，[2]無虜而還。明年，大舉北伐，又爲元帥。河間王弘、豆盧勣、竇榮定、高熲、虞慶則等分道而進，[3]俱受爽節度。爽親率李元節等四將出朔州，[4]遇沙鉢略可汗於白道，[5]接戰，大破之，虜獲千餘人，驅馬牛羊鉅萬。沙鉢略可汗中重瘡而遁。高祖大悅，賜爽真食梁安縣千户。[6]六年，復爲元帥，步騎十五萬，出合川。[7]突厥遁逃而返。明年，徵爲納言。[8]高祖甚重之。

　　[1]行軍元帥：出征軍的統帥名。根據需要臨時任命，事罷

則廢。

[2]平凉：地名。在今甘肅平凉市。

[3]河間王弘：即楊弘。傳見本書卷四三、《北史》卷七一。 豆盧勣：人名。傳見本書卷三九，《北史》卷六八有附傳。 竇榮定：人名。傳見本書卷三九，《北史》卷六一有附傳。 高熲：人名。傳見本書卷四一、《北史》卷七二。 虞慶則：人名。傳見本書卷四〇、《北史》卷七三。

[4]李元節：人名。按，宋刻遞修本、汲古閣本、殿本、庫本同，《册府元龜》卷二九一《宗室部·立功第二》亦同，中華本改作"李充節"。《北史》卷七一《楊爽傳》、《通鑑》卷一七五《陳紀》至德元年四月條均作"李充"。岑仲勉考證云："元乃充之訛，李充見五三附傳，《舊唐書》六二《李大亮傳》父充節，即其人，蓋隋、唐間兩字名常省作一字也。"（岑仲勉：《隋書求是》，第86頁）中華本校勘記云："原作'李元節'，據《舊唐書·李大亮傳》、《北史·叙傳》改。"總之，李充節確，或省作李充。本書卷五三、《北史》卷一〇〇有附傳。 朔州：治所在今山西朔州市。

[5]沙鉢略可汗：攝圖之號。事見本書卷八四、《北史》卷九九《突厥傳》。 白道：地名。爲河套東北地區通往陰山的交通要道，在今内蒙古呼和浩特市東北。

[6]真食：魏晋以來食邑制度之實封制度，受封者一般須冠以"真食""食實封"等名，可真正獲得食禄收入。 梁安縣：治所在今湖北隨州市西南。

[7]合川：此爲合川鎮，隋開皇三年置，在今甘肅慶陽市。

[8]納言：官名。門下省長官，職掌封駁制敕，並參與軍國大政決策等，居宰相之職。正三品。

未幾，爽寢疾，上使巫者薛榮宗視之，[1]云衆鬼爲厲。爽令左右驅逐之。居數日，有鬼物來擊榮宗，榮宗走下階而斃。其夜爽薨，時年二十五。贈太尉、冀州刺史。[2]子集嗣。[3]

　　[1]薛榮宗：人名。北齊時爲開府，自云能使鬼。事見《北齊書》卷五〇《恩倖傳》、《北史》卷九二《齊諸宦者傳》。
　　[2]太尉：官名。贈官。正一品。　冀州：治所在今河北冀州市。
　　[3]集：人名。即楊集。《北史》卷七一有附傳。

　　集字文會，初封遂安王，[1]尋襲封衛王。煬帝時，諸侯王恩禮漸薄，猜防日甚。集憂懼不知所爲，乃呼術者俞普明章醮以祈福助。[2]有人告集咒詛，憲司希旨，[3]鍛成其獄，奏集惡逆，坐當死。天子下公卿議其事，楊素等曰：“集密懷左道，厭蠱君親，公然咒詛，無慚幽顯。情滅人理，事悖先朝，是君父之罪人，非臣子之所赦，請論如律。”時滕王綸坐與相連，帝不忍加誅，乃下詔曰：“綸、集以附萼之華，猶子之重，縻之好爵，匪由德進。正應與國升降，休戚是同，乃包藏妖禍，誕縱邪僻。在三之義，[4]愛敬俱淪；急難之情，孔懷頓滅。公卿議既如此，覽以潸然。雖復王法無私，恩從義斷，但法隱公族，禮有親親。致之極辟，情所未忍。”於是除名爲民，遠徙邊郡。遇天下大亂，不知所終。

　　[1]遂安王：爵名。全稱爲遂安郡王。按，本書卷一《高祖紀上》開皇三年六月“以衛王爽子集爲遂安郡王”。
　　[2]俞普明：人名。隋代術士。事亦見《北史》卷七一《楊集

傳》，具體事迹不詳。　章醮：道教一種拜表設祭的祈禱儀式。

[3] 憲司：魏晋以來對御史的通稱。

[4] 在三之義：典出《國語・晋語一》。後以“在三”爲禮敬君、父、師的典故。

蔡王智積

蔡王智積，[1]高祖弟整之子也。[2]整，周明帝時，[3]以太祖軍功，賜爵陳留郡公。尋授開府、車騎大將軍。[4]從武帝平齊，至并州，力戰而死。及高祖作相，贈柱國、大司徒、冀定瀛相懷衛趙貝八州刺史。[5]高祖受禪，追封蔡王，謚曰景。以智積襲焉。又封其弟智明爲高陽郡公，智才爲開封縣公。[6]

[1] 智積：人名。即楊智積。《北史》卷七一有附傳。

[2] 整：人名。即楊整。北周爲開府、陳留郡公。傳見《北史》卷七一。

[3] 周明帝：即北周明帝宇文毓。紀見《周書》卷四、《北史》卷九。

[4] 開府：勳官名。即開府儀同三司。北周府兵制中二十四軍每一軍長官加此勳官名。九命。　車騎大將軍：儀同府長官軍號。以車騎將軍中資深者爲車騎大將軍。金印紫綬。典京師兵衛，掌宮衛。北周爲九命。

[5] 大司徒：官名。即北周地官府大司徒卿，掌國家土地與人民教化。正七命。此爲贈官。　定：州名。治所在今河北定州市。瀛：州名。治所在今河北河間市。　相：州名。治所在今河南安陽市。　懷：州名。治所在今河南沁陽市。　衛：州名。治所在今

河南淇縣。　　趙：州名。治所在今河北隆堯縣東。　　貝：州名。治所在今河北清河縣西北。

　　[6]開封縣公：爵名。隋九等爵的第五等。從一品。

　　尋拜智積爲開府儀同三司,[1]授同州刺史,[2]儀衛資送甚盛。頃之,以修謹聞,高祖善之。在州未嘗嬉戲游獵,聽政之暇,端坐讀書,門無私謁。有侍讀公孫尚儀,[3]山東儒士,府佐楊君英、蕭德言,[4]並有文學,時延於座,所設唯餅果,酒纔三酌。家有女妓,唯年節嘉慶,奏於太妃之前,[5]其簡静如此。昔高祖龍潜時,景王與高祖不睦,[6]其太妃尉氏又與獨孤皇后不相諧,以是智積常懷危懼,每自貶損。高祖知其若是,亦哀憐之。人或勸智積治産業者,智積曰:"昔平原露朽財帛,[7]苦其多也。吾幸無可露,何更營乎?"有五男,止教讀《論語》《孝經》而已,亦不令交通賓客。或問其故,智積答曰:"卿非知我者。"其意恐兒子有才能,以致禍也。開皇二十年,徵還京第,無他職任,闔門自守,非朝覲不出。

　　[1]開府儀同三司:官名。隋文帝因改北周之制形成十一等散實官,以酬勤勞。開府是第六等,開府置府佐。正四品上。

　　[2]同州:治所在今陝西大荔縣。

　　[3]公孫尚儀:人名。事迹不詳。儀,《册府元龜》卷二九二《宗室部·禮士》及《太平御覽》卷二五七《職官部·良刺史中》均同,唯《北史》卷七一《楊智積傳》作"義"。

　　[4]楊君英:人名。事迹不詳。名亦見《册府元龜》卷二九二《宗室部·禮士》、《太平御覽》卷二五七《職官部·良刺史中》、

《北史・楊智積傳》。　蕭德言：人名。事迹不詳。名亦見同上《册府元龜》《太平御覽》《北史》。

[5]太妃：三國魏以來尊稱諸王之母爲太妃。此指楊智積母尉氏。

[6]景王：即智積父楊整。

[7]平原：指平原君趙勝。傳見《史記》卷七六。　露朽：財物堆積在露天處日久而朽爛。

　　煬帝即位，滕王綸、衛王集並以讒構得罪，高陽公智明亦以交游奪爵，智積逾懼。大業七年，[1]授弘農太守，[2]委政僚佐，清净自居。及楊玄感作亂，[3]自東都引軍而西，[4]智積謂官屬曰：“玄感聞大軍將至，欲西圖關中。[5]若成其計，則根本固矣。當以計縻之，使不得進。不出一旬，自可擒耳。”及玄感軍至城下，智積登陴詈辱之，[6]玄感怒甚，留攻之。城門爲賊所燒，智積乃更益火，賊不得入。數日，宇文述等援軍至，[7]合擊破之。

[1]大業七年：《册府元龜》卷二七四《宗室部・畏愼》及卷二八一《宗室部・領鎮第四》同，然《北史》卷七一本傳作“大業三年”。

[2]弘農：郡名。治所在今河南靈寶市。

[3]楊玄感：人名。傳見本書卷七〇，《北史》卷四一有附傳。

[4]東都：此指洛陽，舊址在今河南洛陽市。

[5]關中：地區名。與“關内”意同。秦至唐時稱函谷關或潼關以西、隴坂以東、終南山以北爲關中。

[6]陴：城墻。

[7]宇文述：人名。傳見本書卷六一、《北史》卷七九。

十二年，從駕江都，寢疾。帝時疏薄骨肉，智積每不自安，及遇患，不呼醫。臨終，謂所親曰：“吾今日始知得保首領没於地矣。”時人哀之。有子道玄。[1]

[1]道玄：人名。即楊道玄。名亦見《北史》卷七一《楊智積傳》。

史臣曰：周建懿親，[1]漢開盤石，[2]內以敦睦九族，[3]外以輯寧億兆，深根固本，崇獎王室。安則有以同其樂，衰則有以恤其危，所由來久矣。魏、晉以下，多失厥中，不遵王度，各徇所私。抑之則勢齊於匹夫，抗之則權侔於萬乘，[4]矯枉過正，非一時也。得失詳乎前史，不復究而論焉。高祖昆弟之恩，素非篤睦，閨房之隙，又不相容。至于二世承基，其弊愈甚。是以滕穆暴薨，人皆竊議；蔡王將没，自以爲幸。唯衛王養於獻后，故任遇特隆，而諸子遷流，莫知死所，悲夫！其錫以茅土，[5]稱爲磐石，行無甲兵之衛，居與甿隸爲伍。[6]外内無虞，顛危不暇，時逢多難，將何望焉！

[1]周建懿親：指西周分封宗親。
[2]盤石：指封藩宗室。
[3]九族：以自己爲本位，上推至四世之高祖，下推至四世之玄孫爲九族。
[4]萬乘：指帝王。
[5]錫以茅土：即錫土封國。
[6]甿隸：原指農夫與皁隸，泛指地位低的人。

隋書　卷四五

列傳第十

文四子

高祖五男，[1]皆文獻皇后之所生也。[2]長曰房陵王勇，[3]次煬帝，[4]次秦孝王俊，[5]次庶人秀，[6]次庶人諒。[7]

[1]高祖：隋文帝楊堅的廟號。紀見本書卷一、二，《北史》卷一一。

[2]文獻皇后：隋文帝獨孤皇后的謚號。傳見本書卷三六、《北史》卷一四。

[3]房陵王勇：指楊勇。房陵王，追封爵名。傳另見《北史》卷七一。

[4]煬帝：楊廣的謚號。紀見本書卷三、四，《北史》卷一二。

[5]秦孝王俊：指楊俊。秦孝王，爵名，孝是謚號。傳另見《北史》卷七一。

[6]秀：人名。指楊秀。傳另見《北史》卷七一。

[7]諒：人名。指楊諒。傳另見《北史》卷七一。

　　房陵王勇字睍地伐，[1]高祖長子也。周世，[2]以太祖軍功，[3]封博平侯。[4]及高祖輔政，立爲世子，[5]拜大將軍、左司衛，[6]封長寧郡公。[7]出爲雒州總管、東京小冢宰，[8]總統舊齊之地。[9]後徵還京師，[10]進位上柱國、大司馬，[11]領内史御正，[12]諸禁衛皆屬焉。高祖受禪，[13]立爲皇太子，[14]軍國政事及尚書奏死罪已下，[15]皆令勇參決之。上以山東民多流冗，[16]遣使按檢，[17]又欲徙民北實邊塞。勇上書諫曰：“竊以導俗當漸，非可頓革，戀土懷舊，民之本情，波迸流離，蓋不獲已。有齊之末，主暗時昏，周平東夏，繼以威虐，民不堪命，致有逃亡，非厭家鄉，願爲羈旅。加以去年三方逆亂，[18]賴陛下仁聖，區宇肅清，鋒刃雖屏，瘡痍未復。若假以數歲，沐浴皇風，逃竄之徒，自然歸本。雖北夷猖獗，[19]嘗犯邊烽，今城鎮峻峙，所在嚴固，何待遷配，以致勞擾。臣以庸虚，謬當儲貳，寸誠管見，輒以塵聞。”上覽而嘉之，遂寢其事。是後時政不便，多所損益，上每納之。上嘗從容謂群臣曰：“前世皇王，溺於嬖幸，廢立之所由生。朕傍無姬侍，五子同母，可謂真兄弟也。豈若前代多諸内寵，孽子忿諍，爲亡國之道邪！”

　　[1]睍（xiàn）地伐：《劍橋中國隋唐史》云：煬帝“和他的弟兄童年都有佛名”（參見［英］崔瑞德編《劍橋中國隋唐史》，中國社會科學出版社1990年版，第114頁）。

　　[2]周：即北周（557—581），都長安（今陝西西安市西北郊）。

［3］太祖：此是隋文帝楊堅父楊忠的廟號。傳見《周書》卷一九。

［4］博平侯：爵名。侯爵爲十一等爵的第五等。正八命。

［5］世子：帝王和諸侯的嫡長子。

［6］大將軍：官名。爲北周十一等勳官的第四等，可開府置官屬，以酬勳勞，無實際職掌。正九命。　左司衛：官名。左司衛上大夫的省稱。北周置司衛上大夫爲侍衛長官，分左、右。掌東宮衛士，在非常時期亦可統帥皇帝宿衛兵馬，權任甚重。正六命。

［7］長寧郡公：爵名。郡公爲北周十一等爵的第五等。正九命。

［8］雒州：治所在今河南洛陽市東北。　總管：官名。東魏孝敬帝武定六年（548）始置。西魏也置。北周明帝武成元年（559）正式改都督諸州軍事爲總管，總管之設乃成定制。北周之制，總管加使持節諸軍事。總管或單任，然多兼帶刺史。故總管職權雖以軍事爲主，實際是一地區若干州、防（鎮）的最高軍政長官。　東京：城名。北周大象元年（579）以洛陽（今河南洛陽市東）爲東京。隋文帝罷。　小冢宰：官名。全稱爲小冢宰上大夫，爲天官府大冢宰卿之下屬。置兩員，北周正六命。

［9］齊：即北齊（550—577），或稱高齊，都鄴（今河北臨漳縣西南鄴鎮東）。

［10］京師：指長安。在今陝西西安市西北郊。

［11］上柱國：官名。北周武帝建德四年（575）置，爲勳官之首，實爲散秩，無實職。正九命。　大司馬：官名。北周大司馬卿的簡稱。爲夏官府最高長官。掌邦政，征伐敵國及四時治兵講武皆由其主持，大祭祀則掌宿衛，廟社則奉羊牲。正七命。

［12］内史御正：官名。據《周書》卷四〇《尉遲運傳》載，此官“職在弼諧，（軍國大事）皆須參議。共治天下”。

［13］禪：中國古代歷史上統治權轉移的一種方式，即皇帝把帝位讓給他人。

［14］皇太子：古代皇帝的兒子中被預定繼承君位的人。

[15]尚書：官署名。尚書省的省稱。隋與門下、内史並號三省，共掌軍國大政。該省爲全國政務中樞，職事尤重。長官爲尚書令，副名左、右僕射。下轄六曹（部）：吏、民（度支）、禮、兵、刑（都官）、工，分司政務。

[16]山東：地區名。戰國、秦、漢時代，通稱華山或崤山以東爲山東。

[17]使：使職。即臨時差遣官員處理某項事務者爲“使”，事後即罷。

[18]三方逆亂：指北周末尉遲迥、王謙、司馬消難反楊堅之戰。

[19]北夷：古代對北方少數民族的泛稱。此主要指突厥。

勇頗好學，解屬詞賦，性寬仁和厚，率意任情，無矯飾之行。引明克讓、姚察、陸開明等爲之賓友。[1]勇嘗文飾蜀鎧，[2]上見而不悦，恐致奢侈之漸，因而誡之曰：“我聞天道無親，唯德是與，歷觀前代帝王，未有奢華而得長久者。汝當儲后，若不上稱天心，下合人意，何以承宗廟之重，居兆民之上？吾昔日衣服，各留一物，時復看之，以自警戒。今以刀子賜汝，宜識我心。”[3]

[1]明克讓：人名。傳見本書卷五八、《北史》卷八三。生平亦可見《明克讓墓誌》（載劉文《陝西新見隋朝墓誌》一六，三秦出版社2018年版）。　姚察：人名。南朝陳時官至吏部尚書，入隋歷官秘書丞，太子内舍人，博學多聞，於當時禮樂制度多有議定。傳見《陳書》卷二七、《南史》卷六九。　陸開明：人名。即陸爽。北齊時曾任通直散騎常侍，入隋與宇文愷撰有《東宮典記》七

十卷。傳見本書卷五八。

　　[2]蜀：地區名。泛指今四川地區。

　　[3]今以刀子賜汝，宜識我心：此句太簡略，意難明。《北史》卷七一《房陵王勇傳》作：“令高熲賜汝我舊所帶刀子一枚，並菹醬一合，汝昔作上士時所常食如此。若存憶前事，應知我心。”

　　其後經冬至，百官朝勇，勇張樂受賀。高祖知之，問朝臣曰：“近聞至節，內外百官，相率朝東宮，[1]是何禮也？”太常少卿辛亶對曰：[2]“於東宮是賀，不得言朝。”高祖曰：“改節稱賀，正可三數十人，逐情各去。何因有司徵召，一時普集，太子法服設樂以待之？[3]東宮如此，殊乖禮制。”於是下詔曰：“禮有等差，君臣不雜，爰自近代，聖教漸虧，俯仰逐情，因循成俗。皇太子雖居上嗣，義兼臣子，而諸方岳牧，[4]正冬朝賀，任土作貢，別上東宮，事非典則，宜悉停斷。”自此恩寵始衰，漸生疑阻。

　　[1]東宮：太子所居之宮。

　　[2]太常少卿：官名。為太常寺貳官。協助長官太常卿掌宗廟郊社禮樂等。正四品上。煬帝降為從四品。　辛亶（zhān）：人名。隋時曾官刑部侍郎、禮部侍郎、太常少卿。事略見本書卷六二《趙綽傳》、唐人張鷟撰《朝野僉載》卷四。

　　[3]法服：古代根據禮法規定的不同等級的服飾。

　　[4]岳牧：亦作“嶽牧”。語本《尚書·周官》。為傳說堯舜時四岳十二牧的省稱。後用岳牧泛稱封疆大吏。

　　時高祖令選宗衛侍官，[1]以入上臺宿衛。[2]高熲奏稱，[3]若盡取強者，恐東宮宿衛太劣。高祖作色曰："我有時行動，宿衛須得雄毅。太子毓德東宮，左右何須強武？此極敝法，甚非我意。如我商量，恒於交番之日，分向東宮上下，圍伍不別，[4]豈非好事？我熟見前代，公不須仍蹈舊風。"蓋疑高熲男尚勇女，形於此言，以防之也。

[1]宗衛侍官：東宮率府所統府兵衛士名。屬左、右宗衛，由楊姓宗人充任。在長官率的統轄下，負責東宮宮禁侍衛。按，《北史》卷七一《房陵王勇傳》"宗衛侍官"作"強宗"。中華本《北史》取本書，校勘記有考。

[2]上臺：指宮廷，朝廷。

[3]高熲：人名。傳見本書卷四一、《北史》卷七二。

[4]圍伍：汲古閣本、殿本、庫本同。宋刻遞修本、中華本及《北史·房陵王勇傳》作"團伍"。考隋府兵制"團"爲一級府兵組織（參見谷霽光《府兵制度考釋》，上海人民出版社 1962 年版，第 161 頁），"伍"爲軍隊編制單位或士兵意。如此，"團伍"可釋爲府兵衛士，而且和前文意也貫通。

勇多內寵，昭訓雲氏，[1]尤稱嬖幸，禮匹於嫡。勇妃元氏無寵，[2]嘗遇心疾，二日而薨。獻皇后意有他故，[3]甚責望勇。自是雲昭訓專擅內政，后彌不平，頗遣人伺察，求勇罪過。晉王知之，彌自矯飾，姬妾但備員數，唯共蕭妃居處。[4]皇后由是薄勇，愈稱晉王德行。其後晉王來朝，車馬侍從，皆爲儉素，敬接朝臣，禮極卑屈，聲名籍甚，冠於諸王。臨還揚州，[5]入內辭皇后，因進言曰："臣鎮守有限，方違顏色，臣子之戀，實結于心。一辭階闥，無由侍奉，拜見之期，杳然未日。"因哽咽流涕，伏不能興。皇后亦曰："汝在方鎮，我又年老，今者之別，有切常離。"又泫然泣下，相對歔欷。王曰："臣性識愚下，常守平生昆弟之意，不知何罪，失愛東宮，恒蓄盛怒，欲加屠陷。每恐讒譖生於投杼，鴆毒遇於杯勺，是用勤憂積念，懼履危亡。"皇后忿然曰："睍地伐漸不可耐，我爲伊索得元家女，望隆基業，竟不聞作夫妻，專寵阿雲，使有如許豚犬。前新婦本無病痛，忽爾暴亡，遣人投藥，致此夭逝。事已如是，我亦不能窮治，何因復於汝處發如此意？我在尚爾，我死後，當魚肉汝乎？每思東宮竟無正嫡，至尊千秋萬歲之後，遣汝等兄弟向阿雲兒前再拜問訊，此是幾許大苦痛邪！"晉王又拜，嗚咽不能止，皇后亦悲不自勝。

[1]昭訓：太子内官名，即太子妾。正七品。　雲氏：隋代大將雲定興之女。

[2]妃：秦以前以佳偶曰妃。後世漸專指皇帝之妾及太子、王侯之妻。此是太子内官名，太子之妻。　元氏：元孝矩女。事亦見本書卷五〇《元孝矩傳》。

[3]獻皇后：文獻皇后之省稱。

[4]蕭妃：指楊廣之妻，即後之蕭后。傳見本書卷三六、《北史》卷一四。

[5]揚州：治所在今江蘇揚州市。

　　此別之後，知皇后意移，始構奪宗之計。[1]因引張衡定策，[2]遣褒公宇文述深交楊約，[3]令喻旨於越國公素，[4]具言皇后此語。素瞿然曰：“但不知皇后如何？必如所言，吾又何爲者！”後數日，素入侍宴，微稱晋王孝悌恭儉，有類至尊，用此揣皇后意。皇后泣曰：“公言是也。我兒大孝順，每聞至尊及我遣内使到，[5]必迎於境首。言及違離，未嘗不泣。又其新婦亦大可憐，我使婢去，常與之同寢共食。豈若睍地伐共阿雲相對而坐，終日酣宴，昵近小人，疑阻骨肉。我所以益憐阿麼者，[6]常恐暗地殺之。”素既知意，因盛言太子不才。皇后遂遺素金，始有廢立之意。

[1] 宗：嫡長子。

[2] 張衡：人名。傳見本書卷五六、《北史》卷七四。

[3] 褒公：爵名。褒國公之省稱。隋九等爵的第三等。從一品。宇文述：人名。傳見本書卷六一、《北史》卷七九。　楊約：人名。本書卷四八、《北史》卷四一有附傳。

[4] 素：人名。指楊素。傳見本書卷四八，《北史》卷四一有附傳。

[5] 内使：由宫内派出的使職。

[6] 阿麼：楊廣的乳名。

勇頗知其謀，憂懼，計無所出。聞新豐人王輔賢能占候，[1]召而問之。輔賢曰：“白虹貫東宫門，[2]太白襲月，[3]皇太子廢退之象也。”以銅鐵五兵造諸厭勝。[4]又於後園之内作庶人村，屋宇卑陋，太子時於中寢息，布衣草褥，冀以當之。高祖知其不安，在仁壽宫，[5]使楊素觀勇。素至東宫，偃息未入，勇束帶待之，故久不進，以激怒勇。勇銜之，形於言色。素還，言勇怨望，恐有他變，願深防察。高祖聞素譖毁，甚疑之。皇后又遣人伺覘東宮，纖介事皆聞奏，因加媒蘖，構成其罪。高祖惑於邪議，遂疏忌勇。乃於玄武門達至德門量置候人，[6]以伺動静，皆隨事奏聞。又東宮宿衛之人，侍官已上，[7]名籍悉令屬諸衛府，[8]有健兒者，咸屏去之。晋王又令段達私於東宮幸臣姬威，[9]遺以財貨，令取太子消息，密告楊素。於是内外喧謗，過失日聞。段達脅姬威曰：“東宮罪過，主上皆知之矣，已奉密詔，[10]定當廢立。君能告之，則大富貴。”威遂許諾。

[1]新豐：縣名。治所在今陝西西安市臨潼區東北、新豐鎮東南。　王輔賢：人名。隋代術士，具體事迹不詳。　占候：視天象變化以附會人事，預言吉凶。

[2]白虹：日月周圍的白色暈圈。

[3]太白：即金星。又名啓明、長庚。

[4]厭勝：古代一種巫術，謂能以詛咒制勝，壓服人或物。

[5]仁壽宮：宮殿名。在今陝西麟游縣西天臺山上，冠山構殿，絶壑爲池。因其凉爽宜人，故爲消夏離宮。

[6]玄武門：城門名。大興宮城正北門。　至德門：城門名。在大興宮城東北隅。　候人：斥候。偵伺敵情者。

[7]侍官：府兵兵士名稱。謂直閣、直寢、直齋、直後、備身、直長等。此侍官，指東宮率府所統的府兵。

[8]衛府：隋承襲北周府兵制，中央置十二衛府統領全國府兵。府兵番上宿衛京師者，負責宮廷禁衛、京城巡警、督攝隊仗等；府兵也有戍邊和出征職能。此“衛府”是皇帝直轄的府兵。

[9]段達：人名。傳見本書卷八五、《北史》卷七九。　姬威：

人名。河南洛陽（今河南洛陽市）人，開皇時授上開府儀同三司、太子右衛率，太子楊勇寵幸之臣。生平見《姬威墓誌》（載王其禕、周曉薇《隋代墓誌銘彙考》三一七，綫裝書局 2007 年版）。

[10] 詔：初意爲上告於下文書。秦始皇統一天下，始定天子稱皇帝，其令爲詔。此後，即作爲皇帝專用的命令文書之一。後世皆因之。亦稱"詔書""詔旨""詔命""詔誥"等。

九月壬子，[1] 車駕至自仁壽宫，翌日，御大興殿，[2] 謂侍臣曰："我新還京師，[3] 應開懷歡樂，不知何意，翻邑然愁苦？"吏部尚書牛弘對曰：[4]"由臣等不稱職，故至尊憂勞。"高祖既數聞讒譖，疑朝臣皆具委，故有斯問，冀聞太子之愆。弘爲此對，大乖本旨。高祖因作色謂東宫官屬曰："仁壽宫去此不遠，而令我每還京師，嚴備仗衛，如入敵國。我爲患利，不脱衣卧。昨夜欲得近厠，故在後房，恐有警急，還移就前殿。豈非爾輩欲壞我國家邪？"於是執唐令則等數人，[5] 付所司訊鞫。令楊素陳東宫事狀，以告近臣。素顯言之曰："臣奉敕向京，[6] 令皇太子檢校劉居士餘黨。[7] 太子奉詔，乃作色奮厲，骨肉飛騰，語臣云：'居士黨盡伏法，遣我何處窮討？爾作右僕射，[8] 委寄不輕，自檢校之，何關我事？'又云：'若大事不遂，我先被誅。今作天子，竟乃令我不如諸弟。一事以上，不得自由。'因長歎迴視云：'我大覺身妨。'"高祖曰：

[1] 九月壬子：《北史》卷七一《房陵王勇傳》作"開皇二十年"。考本書卷二《高祖紀下》、《通鑑》卷一七九《隋紀》同，知

這事發生在此年，而此處略紀年直書月日欠妥。另，前引《通鑑》
九月條《考異》指出："《帝紀》：丁未，至自仁壽宫。"史籍記載
時間有歧異。

［2］大興殿：宮殿名。隋文帝名新建的都城曰大興城（在今陝
西西安市），正殿曰大興殿，宮曰大興宮，宮北苑曰大興苑。

［3］京師：指長安。治所在今陝西西安市。

［4］吏部尚書：官名。尚書省下轄六部之一吏部的長官。掌全
國文職官員銓選、考課等政令。正三品。　牛弘：人名。傳見本書
卷四九、《北史》卷七二。

［5］唐令則：人名。歷北齊、北周、隋，時任楊勇東宮太子左
庶子。事見《周書》卷三二、《北史》卷六七《唐瑾傳》。

［6］敕：文書名。下行文書。始用於漢朝，凡官長告誡僚屬、
尊長告諭子孫均稱敕。南北朝以後，則成爲皇帝專用的命令文書
之一。

［7］劉居士：人名。隋上柱國彭公劉昶之子，任太子千牛備身，
後因犯法被誅。事略見《通鑑》卷一七八《隋紀》開皇十七年。

［8］右僕射：官名。隋尚書省置左、右僕射各一人，地位僅次
於尚書令。由於隋代尚書令不常置，僕射便成爲尚書省實際長官，
是宰相之職。從二品。

　　此兒不堪承嗣久矣。皇后恒勸我廢之，我以布素時
生，復是長子，望其漸改，隱忍至今。勇昔從南兗州
來，[1]語衛王云：[2]"阿娘不與我一好婦女，亦是可恨。"
因指皇后侍兒曰："是皆我物。"此言幾許異事。其婦初
亡，即以斗帳安餘老嫗。新婦初亡，我深疑使馬嗣明藥
殺。[3]我曾責之，便懟曰：[4]"會殺元孝矩。"[5]此欲害我
而遷怒耳。

　　[1]南兗州：此是隋前州名。有數個：一爲南朝宋改兗州置，治所在今江蘇鎮江市（後有遷移）；一爲北魏太和十八年（494）置，治所在今安徽蒙城縣；一爲北魏正始四年（507）置，治所在今安徽亳州市。

　　[2]衛王：指楊爽。傳見本書卷四四、《北史》卷七一。

　　[3]馬嗣明：人名。北齊、隋時名醫，開皇中任太子藥藏監。傳見《北齊書》卷四九、《北史》卷九〇。

　　[4]懟（duì）：亦作“譵”。怨恨，凶狠。

　　[5]元孝矩：人名。太子楊勇元妃之父。傳見本書卷五〇。

　　初，長寧誕育，[1]朕與皇后共抱養之，自懷彼此，連遣來索。且雲定興女，[2]在外私合而生，想此由來，何必是其體胤！昔晋太子取屠家女，其兒即好屠割。今儻非類，便亂宗社。[3]又劉金騊，[4]諂佞人也，呼定興作親家翁，定興愚人，受其此語。我前解金騊者，爲其此事。勇嘗引曹妙達共定興女同讟，[5]妙達在外說云：“我今得勸妃酒。”直以其諸子偏庶，畏人不服，故逆縱之，欲收天下之望耳。我雖德慚堯、舜，終不以萬姓付不肖子也。我恒畏其加害，如防大敵，今欲廢之，以安天下。

　　[1]長寧：爵名。長寧郡王省稱。郡王是隋九等爵的第二等。從一品。此指楊儼。本卷、《北史》卷七一有附傳。

　　[2]雲定興：人名。本書卷六一、《北史》卷七九有附傳。

　　[3]宗社：宗廟和社稷的合稱。借指國家。

　　[4]劉金騊：人名。其他事迹不詳。

　　[5]曹妙達：人名。北齊、隋時樂人，北齊後主高緯曾封其爲

王。事略見《北史》卷九二《齊諸宦者傳》。

左衞大將軍、五原公元旻諫曰：[1]"廢立大事，天子無二言，詔旨若行，後悔無及。讒言罔極，惟陛下察之。"旻辭直争强，聲色俱厲，上不答。

[1]左衞大將軍：官名。隋文帝設左右衞，各置大將軍一人，掌宮掖禁禦，督攝仗衞。左衞大將軍爲左衞長官。正三品。 五原公：爵名。五原郡公省稱。郡公爲隋九等爵的第四等。從一品。元旻（mín）：人名。曾任左衞大將軍、五原公。與王世積交好，王世積因事被誅，元旻受牽連被免官。其事亦見本書卷四〇《王世積傳》。

是時姬威又抗表告太子非法。高祖謂威曰："太子事迹，宜皆盡言。"威對曰："皇太子由來共臣語，唯意在驕奢，欲得從樊川以至于散關，[1]總規爲苑。兼云：'昔漢武帝將起上林苑，[2]東方朔諫之，[3]賜朔黄金百斤，幾許可笑。我實無金輒賜此等。若有諫者，正當斬之，不殺百許人，[4]自然永息。'前蘇孝慈解左衞率，[5]皇太子奮髯揚肘曰：'大丈夫會當有一日，終不忘之，決當快意。'又宮內所須，尚書多執法不與，便怒曰：'僕射以下，[6]吾會戮一二人，使知慢我之禍。'又於苑內築一小城，春夏秋冬，作役不輟，營起亭殿，朝造夕改。每云：'至尊嗔我多側庶，高緯、陳叔寶豈是孽子乎？'[7]嘗令師姥卜吉凶，語臣曰：'至尊忌在十八年，此期促矣。'"高祖泫然曰："誰非父母生，乃至於此！我有舊使婦女，令看東宮，奏我云：‘勿令廣平王至皇太子處。[8]東宮憎婦，亦廣平教之。’元贊亦知其陰惡，[9]勸我於左藏之東，[10]加置兩隊。初平陳後，[11]宮人好者悉配春坊，[12]如聞不知厭足，於外更有求訪。朕近覽《齊書》，見高歡縱其兒子，[13]不勝忿憤，安可效尤邪！”於是勇及諸子皆被禁錮，部分收其黨與。楊素舞文巧詆，鍛鍊以成其獄。勇由是遂敗。

[1]樊川：地名。一作繁川。即樊鄉。在今陝西西安市長安區東南。　散關：關名。在今陝西寶雞市西南大散嶺山。地當秦嶺南北交通孔道。

[2]漢武帝：西漢皇帝劉徹的謚號。紀見《史記》卷一二、《漢書》卷六。

[3]東方朔：人名。漢武帝時著名文學家。事見《史記》卷一二六《滑稽列傳》，傳見《漢書》卷六五。

[4]不殺百許人：宋刻遞修本同，汲古閣本、殿本、庫本、中華本及《北史》卷七一《房陵王勇傳》作均作“不過殺百許人”。

[5]蘇孝慈：人名。傳見本書卷四六、《北史》卷七五。生平亦可見《蘇孝慈墓誌》（見王其禕、周曉薇《隋代墓誌銘彙考》二一八）。　左衛率：官名。爲太子左衛長官。領掌東宮宮禁宿衛。煬帝大業三年改名左侍率。正四品。

[6]僕射：尚書省副長官左、右僕射之概稱。

[7]高緯：人名。即北齊後主。紀見《北齊書》卷八、《北史》卷八。　陳叔寶：人名。即南朝陳後主。紀見《陳書》卷六、《南史》卷一〇。

[8]廣平王：爵名。全稱是廣平郡王。此指楊雄。傳見本書卷四三，《北史》卷六八有附傳。

[9]元贊：人名。此或爲北魏孝武帝兄子元贊。事見《魏書》

卷五《高宗紀》。

［10］左藏：官署名。左藏署之省稱。爲太府寺下屬機構。長官
爲令。掌國家庫藏之事。

［11］陳：即南朝陳（557—589），都於建康（今江蘇南京市）。

［12］春坊：指太子東宮。

［13］高歡：人名。北齊神武帝。紀見《北齊書》卷一、二、
《北史》卷六。

居數日，有司承素意，奏言左衛元旻身備宿衛，[1]
常曲事於勇，情存附托，在仁壽宮，裴弘將勇書於朝堂
與旻，[2]題封云“勿令人見”。高祖曰：“朕在仁壽宮，
有纖小事，東宮必知，疾於驛馬。[3]怪之甚久，豈非此
徒耶？”遣武士執旻及弘付法治其罪。

［1］左衛：左衛大將軍省稱。

［2］裴弘：人名。事迹不詳。

［3］驛馬：即驛供應的馬。供傳遞公文者及來往官員使用。驛，
古代郵傳機構。戰國時已設，歷朝相沿。

先是，勇嘗從仁壽宮參起居還，塗中見一枯槐，根
幹蟠錯，大且五六圍，顧左右曰：“此堪作何器用？”或
對曰：“古槐尤堪取火。”于時衛士皆佩火燧，勇因令匠
者造數千枚，欲以分賜左右。至是，獲於庫。又藥藏局
貯艾數斛，[1]亦搜得之。大將爲怪，以問姬威。威曰：
“太子此意別有所在。比令長寧王已下，詣仁壽宮還，
每嘗急行，一宿便至。恒飼馬千匹，云徑往捉城門，[2]
自然餓死。”素以威言詰勇，勇不服曰：“竊聞公家馬數

萬匹，勇忝備位太子，有馬千匹，乃是反乎？"素又發洩東宮服玩，似加雕飾者，悉陳之於庭，以示文武群官，爲太子之罪。高祖遣將諸物示勇，以誚詰之。皇后又責之罪。高祖使使責問勇，勇不服。太史令袁充進曰：[3]"臣觀天文，皇太子當廢。"上曰："玄象久見矣，群臣無敢言者。"

[1]藥藏局：官署名。爲太子門下坊下屬六局之一。監爲長官。掌東宮醫藥。

[2]捉城門：《通鑑》卷一七九《隋紀》開皇二十年九月條作"守城門"。

[3]太史令：官名。爲秘書省太史曹（局）長官。掌觀察天文，稽定曆數。凡日月星辰之變、風雲氣色之異，率其官屬占候之。隋初爲從七品下。煬帝改名監，進階從五品。 袁充：人名。傳見本書卷六九、《北史》卷七四。

於是使人召勇。勇見使者，驚曰："得無殺我耶？"高祖戎服陳兵，御武德殿，[1]集百官，立於東面，諸親立於西面，引勇及諸子列於殿庭。命薛道衡宣廢勇之詔曰：[2]"太子之位，實爲國本，苟非其人，不可虛立。自古儲副，或有不才，長惡不悛，仍令守器，皆由情溺寵愛，失於至理，致使宗社傾亡，蒼生塗地。由此言之，天下安危，繫乎上嗣，大業傳世，豈不重哉！皇太子勇，地則居長，情所鍾愛，初登大位，即建春宮，[3]冀德業日新，隆兹負荷。而性識庸暗，仁孝無聞，昵近小人，委任姦佞，前後愆釁，難以具紀。但百姓者，天之百姓，朕恭天命，屬當安育，雖欲愛子，實畏上靈，豈敢以不肖之子，而亂天下。勇及其男女爲王、公主者，並可廢爲庶人。顧惟兆庶，事不獲已，興言及此，良深愧歎！”令薛道衡謂勇曰：“爾之罪惡，人神所棄，欲求不廢，其可得耶？”勇再拜而言曰：“臣合尸之都市，爲將來鑒誡，幸蒙哀憐，得全性命。”言畢，泣下流襟，既而舞蹈而去。[4]左右莫不憫默。又下詔曰：

[1]武德殿：宮殿名。是長安大興宮城内諸殿之一。位於大興宮東側，與東宮相鄰。在今陝西西安市城區北部。

[2]薛道衡：人名。傳見本書卷五七，《北史》卷三六有附傳。

[3]春宮：即東宮。太子所居之宮。亦爲太子代稱。此爲後者義。

[4]舞蹈：臣下朝見君上時的禮節。

自古以來，朝危國亂，皆邪臣佞媚，凶黨扇惑，致使禍及宗社，毒流兆庶。若不標明典憲，何以肅清天下！左衛大將軍、五原郡公元旻，任掌兵衛，委以心膂，陪侍左右，恩寵隆渥，乃包藏姦伏，離間君親，崇長屬階，最爲魁首。太子左庶子唐令則，[1]策名儲貳，位長宮僚，諂曲取容，音技自進，躬執樂器，親教内人，贊成驕侈，導引非法。太子家令鄒文騰，[2]專行左道，偏被親昵，心腹委付，巨細關知，占問國家，希覬灾禍。左衛率司馬夏侯福，[3]内事諂諛，外作威勢，凌侮上下，褻濁宮闈。典膳監元淹，[4]謬陳愛憎，開示怨隙，妄起訕謗，潛行離阻，進引妖巫，營事厭禱。前吏部侍郎蕭子寶，[5] 往居省閤，[6] 舊非宮臣，[7] 禀性浮躁，用懷輕險，進畫姦謀，要射榮利，經營間構，開造禍端。前主璽下士何竦，[8] 假托玄象，妄説妖怪，志圖禍亂，心在速發，兼制奇器異服，皆竦規摹，增長驕奢，糜費百姓。凡此七人，爲害乃甚，並處斬，妻妾子孫皆悉没官。

[1]太子左庶子：官名。爲太子門下坊長官，置二員，掌東宮贊襄禮儀，駁正啓奏等。正四品上。

[2]太子家令：官名。爲太子家令寺長官。掌東宮刑法、食膳、倉庫、什物、奴婢等事。煬帝曾改名司府令。從四品上。　鄒文騰：人名。隋開皇時任太子家令，其他事迹不詳。

[3]左衛率司馬：官名。爲太子左衛率屬員。佐長官掌東宮宮禁宿衛。從七品下。　夏侯福：人名。開皇時曾任左衛率長史、司馬，其他事迹不詳。

[4]典膳監：官名。太子門下坊典膳局長官。掌東宮進膳、嘗食。正七品下。　元淹：人名。隋開皇時任典膳監，其他事迹不詳。

[5]吏部侍郎：官名。隋文帝時於吏部四曹之一吏部曹置吏部侍郎一員，爲該曹長官。正六品上。煬帝大業三年諸曹侍郎並改稱“郎”，又始置侍郎，爲尚書省下轄六部之副長官。正四品。此後，吏部侍郎纔成爲吏部副長官。協助長官吏部尚書掌全國文職官員銓選等政令。　蕭子寶：人名。歷北周、隋。事見《周書》卷四二《蕭世怡傳》，《北史》卷二九有附傳。

[6]省閤：尚書省簡稱。

[7]宮臣：東宮的臣屬。

[8]主璽下士：《通鑑》卷一七九《隋紀》開皇二十年十月條胡三省注云：“主璽下士，後周官也。”後（北）周主璽下士，爲

天官府納言中大夫屬官。分掌國璽、傳國璽與六璽之藏。正一命。
隋文帝開皇元年罷。　何竦：人名。北周時任主璽下士，其他事迹
不詳。

　　車騎將軍閻毗、東郡公崔君綽、游騎尉沈福寶、瀛
州民章仇太翼等四人，[1] 所爲之事，皆是悖惡，論其狀
迹，罪合極刑。但朕情存好生，未能盡戮，可並特免
死，各決杖一百，[2] 身及妻子資財田宅，悉可没官。副
將作大匠高龍义，[3] 豫追番丁，[4] 輒配東宮使役，營造亭
舍，進入春坊。率更令晋文建，[5] 通直散騎侍郎、判司
農少卿事元衡，[6] 料度之外，私自出給，虛破丁功，擅
割園地。並處盡。[7]

　　[1]車騎將軍：官名。隋文帝設車騎府爲一級府兵指揮機構，
分設各地，統領府兵。以車騎將軍爲車騎府長官。正五品上。按，
《通鑑》卷一七九《隋紀》開皇二十年十月條胡三省注云，閻毗
"以車騎將軍宿衛東宮"。　閻毗：人名。傳見本書卷六八，《北
史》卷六一有附傳。　崔君綽：人名。事見《周書》卷三六、《北
史》卷六七《崔彦穆傳》。　游騎尉：官名。開皇三年於吏部別置
朝議等八郎，旅騎等八尉，上階爲郎，下階爲尉。散官番直，常出
使監檢。游騎尉爲從七品下。煬帝大業三年罷。　沈福寶：人名。
開皇時爲游騎尉，其他事迹不詳。　瀛州：治所在今河北河間市。
　章仇太翼：人名。即盧太翼，本姓章仇氏，隋煬帝時賜姓盧氏。
傳見本書卷七八、《北史》卷八九。

　　[2]杖：隋律五刑之一。自五十至一百，五等。

　　[3]副將作大匠：官名。本書底本、汲古閣本、殿本、庫本、
中華本及《北史》卷七一《房陵王勇傳》，《通鑑》卷一七九《隋

紀》開皇二十年十月條及《高虬（龍义）墓誌》所記皆同。但檢本書《百官志》不見此官名。隋文帝開皇二十年改將作寺爲將作監，改長官將作大匠爲將作大監，並“始加置副監”。或此“副將作大匠”乃“將作副監”之別稱。　高龍义：人名。隋時官任判太府少卿、副將作大匠、檢校營造事，有墓誌出土（參見王其禕、周曉薇《隋代墓誌銘彙考》一八九《高虬墓誌》）。按，此人名史籍所載多有不同。本書底本、汲古閣本、殿本、庫本卷一《高祖上》和底本、汲古閣本、殿本卷四五《房陵王勇傳》，以及《通志》卷一八《文帝》、《升菴集》卷五〇《以佛書命名》皆作“高龍义”。又庫本本書卷四五、《北史》卷七一《房陵王勇傳》和《隋文紀》卷一《罪元旻等詔》皆作“高龍乂”，庫本《通鑑》卷一七九開皇二年十月條和《册府元龜》卷一三《帝王部·都邑》又作“高龍义”。中華本、《北史》卷一一《隋文帝紀》、《北史》卷七一《房陵王勇傳》、中華本《通鑑》卷一七九開皇二十年十月條作“高龍叉”。“叉”“义”，“乂”“又”，字形相近，然據出土《高虬墓誌》“諱虬，字龍叉”，則作“叉”是。

〔4〕番丁：按規定輪番服役的丁男。

〔5〕率更令：官名。爲太子率更寺長官。掌東宮伎樂、漏刻。從四品。　晋文建：人名。隋開皇時爲率更令，其他事迹不詳。

〔6〕通直散騎侍郎：官名。隋初屬門下省，掌部從朝直。從五品。煬帝大業三年罷。按，《通鑑》卷一七九《隋紀》開皇二十年十月條胡三省注云：“隋制，東宮亦有通直散騎侍郎。”　判：官制用語。即以他官兼代某職，稱判某職或判某職事。始於北齊，唐以後意有變化。　司農少卿：官名。爲司農寺貳官，協助長官司農卿掌倉儲委積之政，統領太倉等署。隋初爲正四品上，煬帝降爲從四品。　元衡：人名。隋開皇時判司農少卿事、兵部侍郎，其他事迹不詳。

〔7〕處盡：《通鑑》卷一七九《隋紀》開皇二十年十月條胡三省注云：“處其罪使自盡。”

　　於是集群官于廣陽門外，[1]宣詔以戮之。廣平王雄答詔曰：“至尊爲百姓割骨肉之恩，廢黜無德，實爲大慶，天下幸甚！”乃移勇於内史省，[2]立晉王廣爲皇太子，仍以勇付之，復囚於東宫。賜楊素物三千段，元冑、楊約並千段，[3]楊難敵五百段，[4]皆鞫勇之功賞也。

　　[1]廣陽門：城門名。即大興宫城正南門，又名昭陽門。在今陝西西安市城區。

　　[2]内史省：官署名。隋避諱改中書省爲内史省，爲三省之一，置監、令各一員，尋廢監，置令二員爲長官。下置侍郎、舍人等官員。掌皇帝詔令出納宣行，爲機要之司。

　　[3]元冑：人名。傳見本書卷四〇、《北史》卷七三。

　　[4]楊難敵：人名。事迹不詳。

　　時文林郎楊孝政上書諫曰：[1]“皇太子爲小人所誤，宜加訓誨，不宜廢黜。”上怒，撻其胸。尋而貝州長史裴肅表稱：[2]“庶人罪黜已久，當克己自新，請封一小國。”高祖知勇之黜也，不允天下之情，乃徵肅入朝，具陳廢立之意。

　　[1]文林郎：官名。隋文帝開皇六年於吏部置文林郎爲文散官，正九品上，常出使監檢，煬帝大業三年罷。改於秘書省置二十員，從八品，掌撰録文史，檢討舊事。　楊孝政：人名。隋開皇時爲文林郎，其他事迹不詳。

　　[2]貝州：治所在今河北清河縣西北。　長史：官名。隋長史有三類：一爲諸都督府、州長史；一爲中央諸衛、諸鷹揚府、東宫

諸率府長史；一爲諸王府長史。皆爲幕僚之長，員額品秩各有不同。州長史，上州正五品，中州從五品，下州正六品。　　裴肅：人名。傳見本書卷六二，《北史》卷三八有附傳。

時勇自以廢非其罪，頻請見上，面申冤屈。而皇太子遏之，不得聞奏。勇於是升樹大叫，聲聞於上，冀得引見。素因奏言：“勇情志昏亂，爲癲鬼所著，不可復收。”上以爲然，卒不得見。素誣陷經營，構成其罪，類皆如此。

高祖寢疾於仁壽宮，徵皇太子入侍醫藥，而姦亂宮闈，事聞於高祖。高祖抵床曰：“枉廢我兒！”因遣追勇。未及發使，高祖暴崩，秘不發喪。遽收柳述、元巖，[1] 繫於大理獄，[2] 僞爲高祖敕書，賜庶人死。追封房陵王，不爲立嗣。

[1] 柳述：人名。本書卷四七、《北史》卷六四有附傳。　元巖：人名。隋文帝末年官任給事黃門侍郎，深受文帝寵信。隋煬帝奪位時，被執下獄，煬帝即位後被除名流徙南海，終被收殺。事亦見本書卷三六《宣華夫人陳氏傳》、卷四七《柳述傳》、卷八〇《華陽王楷妃傳》等。按，此元巖與本書卷六二、《北史》卷七五《元巖傳》所載之元巖並非同一人。

[2] 大理：官署名。全稱爲大理寺。北齊始置，爲國家最高審判機構。掌決正刑獄，定刑名，並審核諸州刑獄。

勇有十男：雲昭訓生長寧王儼、平原王裕、安城王筠，[1] 高良娣生安平王嶷、襄城王恪，[2] 王良媛生高陽王該、建安王韶，[3] 成姬生潁川王煚，[4] 後宮生孝實、

孝範。^[5]

[1]平原王：爵名。平原郡王的省稱。按，本段各"王"，均
是"郡王"省稱，不再一一注明。　裕：人名。即楊裕。事迹不
詳。　筠：人名。即楊筠。事迹不詳。

[2]良娣：太子內官名，即太子妾。正三品。　巖：人名。即
楊巖。事迹不詳。　恪：人名。即楊勇之子楊恪。開皇十六年封襄
城王，大業元年爲隋煬帝所殺。

[3]良媛：太子內官名，即太子妾。正四品。　諴：人名。即
楊諴。事迹不詳。　韶：人名。即楊韶。事迹不詳。

[4]成姬：楊勇之妾。事迹不詳。　煚（jiǒng）：人名。即楊
煚。事迹不詳。

[5]後宮：後宮宮女。　孝實：人名。即楊孝實。事迹不詳。
孝範：人名。即楊孝範。事迹不詳。

長寧王儼，勇長子也。誕乳之初，以報高祖，高祖
曰："此即皇太孫，何乃生不得地？"雲定興奏曰："天
生龍種，所以因雲而出。"時人以爲敏對。六歲，封長
寧郡王。勇敗，亦坐廢黜。上表乞宿衛，辭情哀切，高
祖覽而憫焉。楊素進曰："伏願聖心同於螫手，^[1]不宜復
留意。"煬帝踐極，儼常從行，卒於道，實鴆之也。諸
弟分徙嶺外，^[2]仍敕在所皆殺焉。

[1]螫（shì）手：此是"螫手解腕"之略語。《三國志》卷二
二《陳泰傳》："蝮蛇螫手，壯士解其腕。"後以螫手解腕比喻爲了
顧全大局而忍痛犧牲局部。

[2]嶺外：地區名。一作嶺南、嶺表。泛指五嶺以南地區，相

當今廣東、廣西兩省及越南北部一帶。

　　秦孝王俊字阿祗，高祖第三子也。開皇元年立爲秦王。[1]二年春，拜上柱國、河南道行臺尚書令、雒州刺史，[2]時年十二。加右武衛大將軍，[3]領關東兵。[4]三年，遷秦州總管。[5]隴右諸州盡隸焉。[6]俊仁恕慈愛，崇敬佛道，請爲沙門，[7]上不許。六年，遷山南道行臺尚書令。[8]伐陳之役，以爲山南道行軍元帥，[9]督三十總管，水陸十餘萬，屯漢口，[10]爲上流節度。陳將周羅睺、荀法上等，[11]以勁兵數萬屯鸚鵡洲，[12]總管崔弘度請擊之。[13]俊慮殺傷，不許。羅睺亦相率而降。於是遣使奉章詣闕，垂泣謂使者曰：“謬當推轂，愧無尺寸之功，以此多慚耳。”上聞而善之。授揚州總管四十四州諸軍事，鎮廣陵。[14]歲餘，轉并州總管二十四州諸軍事。[15]

　　[1]開皇：隋文帝楊堅年號（581—600）。

　　[2]上柱國：官名。隋文帝因改北周之制形成十一等散實官，以酬勤勞。上柱國是第一等，開府置府佐。從一品。　河南道：特區名。在黃河中下游以南設置的特區。隋朝在戰爭中於地方設置的特區，稱“道”。　行臺尚書令：官名。隋朝在道設行臺尚書省，簡稱行臺，是中央最高行政機關尚書省的派出機構。長官稱行臺尚書令，執掌道區域的大權。流內視正二品。　雒州：治所在今河南洛陽市東北。

　　[3]右武衛大將軍：官名。隋文帝設右武衛，置右武衛大將軍一人爲其首。掌領外軍宿衛宮禁。正三品。

　　[4]關東：地區名。秦、漢、隋、唐時泛指故函谷關（今河南靈寶市東北）或今潼關（今陝西潼關縣東北楊家莊附近）以東

地區。

[5]秦州：治所在今甘肅天水市。　總管：官名。北周置諸州總管，隋承繼，又有增置。總管全稱是總管刺史加使持節。總管的統轄範圍可達數州至十餘州，成一軍政管轄區。隋文帝在并、益、荆、揚四州置大總管，其餘州置總管。總管分上、中、下三等，品秩爲流内視從二品、正三品、從三品。

[6]隴右：地區名。泛指隴山以西地區，約當今甘肅隴山、六盤山以西和黄河以東一帶。

[7]沙門：梵語的譯音。或譯爲"娑門""桑門""喪門"等。一説，"沙門"等非直接譯自梵語，而是吐火羅語的音譯。原爲古印度反婆羅門教思潮各個派別出家者的通稱，佛教盛行後專指佛教僧侣。本文是後者義。

[8]山南道：特區名。在長安南山（今陝西終南山）以南設置的特區。

[9]行軍元帥：出征軍的統帥名。根據需要臨時任命，事罷則廢。

[10]漢口：地名。一名沔口。即今湖北入長江之口。

[11]周羅睺（hóu）：人名。傳見本書卷六五、《北史》卷七六。　荀法上：人名。殿本、庫本同，宋刻遞修本、汲古閣本、中華本作"荀法尚"，《陳書》卷一三、《南史》卷六七同。荀法尚，歷南朝陳、隋。《陳書》卷一三、《南史》卷六七有附傳。

[12]鸚鵡洲：地名。在今湖北武漢市西南長江中。

[13]崔弘度：人名。傳見本書卷七四，《周書》卷三五、《北史》卷三二有附傳。

[14]廣陵：郡名。治所在今江蘇揚州市西北蜀崗上。

[15]并州：治所在今山西太原市西南古城營。

初頗有令問，高祖聞而大悦，下書獎勵焉。其後俊漸奢侈，違犯制度，出錢求息，民吏苦之。上遣使按其事，與相連坐者百餘人。俊猶不悛，於是盛治宮室，窮極侈麗。俊有巧思，每親運斤斧，工巧之器，飾以珠玉。爲妃作七寶冪䍦，[1] 又爲水殿，香塗粉壁，玉砌金階。梁柱楣棟之間，周以明鏡，間以寶珠，極榮飾之美。每與賓客妓女，弦歌於其上。俊頗好內，妃崔氏性妒，[2] 甚不平之，遂於瓜中進毒。俊由是遇疾，徵還京師。上以其奢縱，免官，以王就第。左武衛將軍劉昇諫曰：[3] "秦王非有他過，但費官物營廨舍而已。臣謂可容。" 上曰："法不可違。" 昇固諫，上忿然作色，昇乃止。其後楊素復進諫曰："秦王之過，不應至此，願陛下詳之。" 上曰："我是五兒之父，若如公意，何不別制天子兒律？以周公之爲人，尚誅管、蔡，[4] 我誠不及周公遠矣，安能虧法乎？" 卒不許。

[1] 冪（mì）䍦：魏晉時，吐谷渾男子戴冪䍦爲帽。隋時，王妃有戴冪䍦。唐初，宮人以及王公之家婦人騎馬多着冪䍦以障顏面。高宗以後漸爲帷帽代替。

[2] 崔氏：楊俊之妻，崔弘度之妹。

[3] 左武衛將軍：官名。左武衛府的軍官，輔助長官左武衛大將軍領外軍宿衛。從三品。　劉昇：人名。彭城劉氏人，仁壽元年以領軍大將軍隨楊素擊突厥。其他事迹不詳。

[4] 誅管、蔡：即周公誅殺周武王弟管叔鮮與蔡叔度事，詳見《史記》卷三五《管蔡世家》。

俊疾篤，未能起，遣使奉表陳謝。上謂其使曰：

“我戮力關塞，創兹大業，作訓垂範，庶臣下守之而不失。汝爲吾子，而欲敗之，不知何以責汝！”俊慚怖，疾甚。大都督皇甫統上表，[1]請復王官，不許。歲餘，以疾篤，復拜上柱國。二十年六月，薨於秦邸。上哭之數聲而已。俊所爲侈麗之物，悉命焚之。敕送終之具，務從儉約，以爲後法也。王府僚佐請立碑，上曰：“欲求名，一卷史書足矣，何用碑爲？若子孫不能保家，徒與人作鎮石耳。”[2]

[1]大都督：官名。隋文帝因改北周之制形成十一等散實官，以酬勤勞。大都督是第九等。正六品上。　皇甫統：人名。隋開皇時任大都督，其他事迹不詳。

[2]鎮石：壓物的石塊。

妃崔氏以毒王之故，下詔廢絕，賜死於其家。子浩，[1]崔氏所生也。庶子曰湛。[2]群臣議曰：“《春秋》之義，母以子貴，子以母貴。[3]貴既如此，罪則可知。故漢時栗姬有罪，其子便廢，[4]郭后被廢，其子斯黜。[5]大既然矣，小亦宜同。今秦王二子，母皆罪廢，不合承嗣。”於是以秦國官爲喪主。[6]俊長女永豐公主，[7]年十二，遭父憂，哀慕盡禮，免喪，遂絕魚肉。每至忌日，輒流涕不食。有開府王延者，[8]性忠厚，領親信兵十餘年，俊甚禮之。及俊有疾，延恒在閤下，衣不解帶。俊薨，勺飲不入口者數日，羸頓骨立。上聞而憫之，賜以御藥，授驃騎將軍，[9]典宿衛。俊葬之日，延號慟而絕。上嗟異之，令通事舍人弔祭焉。詔葬延於俊墓側。

　　[1]浩：人名。隋文帝第三子秦孝王楊俊長子楊浩。本卷、
《北史》卷七一有附傳。

　　[2]湛：人名。楊俊之子楊湛，後封濟北侯，具體事迹不詳。

　　[3]母以子貴，子以母貴：語出《公羊傳》隱公元年。

　　[4]漢時栗姬有罪，其子便廢：此事詳見《史記》卷四九《外
戚世家》。栗姬，漢景帝妾。其子名劉榮。

　　[5]郭后被廢，其子斯黜：此事詳見《後漢書》卷一○《皇后
紀上》、卷四二《劉彊傳》。郭后，漢光武帝之妻，其子名劉彊。

　　[6]秦國官：即楊俊所封秦王國府的官員。　喪主：喪事的主
持人。

　　[7]永豐公主：楊俊之女，具體事迹不詳。

　　[8]開府：官名。隋左右衛、武衛、武候、領軍府，及東宮領
府兵率府所統親衛、左勳衛、左翊四府各置一人，掌領本府府兵；
東宮左右虞候府各置一人，掌斥候伺非。　王延：人名。事僅見本
卷、《北史》卷七一《秦王俊傳》。

　　[9]驃騎將軍：官名。隋文帝初，置左右衛等衛府，各領軍坊、
鄉團，以統軍卒。後改置驃騎將軍府，每府置驃騎、車騎二將軍，
上轄於衛府大將軍，下設大都督、帥都督、都督領兵。煬帝大業三
年改驃騎府爲鷹揚府，改驃騎將軍爲鷹揚郎將，職能依舊。正
五品。

　　煬帝即位，立浩爲秦王，以奉孝王嗣。封湛爲濟北
侯。[1]後以浩爲河陽都尉。[2]楊玄感作逆之際，左翼衛大
將軍宇文述勒兵討之。[3]至河陽，修啓於浩，[4]浩復詣述
營，兵相往復。有司劾浩，以諸侯交通内臣，竟坐廢
免。宇文化及殺逆之始，[5]立浩爲帝。化及敗於黎陽，[6]
北走魏縣，[7]自僭僞號，因而害之。湛驍果，有膽烈。

大業初，[8]爲滎陽太守，[9]坐浩免，亦爲化及所害。

[1]濟北侯：爵名。隋九等爵的第六等。正二品。煬帝大業三年祇留王、公、侯三等爵位。

[2]河陽：地名。在今河南孟津縣東。　都尉：官名。大業三年，煬帝罷州置郡，郡置太守。並於諸郡別置都尉，正四品；副都尉，正五品。專掌軍事，與郡太守互不統轄。又置京輔都尉，從三品，立府於潼關，領兵鎮守。

[3]楊玄感：人名。傳見本書卷七〇，《北史》卷四一有附傳。左翊衛大將軍：官名。隋文帝設左右衛，各置左右大將軍一人，掌宮掖禁禦，督攝仗衛。左衛大將軍爲左衛長官。煬帝大業三年改左右衛爲左右翊衛，左衛大將軍改名左翊衛大將軍。職掌未變。正三品。按，"翊"字底本、殿本、庫本原訛作"翼"，據宋刻遞修本、汲古閣本、中華本改。

[4]啓：此指奏疏、公文。

[5]宇文化及：人名。傳見本書卷八五，《北史》卷七九有附傳。

[6]黎陽：縣名。治所在今河南浚縣東。

[7]魏縣：治所在今河北大名縣西南。

[8]大業：隋煬帝楊廣年號（605—618）。

[9]滎陽：郡名。治所在今河南鄭州市。

庶人秀，高祖第四子也。開皇元年，立爲越王。未幾，徙封於蜀，拜柱國、益州刺史、總管，[1]二十四州諸軍事。二年，進位上柱國、西南道行臺尚書令，[2]本官如故。歲餘而罷。十二年，又爲內史令、右領軍大將軍。[3]尋復出鎮於蜀。

[1]柱國：官名。隋文帝因改北周之制形成十一等散實官，以酬勤勞。柱國是第二等，開府置府佐。正二品。　益州：治所在今四川成都市。

[2]西南道：特區名。即在西南地區設置的特區。

[3]內史令：官名。內史省長官，掌皇帝詔令出納宣行，居宰相之職。正三品。　右領軍大將軍：官名。按，本書《百官志下》、《通典》卷二八《職官·左右領軍衛》載隋文帝朝，“左右領軍府，各掌十二軍籍帳、差科、辭訟之事。不置將軍。唯有長史、司馬”等。然據本書卷一《高祖紀上》、《通鑑》卷一七六《陳紀》至德三年三月條，可推知最遲開皇三年三月戊午左右領軍府已各置領軍大將軍了。右領軍大將軍爲右領軍府長官。正三品。

秀有膽氣，容貌瓌偉，美鬚髯，多武藝，甚爲朝臣所憚。上每謂獻皇后曰：“秀必以惡終。我在當無慮，至兄弟必反。”兵部侍郎元衡使於蜀，[1]秀深結於衡，以左右爲請。既還京師，請益左右，上不許。大將軍劉嶒之討西爨也，[2]高祖令上開府楊武通將兵繼進。[3]秀使嬖人萬智光爲武通行軍司馬，[4]上以秀任非其人，譴責之。因謂群臣曰：“壞我法者，必在子孫乎？譬如猛獸，物不能害，反爲毛間蟲所損食耳。”於是遂分秀所統。

[1]兵部侍郎：官名。隋文帝時於兵部四曹之一兵部曹置兵部侍郎一員，爲該曹長官，正六品上。煬帝大業三年諸曹侍郎並改稱“郎”，又始置侍郎，爲尚書省下轄六部之副長官。此後，兵部侍郎纔成爲兵部副長官。協助長官兵部尚書掌全國軍衛武官選授之政令等。正四品。

[2]大將軍：官名。隋文帝因改北周十一等勳官之制形成十一

等散實官，用以酬勤勞，無實際職掌。大將軍是十一等散實官的第
四等，可開府置僚佐。正三品。　劉噲：人名。具體事迹不詳。
西爨：爨爲古地名和部族名。概指今雲南楚雄以東、滇池以北地區
及各部族。南朝宋爨分裂爲兩部：東爨居民以烏蠻爲主，聚居山
區，多爲今彝族先民；西爨居民以白蠻爲主，聚集平原，多爲今白
族先民。參見《新唐書》卷二二二下《兩爨蠻傳》。

　　[3]上開府：官名。全稱爲上開府儀同三司。位散實官第五等。
從三品。　　楊武通：人名。本書卷五三、《北史》卷七三有附傳。

　　[4]萬智光：人名。具體事迹不詳。　行軍司馬：官名。有軍
事行動時臨時設置，事訖即罷。此爲軍府高級幕僚，參贊軍務。其
品秩隨府主而定，高低不等。

　　秀漸奢侈，違犯制度，車馬被服，擬於天子。及太
子勇以讒毀廢，晋王廣爲皇太子，秀意甚不平。皇太子
恐秀終爲後變，陰令楊素求其罪而譖之。仁壽二年，[1]
徵還京師，上見，不與語。明日，使使切讓之。秀謝
曰：“忝荷國恩，出臨藩岳，[2]不能奉法，罪當萬死。”
皇太子及諸王流涕庭謝。[3]上曰：“頃者秦王糜費財物，
我以父道訓之。今秀蠹害生民，當以君道繩之。”於是
付執法者。開府慶整諫曰：[4]“庶人勇既廢，秦王已薨，
陛下兒子無多，何至如是？然蜀王性甚耿介，今被重
責，恐不自全。”上大怒，欲斷其舌。因謂群臣曰：“當
斬秀於市，以謝百姓。”乃令楊素、蘇威、牛弘、柳述、
趙綽等推治之。[5]太子陰作偶人，[6]書上及漢王姓字，[7]
縛手釘心，令人埋之華山下，[8]令楊素發之。又作檄文
曰：“逆臣賊子，專弄威柄，陛下唯守虛器，[9]一無所
知。”陳甲兵之盛，云“指期問罪”。置秀集中，因以

聞奏。上曰："天下寧有是耶！"於是廢爲庶人，幽內侍省,[10]不得與妻子相見，令給獠婢二人驅使。[11]與相連坐者百餘人。

　　[1]仁壽：隋文帝楊堅年號（601—604）。

　　[2]藩岳：亦作"藩嶽"。指諸侯或總領一方的地方長官。

　　[3]庭謝：當庭謝罪。

　　[4]慶整：人名。事見本卷。

　　[5]蘇威：人名。傳見本書卷四一，《北史》卷六三有附傳。

　趙綽：人名。傳見本書卷六二、《北史》卷七七。

　　[6]偶人：用土木陶瓷等製成的人形物。

　　[7]漢王：指楊諒。

　　[8]華山：在今陝西華陰市南。

　　[9]虛器：空虛的器物。喻有虛位而無實權。

　　[10]內侍省：官署名。設有內侍、內常侍、內給事等員，並用宦者。領內尚食、掖庭等數局。掌宮廷侍奉。

　　[11]獠（lǎo）婢：獠族婢女。釋義爲粗蠢的婢女，亦通。

　　秀既幽逼，憤懣不知所爲，乃上表曰："臣以多幸，聯慶皇枝，蒙天慈鞠養，九歲榮貴，唯知富樂，未嘗憂懼。輕恣愚心，陷茲刑網，負深山岳，甘心九泉。不謂天恩尚假餘漏，至如今者，方知愚心不可縱，國法不可犯，撫膺念咎，自新莫及。猶望分身竭命，少答慈造，但以靈祇不祐，福禄消盡，夫婦抱思，不相勝致。只恐長辭明世，永歸泉壤，伏願慈恩，賜垂矜愍，殘息未盡之間，希與爪子相見。請賜一穴，令骸骨有所。"爪子即其愛子也。上因下詔數其罪曰：[1]

　　[1]上因下詔數其罪曰：岑仲勉指出："原敕文見《文館詞林》六九一，文長幾千二百字，此傳省爲僅五百字。"（岑仲勉：《隋書求是》，中華書局2004年版，第87頁）

　　汝地居臣子，情兼家國，庸、蜀要重，[1]委以鎮之。汝乃干紀亂常，懷惡樂禍，瞬睨二宮，[2]佇遲灾釁，容納不逞，結構異端。我有不和，汝便覘候，望我不起，便有異心。皇太子，汝兄也，次當建立，汝假托妖言，乃云不終其位。妄稱鬼怪，又道不得入宮，自言骨相非人臣，德業堪承重，[3]妄道清城出聖，[4]欲以己當之，詐稱益州龍見，托言吉兆。重述木易之姓，更治成都之宮；妄訴禾乃之名，[5]以當八千之運。橫生京師妖異，以證父兄之灾，妄造蜀地徵祥，以符己身之籙。汝豈不欲得國家惡也，天下亂也？輒造白玉之珽，[6]又爲白羽之箭，[7]文物服飾，豈似有君？鳩集左道，符書厭鎮。漢王於汝，親則弟也，乃畫其形像，書其姓名，縛手釘心，枷鎖杻械。仍云請西岳華山慈父聖母神兵九億萬騎，收楊諒魂神，閉在華山下，勿令散蕩。我之於汝，親則父也，復云請西岳華山慈父聖母，賜爲開化楊堅夫妻，迴心歡喜。又畫我形像，縛首撮頭，仍云請西岳神兵收楊堅魂神。如此形狀，我今不知楊諒、楊堅是汝何親也？

　　[1]庸：先秦時國名。此借指地名。即今湖北竹山縣西南一帶。
　　[2]瞬睨（nì）：窺伺。　　二宮：指皇帝和太子所居宮。

[3]德業堪承重：宋刻遞修本同，汲古閣本、殿本、庫本、中華本及《北史》卷七一《楊秀傳》皆作"德業堪承重器"。

[4]清城：縣名。治所在今四川都江堰市東南。

[5]訴：宋刻遞修本、汲古閣本、殿本、庫本、中華本皆作"説"。

[6]珽（tǐng）：帝王所持的玉笏。

[7]白羽之箭：尾部裝置白翎的箭。

苞藏凶慝，圖謀不軌，逆臣之迹也。希父之灾，以爲身幸，賊子之心也。懷非分之望，肆毒心於兄，悖弟之行也。嫉妒於弟，無惡不爲，無孔懷之情也。違犯制度，壞亂之極也。多殺不辜，豺狼之暴也。剝削民庶，酷虐之甚也。唯求財貨，市井之業也。專事妖邪，頑嚚之性也。[1]弗克負荷，不材之器也。凡此十者，滅天理，逆人倫，汝皆爲之，不祥之甚也，欲免禍患，長守富貴，其可得乎！

[1]頑嚚（xiāo）：愚妄奸詐。"嚚"同"嚚"。

後復聽與其子同處。

煬帝即位，禁錮如初。宇文化及之殺逆也，[1]欲立秀爲帝，群議不許。於是害之，并其諸子。

[1]殺：宋刻遞修本同，汲古閣本、殿本、庫本、中華本作皆作"弑"。

庶人諒字德章，一名傑，開皇元年，立爲漢王。十二年，爲雍州牧，[1]加上柱國、右衛大將軍。[2]歲餘，轉左衛大將軍。十七年，出爲并州總管，上幸溫湯而送之。自山以東，[3]至于滄海，[4]南拒黃河，五十二州盡隸焉。特許以便宜，[5]不拘律令。十八年，起遼東之役，[6]以諒爲行軍元帥，率衆至遼水，[7]遇疾疫，不利而還。十九年，突厥犯塞，[8]以諒爲行軍元帥，竟不臨戎。高祖甚寵愛之。

[1]雍州：治所在今陝西西安市西北郊。 牧：官名。京都所在州的長官，從二品。

[2]右衛大將軍：官名。隋文帝設左、右衛，各置大將軍一人，掌宮掖禁禦，督攝仗衛。右衛大將軍爲右衛長官。正三品。

[3]山：指華山（在今陝西華陰市南）或崤山（在今河南洛寧縣西北）。

[4]滄海：指今渤海。

[5]便宜：指斟酌事宜、不拘陳規、自行決斷處理之權。

[6]遼東：地區名。泛指遼水以東地區。因高麗國位於遼東，故此“遼東之役”指隋征伐高麗之事。

[7]遼水：河名。即今内蒙古、遼寧遼河。

[8]突厥：古族名、國名。廣義包括突厥、鐵勒諸部落，狹義專指突厥。公元六世紀時游牧於金山（今阿爾泰山）以南，因金山形似兜鍪，俗稱“突厥”，遂以名部落。西魏廢帝元年（552），土門自號伊利可汗，建立突厥汗國，後分裂爲西突厥、東突厥兩個汗國。傳見本書卷八四、《北史》卷九九、《舊唐書》卷一九四、《新唐書》卷二一五。

諒自以所居天下精兵處，以太子讒廢，居常怏怏，陰有異圖。遂諷高祖云："突厥方強，太原即爲重鎮，[1]宜修武備。"高祖從之。於是大發工役，繕治器械，貯納於并州。招傭亡命，左右私人，殆將數萬。王頍者，[2]梁將王僧辯之子也，[3]少倜儻，有奇略，爲諒咨議參軍。[4]蕭摩訶者，[5]陳氏舊將。[6]二人俱不得志，每鬱鬱思亂，並爲諒所親善。

[1]太原：郡名。治所在今山西太原市西南古城營。

[2]王頍（kuǐ）：人名。傳見本書卷七六，《北史》卷八四有附傳。

[3]梁：南朝梁（502—557），都於建康（今江蘇南京市）。王僧辯：人名。南朝梁大將。傳見《梁書》卷四五，《南史》卷六三有附傳。

[4]咨議參軍：官名。亦稱咨議參軍事。隋親王府置，正五品上；嗣王、郡王、上柱國、柱國府置，視從六品。爲高級幕僚，掌參謀議事。

[5]蕭摩訶：人名。南朝陳大將，輔佐陳後主登基有功，加爲侍中、驃騎大將軍、綏建郡公。後降隋。傳見《陳書》卷三一、《南史》卷六七。

[6]陳氏：指南朝陳國。

及蜀王以罪廢，諒愈不自安。會高祖崩，徵之不赴，遂發兵反。總管司馬皇甫誕切諫，[1]諒怒，收繫之。王頍説諒曰："王所部將吏家屬，盡在關西，[2]若用此等，即宜長驅深入，直據京都，所謂疾雷不及掩耳。若但欲割據舊齊之地，宜任東人。"[3]諒不能專定，乃兼用二策，唱言曰："楊素反，將誅之。"聞喜人總管府兵曹裴文安説諒曰：[4]“井陘以西，[5]是王掌握之内，山東士馬，亦爲我有，宜悉發之。分遣羸兵，屯守要路，仍令隨方略地。率其精鋭，直入蒲津。[6]文安請爲前鋒，王以大軍繼後，風行電擊，頓於霸上，[7]咸陽以東可指麾而定。[8]京師震擾，兵不暇集，上下相疑，群情離駭，我即陳兵號令，誰敢不從，旬日之間，事可定矣。”諒大悦。於是遣所署大將軍余公理出太谷，[9]以趣河陽。[10]大將軍綦良出滏口，[11]以趣黎陽。大將軍劉建出井陘，[12]以略燕、趙。[13]柱國喬鍾葵出雁門。[14]署文安爲柱國，[15]紇單貴、王聃、大將軍茹茹天保、侯莫陳惠直指京師。[16]未至蒲津百餘里，諒忽改圖，令紇單貴斷河橋，[17]守蒲州，[18]而召文安。文安至曰：“兵機詭速，本欲出其不意。王既不行，文安又退，使彼計成，大事去矣。”諒不對。以王聃爲蒲州刺史，裴文安爲晋州，[19]薛粹爲絳州，[20]梁菩薩爲潞州，[21]韋道正爲韓州，[22]張伯英爲澤州。[23]

[1]總管司馬：官名。此爲總管府高級幕僚。掌參贊軍務，管理府内武職。其品秩隨府主而定，高低不等。　皇甫誕：人名。傳見本書卷七一，《北史》卷七〇有附傳。生平亦可見《皇甫誕墓碑》〔北京圖書館金石組編：《北京圖書館藏中國歷代石刻拓本匯編》(11)，中州古籍出版社 1989 年版，第 117 頁〕。

[2]關西：地區名。按，《通鑑》卷一八〇《隋紀》仁壽四年八月條胡三省注云：“此關西，謂蒲津關（今山西永濟市蒲州鎮東南）以西。”

[3]東人：指關東地區人。

［4］聞喜：縣名。治所在今山西聞喜縣東北。 總管府兵曹：官名。總管府兵曹參軍事省稱。隋諸衛、率、王府、總管府、州皆置爲僚屬。品位正七品上至正九品下，視正八品至視正九品不等。按，唐人趙蕤《長短經》作“司馬參軍”。 裴文安：人名。事亦見《北史》卷七一《楊秀傳》、《通鑑》卷一八〇《隋紀》仁壽四年八月條。

［5］井陘：關名。又名土門關。在今河北井陘縣西北井陘山上。

［6］蒲津：《通鑑》卷一八〇《隋紀》仁壽四年八月條胡三省注此“蒲津”即指“蒲津關”。

［7］霸上：地名。又稱霸頭。在今陝西西安市東白鹿原北首。

［8］咸陽：縣名。開皇九年治所在今陝西涇陽縣，十一年移治今咸陽市東北聶家溝。

［9］大將軍：此爲楊諒所署僞官，具體所指不明。 余公理：人名。漢王楊諒部將。事亦略見本書卷六三《史祥傳》、《通鑑》卷一八〇《隋紀》高祖仁壽四年。 太谷：縣名。治所在今山西太谷縣。

［10］河陽：縣名。治所在今河南孟州市南。

［11］綦良：人名。漢王楊諒部將。事亦略見本書《史祥傳》、《通鑑》卷一八〇《隋紀》高祖仁壽四年。 滏口：太行八陘之一。在今河北磁縣西北鼓山。古爲自鄴（今河北臨漳縣西南鄴鎮東）西出要道。

［12］劉建：人名。漢王楊諒部將，隨楊諒反，後爲周羅睺擊敗梟首。事亦略見本書卷七〇《裴仁基傳》及《劉德墓誌》（見王其禕、周曉薇《隋代墓誌銘彙考》三四九）。

［13］燕：舊時河北省的別稱。亦指河北省北部。 趙：泛指戰國時趙國所轄區域。

［14］喬鍾葵：人名。漢王楊諒部將。事亦見本書卷七一《陶模傳》。 雁門：縣名。開皇十八年，因避太子楊廣名諱，以廣武縣改名。治所在今山西代縣。

[15]柱國：官名。隋文帝因改北周之制形成十一等散實官，以酬勤勞。柱國是第二等，開府置府佐。正二品。此爲楊諒所署僞官。

[16]紇單貴：人名。爲漢王楊諒部下屬將，從楊諒舉兵反叛。事亦見《北史》卷七一《楊諒傳》、《通鑑》卷一八〇《隋紀》高祖仁壽四年。　王聃：人名。爲漢王楊諒部下屬將，從楊諒舉兵反叛，任爲蒲州刺史，旋被楊素擊敗，以城歸降。事亦見本書卷四八、《北史》卷四一《楊素傳》及卷七一《楊諒傳》。按，"王聃"各本皆同，然本書及《北史》之《楊素傳》作"王聃子"。　茹茹天保：人名。爲漢王楊諒部下屬將，從楊諒舉兵反叛，楊素率軍擊敗之。事亦見本書卷四八、《北史》卷四一《楊素傳》及卷七一《楊諒傳》。　侯莫陳惠：人名。爲并州大總管漢王楊諒部下屬將，從楊諒舉兵反叛。事亦見《北史·楊諒傳》。

[17]河橋：《通鑑》卷一八〇《隋紀》仁壽四年八月條胡三省注："此蒲津之橋也。"在今陝西大荔縣朝邑鎮與山西永濟市蒲州鎮之間黃河上。

[18]蒲州：治所在今山西永濟市西南蒲州鎮。

[19]晋州：治所在今山西臨汾市。

[20]薛粹：人名。爲漢王楊諒部下屬將，從楊諒舉兵反叛，事亦見《北史·楊諒傳》、《通鑑》卷一八〇《隋紀》仁壽四年。絳州：治所在今山西聞喜縣東北。

[21]梁菩薩：人名。爲漢王楊諒部下屬將，從楊諒舉兵反叛。事亦見《北史·楊諒傳》、《通鑑》卷一八〇《隋紀》仁壽四年。潞州：治所在今山西長治市北古驛。

[22]韋道正：人名。爲漢王楊諒部下屬將，從楊諒舉兵反叛。事亦見《北史·楊諒傳》、《通鑑》卷一八〇《隋紀》仁壽四年。韓州：治所在今山西襄垣縣。

[23]張伯英：人名。爲漢王楊諒部下屬將，從楊諒舉兵反叛。事亦見《北史·楊諒傳》、《通鑑》卷一八〇《隋紀》仁壽四年。

澤州：治所在今山西晉城市東北。

　　煬帝遣楊素率騎五千，襲王聃、紇單貴於蒲州，破之。於是率步騎四萬趣太原。諒使趙子開守高壁，[1]楊素擊走之。諒大懼，拒素於蒿澤。[2]屬天大雨，諒欲旋師，王頍諫曰：“楊素懸軍，士馬疲弊，王以銳卒親戎擊之，其勢必舉。今見敵而還，示人以怯，阻戰士之心，益西軍之氣，願王必勿還也。”諒不從，退守清源。[3]素進擊之，諒勒兵與官軍大戰，死者萬八千人。諒退保并州，楊素進兵圍之。諒窮蹙，降於素。百僚奏諒罪當死，帝曰：“朕終鮮兄弟，情不忍言，欲屈法恕諒一死。”於是除名爲民，絶其屬籍，[4]竟以幽死。子顥，[5]因而禁錮，宇文化及弑逆之際，遇害。

　　[1]趙子開：人名。爲漢王楊諒部下屬將，從楊諒反叛，領兵十餘萬據守高壁，楊素率軍擊破之。事亦見本書卷四八、《北史》卷四一《楊素傳》及卷七一《楊諒傳》。　高壁：嶺名。又名韓壁嶺。在今山西靈石縣東南。

　　[2]蒿澤：即昭餘祁澤。在今山西祁縣、介休市、平遥縣、汾陽市四地之間。

　　[3]清源：縣名。治所在今山西清徐縣。源，底本作“原”，據本書《地理志中》改。

　　[4]屬籍：指宗室譜籍。

　　[5]顥：人名。即楊顥，漢王楊諒之子。事亦見《北史·楊諒傳》。

　　史臣曰：高祖之子五人，莫有終其天命，異哉！房陵資於骨肉之親，篤以君臣之義，經綸締構，契闊夷險，撫軍監國，[1]凡二十年。雖三善未稱，而視膳無闕。[2]恩寵既變，讒言間之，顧復之慈，頓隔於人理，父子之道，遂滅於天性。隋室將亡之效，衆庶皆知之矣。《慎子》有言曰："一兔走街，百人逐之，積兔於市，過者不顧。"豈有無欲哉？分定故也。房陵分定久矣，高祖一朝易之，開逆亂之源，長覬覦之望。又維城肇建，崇其威重，恃寵而驕，厚自封植，進之既逾制，退之不以道。俊以憂卒，實此之由。俄屬天步方艱，讒人已勝，尺布斗粟，[3]莫肯相容。秀窺岷、蜀之阻，[4]諒起晉陽之甲，[5]成茲亂常之釁，蓋亦有以動之也。《棠棣》之詩徒賦，[6]有鼻之封無期，[7]或幽囚於囹圄，或顛殞於鴆毒。本根既絕，枝葉畢剪，十有餘年，宗社淪陷。自古廢嫡立庶，覆族傾宗者多矣，考其亂亡之禍，未若有隋之酷。《詩》曰："殷鑒不遠，在夏后之世。"[8]後之有國有家者，可不深戒哉！

[1]撫軍：太子從君主出征。　監國：太子代君主管理國事。

[2]視膳：古代臣下侍奉君主或子女侍奉雙親進餐的一種禮節。

[3]尺布斗粟：指兄弟不和。典出《史記》一一八《淮南衡山列傳》。

[4]岷：指岷山。在今四川松潘縣北。

[5]晉陽：城名。即今山西太原市的別稱。

[6]《棠棣》之詩：載《詩·小雅·棠棣》。

[7]有鼻之封：相傳舜封其弟象於有鼻（故址在今湖南道縣北）。有鼻，亦作"有庳"。

[8]殷鑒不遠，在夏后之世：語出《詩·大雅·蕩》。

隋書　卷四六

列傳第十一

趙　煚

　　趙煚字賢通,[1]天水西人也。[2]祖超宗,[3]魏河東太守。[4]父仲懿,[5]尚書左丞。[6]煚少孤,養母至孝。年十四,有人伐其父墓中樹者,[7]煚對之號慟,因執送官。見魏右僕射周惠達,[8]長揖不拜,自述孤苦,涕泗交集,惠達爲之隕涕,歎息者久之。及長,深沉有器局,[9]略涉書史。周太祖引爲相府參軍事。[10]尋從破洛陽。[11]及太祖班師,煚請留撫納亡叛,太祖從之。煚於是帥所領與齊人前後五戰,[12]斬郡守、鎮將、縣令五人,[13]虜獲甚衆,以功封平定縣男,[14]邑三百户。[15]累轉中書侍郎。[16]

　　[1]趙煚(jiǒng):人名。傳另見《北史》卷七五。　賢通:各本皆同,但《北史·趙煚傳》作"通賢"。
　　[2]天水:郡名。治所在今甘肅天水市。　西:縣名。漢時治

所在今甘肅天水市。晉時在此置天水郡而西縣廢。按，此處因言趙氏郡望，故沿用漢代舊縣名，隋時實無西縣。

〔3〕超宗：人名。即趙超宗。趙煚之祖，北魏時人，官至河東太守。《魏書》卷五二有附傳。

〔4〕魏：即北魏（386—557），亦稱後魏。都平城（今山西大同市東北），公元494年遷都洛陽（今河南洛陽市東北白馬寺東）。公元534年分裂爲東魏和西魏兩個政權。東魏（534—550）都於鄴（今河北臨漳縣西南鄴鎮東），西魏（535—557）都於長安（今陝西西安市西北郊）。　河東：郡名。北魏時治所在今山西永濟市西蒲州鎮。

〔5〕仲懿：人名。即趙仲懿。趙煚之父，北魏時人，官至尚書左丞。事亦見《魏書·趙超宗傳》。按，“仲懿”各本皆同，但《魏書·趙超宗傳》作“懿”，無“仲”字。

〔6〕尚書左丞：官名。北魏時爲尚書省的屬官，與尚書右丞對置，各一人，分掌尚書都省事務，總判諸曹文案，勾檢得失。從四品上。

〔7〕有人伐其父墓中樹者：此句底本、殿本、庫本皆同，宋刻遞修本、中華本“伐”上有“盜”字。

〔8〕右僕射：官名。全稱是“尚書右僕射”。西魏時爲尚書省的次官，與尚書左僕射對置，輔助長官尚書令執行政務，參議國家大政。但因尚書令不常置，尚書省政務常由左右僕射主持，僕射則成爲尚書省的實際長官，位列宰相。從二品。　周惠達：人名。西魏文帝時官任尚書右僕射。傳見《周書》卷二二、《北史》卷六三。

〔9〕器局：即器量、度量。

〔10〕周太祖：即宇文泰，西魏的執政大臣，北周的奠基者。紀見《周書》卷一、二，《北史》卷九。　相府參軍事：官名。北魏永熙三年（534）七月，孝武帝從洛陽入關，宇文泰奉迎魏帝都於長安，建立西魏政權。同年八月，宇文泰進位爲丞相，開府置官

屬，從此丞相府就成爲宇文泰掌控西魏軍政大權的機構。相府參軍
事，即爲宇文泰丞相府的屬官，掌參議府中各曹事務。正七品上。

[11] 洛陽：城邑名。東魏、北齊時在今河南洛陽市東北白馬
寺東。

[12] 齊：即北齊（550—577），都於鄴（今河北臨漳縣西南鄴
鎮東）。

[13] 鎮將：官名。北魏時於緣邊軍事要衝地帶設有鎮級軍事機
構，大鎮置鎮都大將爲其長官，其餘但稱鎮將，以統兵駐防，位同
刺史、太守。北齊承襲魏制，祇設鎮將，分爲上、中、下三等，品
階均爲正四品下。

[14] 平定縣男：爵名。西魏時爲十二等爵的第十一等。正五
品下。

[15] 邑：也稱食邑、封邑。是古代君王封賜給有爵位之人的一
種食禄制度，受封者可徵收封地內的民户租税充作食禄。魏晋以
後，食邑又分爲虚封和實封兩類：虚封一般僅冠以“邑”或“食
邑”之名，這祇是一種榮譽性加銜，受封者並不能獲得實際的食禄
收入；而實封一般須冠以“真食”“食實封”等名，受封者可真正
獲得食禄收入。

[16] 中書侍郎：官名。西魏時爲中書省的副長官，置四員，協
助長官中書監、令掌詔令出納宣行。從四品上。

　　閔帝受禪，[1] 遷陝州刺史。[2] 蠻酋向天王聚衆作
亂，[3] 以兵攻信陵、秭歸。[4] 㬆勒所部五百人，出其不
意，襲擊破之，二郡獲全。時周人於江南岸置安蜀城以
禦陳，[5] 屬霖雨數旬，城頽者百餘步。蠻酋鄭南鄉叛，[6]
引陳將吳明徹欲掩安蜀。[7] 議者皆勸㬆益修守禦，㬆曰：
“不然，吾自有以安之。”乃遣使説誘江外生蠻向武
陽，[8] 令乘虚掩襲所居，獲其南鄉父母妻子。南鄉聞之，

其黨各散，陳兵遂退。明年，吳明徹屢爲寇患，熙勒兵禦之，前後十六戰，每挫其鋒。獲陳裨將覃冏、王足子、吳朗等三人，[9]斬首百六十級。以功授開府儀同三司，[10]遷荊州總管長史。[11]入爲民部中大夫。[12]

[1]閔帝：即北周孝閔帝宇文覺，北周開國皇帝。紀見《周書》卷三、《北史》卷九。　受禪：中國古代王朝更迭時，新皇帝承受舊皇帝讓給的帝位，即稱受禪。此指宇文覺於公元557年廢西魏恭帝，自稱皇帝，正式建立北周王朝。

[2]陝州：北周時治所在今河南陝縣大營鎮。按，"陝州"各本皆同，《北史》卷七五《趙熙傳》亦同，但從下文所述事件的發生地均在江漢地區來看，陝州距離事發地域太過遙遠，兩者很難發生關聯，故必有誤。考下文提及的信陵、秭歸二郡，北周時隸屬信州，與硤州相鄰，而趙熙派兵駐守的軍事重地安蜀城更在硤州境內，故疑此處"陝州"當是"硤州"之訛。硤州，北周時治所在今湖北宜昌市西北。

[3]蠻酋：古代對南方少數民族首領的通稱。　向天王：人名。北周初期江漢地區的蠻族首領，屢與北周爲敵，趙熙率軍襲破之。其事亦見《周書》卷三六《司馬裔傳》、《北史·趙熙傳》。

[4]信陵：郡名。北周時治所在今湖北巴東縣西北。　秭歸：郡名。北周時治所在今湖北秭歸縣。

[5]周：即北周（557—581），都於長安（今陝西西安市西北郊）。　江：此指長江。　安蜀城：城名。在今湖北宜昌市西北西陵峽口長江南岸。　陳：即南朝陳（557—589），都於建康（今江蘇南京市）。

[6]鄭南鄉：人名。北周初期江漢地區的蠻族首領，曾勾結南朝陳將吳明徹攻打安蜀城，但被趙熙設計擊破。其事亦見《北史·趙熙傳》。

〔7〕吴明徹：人名。南朝陳軍將領，曾多次率陳軍在江漢地區與北周軍交戰。傳見《陳書》卷九、《南史》卷六六。

〔8〕江外：地區名。亦稱“江表”“江南”。泛指長江以南地區。　生蠻：古代對南方地區尚未進入州郡城邑定居的少數民族的一種蔑稱。　向武陽：人名。北周初期江漢地區的蠻族首領，嘗受趙㫤招誘，乘虛襲破鄭南鄉的後方，令後者敗散。其事亦見《北史·趙㫤傳》。

〔9〕裨將：古時泛指軍隊中的副將。　覃㘩、王足子、吴朗：此三人均是南朝陳軍副將，在江漢地區與北周軍作戰時被趙㫤俘獲。其事除見於本卷外，未見其他記載。

〔10〕開府儀同三司：官名。亦簡稱開府。北周時屬勳官。北周府兵制中二十四軍的每軍長官均加此勳官名，可開府置官屬。周武帝建德四年（575）改稱開府儀同大將軍。九命。

〔11〕荆州：北周時治所在今湖北荆州市。　總管長史：官名。北周時爲諸州總管府的上佐官，位居府中總管之下衆屬官之首，協助總管統領府中政務。其命品史無明載，但北周諸州府的長史按州等級分爲六命至四命五個等級，故諸州總管府長史的命品亦應與五等州長史的命品略同。

〔12〕民部中大夫：官名。北周時爲地官府民部曹的長官，置二員，掌户口籍帳之政令。正五命。

武帝出兵鞏、洛，[1]欲收齊河南之地。[2]㫤諫曰：“河南洛陽，四面受敵，縱得之，不可以守。請從河北，[3]直指太原，[4]傾其巢穴，可一舉以定。”帝不納，師竟無功。尋從上柱國于翼率衆數萬，[5]自三鵶道以伐陳，[6]克陳十九城而還。以讒毀，功不見録，除益州總管長史。[7]未幾，入爲天官司會，[8]累遷御正上大夫。[9]㫤與宗伯斛斯徵素不協，[10]徵後出爲齊州刺史，[11]坐事下獄，自知罪重，遂逾獄而走。帝大怒，購之甚急。[12]熲上密奏曰："徵自以負罪深重，懼死遁逃，若不北竄匈奴，[13]則南投吳越。[14]徵雖愚陋，久歷清顯，[15]奔彼敵國，無益聖朝。今者炎旱爲灾，可因兹大赦。"帝從之。徵賴而獲免，熲卒不言。

[1]武帝：即北周武帝宇文邕。紀見《周書》卷五、六，《北史》卷一〇。　鞏：縣名。北齊時治所在今河南鞏義市東。　洛：縣名。指洛陽。北齊時治所在今河南洛陽市東北白馬寺東。

[2]河南：地區名。指黃河中下游以南地區。

[3]河北：地區名。指黃河中下游以北地區。

[4]太原：郡名。北齊時治所在今山西太原市西南古城營。北齊曾在此置省建別宮，立爲陪都。按，"太"底本原作"大"，據宋刻遞修本、殿本、庫本、中華本改。

[5]上柱國：官名。北周武帝建德四年十月始置，列爲十一等勳官之首，可開府置官屬。正九命。按，據《周書》卷三〇、《北史》卷二三《于翼傳》記載，于翼進位上柱國是在北周末年楊堅執政之時，而文中所述事《通鑑》繫於北周武帝建德四年七月至九月間，此時尚無上柱國之名，于翼此時所任勳官實爲"柱國"（十一等勳官的第二等，正九命），故此處稱于翼的官銜爲"上柱國"，顯欠準確。（參見唐華全《〈隋書〉勘誤18則》，《南昌航空大學學報》2012年第2期）　于翼：人名。北周武帝建德四年位居柱國，官任安州總管，奉詔統率數萬大軍東伐北齊，克齊十九城而還。傳見《周書》卷三〇，《北史》卷二三有附傳。

[6]自三鴉道以伐陳：三鴉道，古道路名。因途經三鴉鎮而得名。三鴉鎮又名"平高城"，是北周爲防禦北齊而設置的一個邊境軍事重鎮，位於今河南魯山縣西南。按，據《周書·武帝紀下》、同書《于翼傳》、《北史·于翼傳》以及《通鑑》卷一七二《陳紀》

宣帝太建七年條等記載，于翼此次率軍出三鵶道攻伐的對象是北齊，而非南方的陳朝，故此處"伐陳"及下文"克陳十九城而還"皆顯有誤，兩處"陳"均當作"齊"。（參見唐華全《〈隋書〉勘誤18則》）

[7]除：官制用語。即拜官、授職。　益州：北周時置總管府，治所在今四川成都市。

[8]天官：官署名。西魏恭帝三年（556）仿《周禮》建六官，其第一官爲天官冢宰府，簡稱天官府。北周沿置。　司會：官名。全稱是司會中大夫。北周時爲天官府司會曹的長官，掌財政出納大計。正五命。

[9]御正上大夫：官名。亦簡稱大御正。北周明帝武成元年（559）始置，爲天官府御正曹的長官，置四員，掌草擬詔册文誥，近侍樞機，參議刑罰爵賞及軍國大事。正六命。

[10]宗伯：官名。西魏恭帝三年仿《周禮》建六官，其第三官爲春官宗伯府，置大宗伯卿一員爲該府長官，置小宗伯上大夫二員爲該府次官，職掌禮樂、邦交等政務，命品分別爲正七命、正六命。北周沿置。按，據《周書》卷二六、《北史》卷四九《斛斯徵傳》記載，斛斯徵在北周武帝時曾任"小宗伯"（小宗伯上大夫的簡稱），北周宣帝即位時升任"大宗伯"（大宗伯卿的簡稱），而文中所述事發生在周宣帝即位之後，故此處"宗伯"當是"大宗伯"之脫文。　斛斯徵：人名。北周宣帝時官任大宗伯卿，後出任齊州刺史，犯罪下獄，又越獄潛逃，幸賴趙煚密勸周宣帝頒布大赦令，纔得以免罪。傳見《周書》卷二六、《北史》卷四九。

[11]齊州：北周時治所在今山東濟南市。

[12]購：即懸賞緝捕。

[13]匈奴：古族名。戰國至秦漢時期游牧於大漠南北廣大地區，後逐漸衰落西遷或被漢化。此處借指突厥。

[14]吳越：春秋時吳國和越國的並稱。此處借指南朝陳。

[15]清顯：指清要顯達的官位。

　　高祖爲丞相，[1]加上開府，[2]復拜天官都司會。[3]俄遷大宗伯。及踐阼，[4]獎授璽紱，[5]進位大將軍，[6]賜爵金城郡公，[7]邑二千五百户，[8]拜相州刺史。[9]朝廷以獎曉習故事，[10]徵拜尚書右僕射。[11]視事未幾，以忤旨，尋出爲陝州刺史，[12]俄轉冀州刺史，[13]甚有威德。獎嘗有疾，百姓奔馳，爭爲祈禱，其得民情如此。冀州俗薄，市井多姦詐，獎爲銅斗鐵尺，置之於肆，[14]百姓便之。上聞而嘉焉，頒告天下，以爲常法。嘗有人盜獎田中蒿者，爲吏所執。獎曰："此乃刺史不能宣風化，彼何罪也。"慰諭而遣之，令人載蒿一車以賜盜者，盜者愧恧，[15]過於重刑。其以德化民，[16]皆此類也。上幸洛陽，獎來朝，上勞之曰："冀州大藩，[17]民用殷實，卿之爲政，深副朕懷。"開皇十九年卒，[18]時年六十八。子義臣嗣，[19]官至太子洗馬。[20]後同楊諒反，[21]誅。

　　[1]高祖：隋文帝楊堅的廟號。此代指其人。紀見本書卷一、二，《北史》卷一一。　　丞相：官名。此是"左大丞相"或"大丞相"的簡稱。北周静帝大象二年（580）置左、右大丞相，以宗室親王宇文贇爲右大丞相，僅有虚名；以外戚楊堅爲左大丞相，總攬朝政。旋又去左右之號，獨以楊堅爲大丞相。楊堅由此成爲控制北周朝廷的權臣。

　　[2]上開府：官名。全稱是上開府儀同大將軍。北周武帝建德四年始置，爲十一等勳官的第五等，可開府置官屬。九命。

　　[3]天官都司會：官名。即北周天官都府司會中大夫的簡稱。參見前注"天官""司會"。

　　[4]踐阼：亦作"踐祚""踐胙"。本指走上廟寢堂前的阼階主

位以行祭祀，後代指皇帝即位登基。此指隋文帝楊堅於公元581年廢北周靜帝，即位稱帝。

［5］璽紱（fú）：指皇帝專用的印璽及繫印璽的絲帶。此爲皇權的象徵物品之一，故新舊皇帝更替時，須由掌禮大臣從舊皇帝手中接來傳授給新皇帝。

［6］大將軍：官名。隋文帝因改北周勳官之制形成十一等散實官，用以酬勤勞，無實際職掌。大將軍是十一等散實官的第四等，可開府置僚佐。正三品。

［7］金城郡公：爵名。爲隋九等爵的第四等。從一品。

［8］百：底本原作“伯”，據宋刻遞修本、殿本、庫本、中華本改。

［9］相州：北魏天興四年（401）分冀州始置相州，治所在今河北臨漳縣西南鄴鎮東。東魏、北齊時改稱司州，爲都城所在地。北周建德六年滅北齊後復名相州。北周大象二年平定相州總管尉遲迥之叛後，因州城被毁，遂移治今河南安陽市。隋初沿之，煬帝時改置魏郡。

［10］故事：指舊有的典章制度。

［11］尚書右僕射：官名。隋於尚書省置左、右僕射各一人爲副貳，地位僅次於長官尚書令。但因隋代尚書令不常置，僕射則成爲尚書省的實際長官，是宰相之職。從二品。

［12］陝州：治所在今河南陝縣。

［13］冀州：治所在今河北冀州市。

［14］肆：即集市、店鋪。

［15］愧恧（nù）：即慚愧。

［16］德：底本、宋刻遞修本作“儉”，今據殿本、庫本、中華本改。

［17］大藩：指比較重要的州郡行政區。

［18］開皇：隋文帝楊堅年號（581—600）。

［19］義臣：人名。即趙義臣。趙煚的嗣子，隋文帝時官至太子

洗馬，隋煬帝即位初因隨從漢王楊諒謀反而被誅殺。事亦見《北史》卷七五《趙昺傳》。　嗣：此指繼承父輩的爵位和家業，以延續香火。

[20]太子洗（xiǎn）馬：官名。爲東宫門下坊所轄六局之一司經局的長官，掌東宫圖籍文翰，太子出行則當直者前驅導威儀。隋初置四員，從五品上；煬帝時減置二員，從五品。

[21]楊諒：人名。傳見本書卷四五、《北史》卷七一。

趙芬

趙芬字士茂，天水西人也。父演，[1]周秦州刺史。[2]芬少有辯智，頗涉經史。周太祖引爲相府鎧曹參軍，[3]歷記室，[4]累遷熊州刺史。[5]撫納降附，得二千户，加開府儀同三司。大冢宰宇文護召爲中外府掾，[6]俄遷吏部下大夫。[7]芬性强濟，[8]所居之職，皆有聲績。武帝親總萬機，拜内史下大夫，[9]轉少御正。[10]芬明習故事，每朝廷有所疑議，衆不能決者，芬輒爲評斷，莫不稱善。後爲司會。申國公李穆之討齊也，[11]引爲行軍長史，[12]封淮安縣男，[13]邑五百户。復出爲淅州刺史，[14]轉東京小宗伯，[15]鎮洛陽。

[1]演：人名。即趙演。趙芬之父，西魏、北周時人，官至秦州刺史。按，“演”字各本皆同，但《北史》卷七五《趙芬傳》作“諒”，《文館詞林》卷四五二薛道衡《大將軍趙芬碑銘》又作“脩演”。（參見岑仲勉《隋書求是》，中華書局 2004 年版，第 89 頁）

[2]周秦州刺史：“周”字底本、殿本、庫本、中華本皆同，宋刻遞修本作“同”，當訛。秦州，北周時治所在今甘肅天水市。

[3]相府鎧曹參軍：官名。西魏時爲宇文泰丞相府所屬列曹參軍之一，掌判府内兵器鎧胄之事務。正六品上。

[4]記室：官名。全稱是丞相府記室參軍事。西魏時爲宇文泰丞相府所屬列曹參軍之一，掌判府内章表書記之事務。正六品上。

[5]熊州：北周時治所在今河南宜陽縣西。

[6]大冢宰：官名。全稱爲大冢宰卿。西魏恭帝三年仿《周禮》建六官，置大冢宰卿一人爲天官冢宰府的長官，職掌邦治，以建邦之六典輔佐皇帝治邦國。正七命。北周沿置，然其權力則因人而異，若有“五府總於天官”之命，即稱“冢宰”，能總攝百官，實爲大權在握的宰輔；若無此命，即稱“太宰”，與五卿並列，僅統本府官。　宇文護：人名。北周初期的宗室權臣，官居大冢宰，都督中外諸軍事。傳見《周書》卷一一，《北史》卷五七有附傳。　中外府掾：官名。北周武帝保定元年（561），以大冢宰宇文護爲都督中外諸軍事，開府置官屬，府名簡稱“中外府”，此爲宇文護控制北周朝政的權力機構。至建德元年，周武帝誅殺宇文護，親總朝政，中外府則廢。中外府掾，即爲中外府的屬官，與中外府屬同列，分管府内諸曹事。正五命。

[7]吏部下大夫：官名。全稱爲小吏部下大夫，亦簡稱小吏部。北周時爲夏官府吏部曹的次官，置一員，協助長官吏部中大夫掌官吏銓選之政務。正四命。

[8]强濟：即精明幹練。

[9]内史下大夫：官名。全稱爲小内史下大夫，亦簡稱小内史。北周初爲春官府内史曹内史中大夫的副貳，周宣帝大象元年增置内史上大夫爲該曹長官，内史中大夫退居副貳，小内史下大夫亦退居屬官。其職掌是協助該曹長官撰寫皇帝詔令，參議刑罰爵賞及軍國大事，並修撰國志及起居注。置二員，正四命。

[10]少御正：官名。亦作“小御正”，全稱是小御正下大夫。北周初爲天官府御正曹御正中大夫的副貳，周明帝武成元年增置御正上大夫爲該曹長官，御正中大夫退居副貳，小御正下大夫亦退居

屬官。其職掌是協助該曹長官草擬詔册文誥，近侍樞機，參議刑罰爵賞及軍國大事。正四命。

〔11〕申國公：爵名。北周時爲十一等爵的第四等。正九命。李穆：人名。傳見本書卷三七、《北史》卷五九有附傳。

〔12〕行軍長史：北周至隋時出征軍統帥屬下的幕府僚佐，位居幕府内衆幕僚之首，掌領幕府行政事務。屬臨時差遣任命之職，事罷則廢。

〔13〕淮安縣男：爵名。北周時爲十一等爵的第十等。正五命。按，"淮安縣男"各本皆同，《北史·趙芬傳》亦同，但《文館詞林》卷四五二《大將軍趙芬碑銘》作"淮安縣子"。（參見岑仲勉《隋書求是》，第91頁）

〔14〕淅州：西魏始置，北周沿之，治所在今河南淅川縣南。按，"淅"底本、宋刻遞修本作"浙"，殿本、庫本、中華本均作"淅"。考本書《地理志》，北周至隋時無浙州而有淅州，故"浙"字顯爲"淅"之訛，今據殿本、庫本、中華本改。

〔15〕東京小宗伯：官名。全稱爲東京小宗伯上大夫。北周武帝建德六年滅北齊後，仿北周六官之制，在相州建置六府官，以統轄北齊舊境。周宣帝大象元年改洛陽爲東京，移相州六府於洛陽，稱爲"東京六府"。東京小宗伯上大夫，即爲東京六府的官員，職掌與北周中央春官府的次官小宗伯上大夫略同。正六命。

　　高祖爲丞相，尉迥與司馬消難陰謀往來，[1]芬察知之，密白高祖。由是深見親委，遷東京左僕射，[2]進爵郡公。[3]開皇初，罷東京官，拜尚書左僕射，[4]與郕國公王誼修律令。[5]俄兼内史令，[6]上甚信任之。未幾，以老病出拜蒲州刺史，[7]加金紫光禄大夫，[8]仍領關東運漕，[9]賜錢百萬、粟五千石而遣之。後數年，上表乞骸骨，[10]徵還京師。賜以二馬軺車、几杖被褥，[11]歸于家。

皇太子又致巾帔。後數年，卒。上遣使致祭，鴻臚監護喪事。[12]

[1]尉迥：人名。即尉遲迥。北周末年官任相州總管，起兵反對楊堅篡周，旋被討滅。傳見《周書》卷二一、《北史》卷六二。

司馬消難：人名。北周末年官任鄖州總管，起兵反對楊堅篡周，旋被討滅，逃奔南朝陳。傳見《周書》卷二一，《北史》卷五四有附傳。

[2]東京左僕射：官名。全稱爲東京尚書左僕射。隋文帝開皇元年即位後，廢北周六官之制，用漢魏官制，遂改北周東京六府置爲東京尚書省。東京尚書左僕射，即爲東京尚書省的長官之一，其職掌和品階與隋中央的尚書左僕射略同。但至當年八月，東京之名及其官屬均罷廢。

[3]郡公：爵名。爲隋九等爵的第四等。從一品。

[4]尚書左僕射：官名。隋尚書省置左、右僕射各一人爲副貳，地位僅次於長官尚書令。但因隋代尚書令不常置，僕射則成爲尚書省的實際長官，是宰相之職。從二品。按，各本皆同，但《北史》卷七五《趙芬傳》、《文館詞林》卷四五二《大將軍趙芬碑銘》均作“尚書右僕射”，故疑“左”當是“右”之訛。（參見岑仲勉《隋書求是》，第91頁）

[5]郕國公：爵名。爲隋九等爵的第三等。從一品。 王誼：人名。傳見本書卷四〇，《北史》卷六一有附傳。

[6]内史令：官名。爲内史省的長官，掌皇帝詔令出納宣行，是宰相之職。隋初内史省置監、令各一人，尋廢監，置令二人。正三品。隋煬帝大業末改内史省爲内書省，内史令遂改稱内書令。

[7]蒲州：治所在今山西永濟市西蒲州鎮。

[8]金紫光禄大夫：官名。屬散實官。因其金印紫綬，故名。隋初爲從二品，隋煬帝大業三年（607）降爲正三品。

[9]關東：地區名。指潼關或函谷關以東地區。　運漕：此指從黃河水道漕運糧食以供給關中之事務。

[10]乞骸骨：古代官吏自請退職的一種表達方式。意謂使骸骨得以歸葬故鄉。

[11]二馬軺車：古代一馬所駕的輕便車即稱"軺車"。二馬軺車，是表示其主人具有優崇的社會地位。　几杖：即老人所用的憑几和手杖。古代常用爲禮敬老者之物。

[12]鴻臚：官署名。即鴻臚寺。爲隋九寺之一，掌册封諸藩、接待外使及喪葬禮儀等事務。

子元恪嗣，[1]官至揚州總管司馬，[2]左遷候衛長史。[3]少子元楷，[4]與元恪皆明幹世事。元楷，大業中爲歷陽郡丞，[5]與廬江郡丞徐仲宗，[6]皆竭百姓之産，以貢于帝。仲宗遷南郡丞，[7]元楷超拜江都郡丞，[8]兼領江都宮使。[9]

[1]元恪：人名。即趙元恪。趙芬的嗣子，隋文帝時官至揚州總管府司馬，隋煬帝時貶爲候衛長史。事亦見《北史》卷七五《趙芬傳》。

[2]揚州：隋開皇九年改吳州置，設大總管府。治所在今江蘇揚州市。　總管司馬：官名。爲諸州總管府的上佐官，協助總管統領府中軍務。其品階史無明載，但隋代諸州總管府和諸州府均分爲上、中、下三等，三等州司馬的品階分別爲正五品下、從五品下、正六品下，故三等總管府司馬的品階亦當與三等州司馬略同。而揚州爲大總管府，其司馬更應高於上州司馬，當在正五品下以上。

[3]左遷：官制用語。即降官、貶職。　候衛長史：官名。隋初置左右武候府，煬帝大業三年改稱左右候衛。候衛長史，即是左右候衛屬下的僚佐官，各置一員，掌領本衛府內行政事務。從

五品。

[4]元楷：人名。即趙元楷。趙芬的少子，隋煬帝時官任歷陽郡丞，因搜刮百姓資財貢奉煬帝，超升爲江都郡丞。事亦見本書卷八〇《趙元楷妻傳》，《北史·趙芬傳》及卷九一《趙元楷妻崔氏傳》，《舊唐書》卷六二《李綱傳》，《新唐書》卷九五《竇静傳》及卷九九《李綱傳》。

[5]大業：隋煬帝楊廣年號（605—618）。 歷陽：郡名。隋大業初改和州置。治所在今安徽和縣。 郡丞：官名。隋初沿舊制各郡置郡丞，爲郡太守之副貳。京兆郡之丞爲從五品下，其餘上、中、下三等郡之丞分別爲從七品上、正八品上、從八品上。開皇三年廢郡，郡丞亦罷。隋煬帝大業三年復改州爲郡，併州長史、司馬之職，置贊治（唐人諱稱贊務）一人，爲郡太守之副貳，尋又改贊治稱爲郡丞。京兆、河南二郡之丞爲從四品，其餘上、中、下三等郡之丞分別爲正五品、從五品、正六品。

[6]廬江郡：隋大業三年改廬州置。治所在今安徽合肥市。徐仲宗：人名。隋大業中官任廬江郡丞，因竭力搜刮百姓資財以貢奉於隋煬帝，得遷南郡丞。事亦見《北史·趙芬傳》。

[7]南郡：隋大業三年改荆州置。治所在今湖北荆州市。

[8]江都郡：隋大業初改揚州置。治所在今江蘇揚州市。

[9]江都宮使：隋煬帝大業初在揚州大治宮苑，建立行宮，名爲“江都宮”，後三次南游其地。江都宮使，即是管轄江都行宮的官員，屬臨時差遣之職，無固定品階。

楊尚希

楊尚希，弘農人也。[1]祖真，[2]魏天水太守。[3]父承賓，[4]商、直、浙三州刺史。[5]尚希韶齔而孤。[6]年十一，辭母請受業長安。[7]涿郡盧辯見而異之，[8]令入太學，[9]

專精不倦，同輩皆共推伏。周太祖嘗親臨釋奠，[10] 尚希時年十八，令講《孝經》，[11] 詞旨可觀。太祖奇之，賜姓普六茹氏，[12] 擢爲國子博士。[13] 累轉舍人。[14] 仕明、武世，[15] 歷太學博士、太子宮尹、計部中大夫，[16] 賜爵高都縣侯，[17] 東京司憲中大夫。[18] 宣帝時，[19] 令尚希撫慰山東、河北，[20] 至相州而帝崩，與相州總管尉迥發喪於館。[21] 尚希出謂左右曰：“蜀公哭不哀而視不安，[22] 將有他計。吾不去，將及於難。”遂夜中從捷徑而遁。遲明，迥方覺，分數十騎自驛路追之，不及，遂歸京師。高祖以尚希宗室之望，又背迥而至，待之甚厚。及迥屯兵武陟，[23] 遣尚希督宗室兵三千人鎮潼關。[24] 尋授司會中大夫。

[1] 弘農：郡名。治所在今河南靈寶市。

[2] 真：人名。即楊真。楊尚希之祖，北魏時人，官至天水太守。事亦見《北史》卷七五《楊尚希傳》。

[3] 天水：郡名。北魏時治所在今甘肅天水市。

[4] 承賓：人名。即楊承賓。楊尚希之父，西魏時人，官至州刺史。按，“承賓”各本皆同，但《北史·楊尚希傳》作“承寶”。

[5] 商：州名。西魏時治所在今陝西商洛市。　直：州名。西魏時治所在今陝西漢陰縣西南。　淅：州名。參見前注“淅州”。按，底本原作“淅”，據宋刻遞修本、殿本、庫本、中華本改。

[6] 齠（tiáo）齔（chèn）：亦作“髫齔”。指兒童垂髫換齒之時。借指童年、幼童。

[7] 長安：西魏、北周的都城，位於今陝西西安市西北郊。

[8] 涿郡：漢時治所在今河北涿州市。按，此言盧氏郡望，故沿用漢郡名。西魏、北周時期涿郡之地屬東魏、北齊，稱范陽郡。

盧辯：人名。西魏時官至尚書右僕射，爲當時碩儒。傳見《周書》卷二四，《北史》卷三〇有附傳。

[9]太學：古代設於京城以傳授儒家經典的最高學府。

[10]釋奠：古代在學校設置酒食以奠祭先聖先師的一種典禮。

[11]《孝經》：孔門後學所作的一部儒家經典。漢代列爲"七經"之一。

[12]普六茹氏：鮮卑族的姓氏之一。西魏、北周時期，宇文泰及北周皇帝常對親信臣下賜以鮮卑姓氏，以表示與其同族親善之意。

[13]國子博士：官名。西魏時爲國子學的教官，掌以儒經教授國子生，國有疑事則掌承問對。正五品上。

[14]舍人：官名。全稱是舍人上士。北周時爲地官府司倉曹的屬官，掌平宮中用糧之政令。正三命。

[15]明：指北周明帝宇文毓。紀見《周書》卷四、《北史》卷九。　武：指北周武帝宇文邕。紀見《周書》卷五、六，《北史》卷一〇。

[16]太學博士：官名。全稱是太學博士下大夫。北周時爲太學的教官，上屬春官府樂部曹，掌以儒經授太學生，國有疑事則掌承問對。置六人，正四命。　太子宮尹：官名。全稱是太子宮尹下大夫。北周時爲東宮的屬官，掌領東宮諸政務。正四命。　計部中大夫：官名。北周時爲天官府計部曹的長官，置一人，掌賦税出入、財用計賬之政令。正五命。

[17]高都縣侯：爵名。北周時爲十一等爵的第七等。正八命。

[18]東京司憲中大夫：官名。北周時爲東京六府的官員，位同中央秋官府的司憲中大夫，掌東京轄區内的刑罰、糾察等政務。正五命。

[19]宣帝：即北周宣帝宇文贇。紀見《周書》卷七、《北史》卷一〇。

[20]山東：地區名。戰國秦漢時期稱崤山或華山以東地區爲山

東；魏晋南北朝隋唐時期亦稱太行山以東地區爲山東。此處當指後者。

　　[21]總管：官名。東魏孝静帝武定六年（548）始置總管，西魏也置。北周明帝武成元年正式改都督諸州軍事爲總管，加使持節諸軍事，總管之設乃成定制。北周總管或單任，然多兼帶刺史，故總管的職權雖以軍事爲主，實際是一軍政轄區若干州、鎮、防的最高長官。北周總管的命品史無明載，但應不低於五等州刺史的命品。隋初承繼北周之制亦置諸州總管，分上、中、下三等，品秩分別爲流内視從二品、視正三品、視從三品，可作參考。（參見王仲犖《北周六典》卷一〇《總管府第二十五》，中華書局 1979 年版，第 623 頁）

　　[22]蜀公：即尉遲迥的封爵名“蜀國公”。北周時爲十一等爵的第四等。正九命。此處代指尉遲迥其人。

　　[23]迥：底本原作“逈”，據宋刻遞修本、殿本、庫本、中華本改。　武陟：縣名。北周時治所在今河南武陟縣。

　　[24]宗室兵：此指由楊氏宗族成員所組成的軍隊士兵。　潼關：關隘名。故址在今陝西潼關縣東南，地處今陝西、山西、河南三省之要衝，素稱險要。

　　高祖受禪，拜度支尚書，[1]進爵爲公。[2]歲餘，出爲河南道行臺兵部尚書，[3]加銀青光禄大夫。[4]尚希時見天下州郡過多，上表曰：“自秦并天下，罷侯置守，漢、魏及晋，邦邑屢改。竊見當今郡縣，倍多於古，或地無百里，數縣並置，或户不滿千，二郡分領。具僚以衆，資費日多，吏卒又倍，[5]租調歲減。清幹良才，百分無一，動須數萬，如何可覓？所謂民少官多，十羊九牧。琴有更張之義，[6]瑟無膠柱之理。[7]今存要去閑，併小爲大，國家則不虧粟帛，選舉則易得賢才，敢陳管見，伏聽裁處。"帝覽而嘉之，於是遂罷天下諸郡。尋拜瀛州刺史，[8]未之官，奉詔巡省淮南。[9]還除兵部尚書。[10]俄轉禮部尚書，[11]授上儀同。[12]

　　[1]度支尚書：官名。隋初沿北魏、北齊之制置度支尚書，開皇三年改稱民部尚書，是尚書省所轄六部之一民部的長官。掌全國土地、户口、賦税、錢糧之政令，統度支、民部、金部、倉部四曹。置一員，正三品。

　　[2]進爵爲公：本傳前文載楊尚希之爵爲高都縣侯，故此"進爵爲公"當是進爵爲"高都縣公"。縣公，爲隋九等爵的第五等。從一品。

　　[3]河南道：即在黄河中下游以南設置的軍政特區，治所在今河南洛陽市東北。隋初根據形勢需要，於地方設置軍政特區，稱爲"道"，每道範圍包括若干州。　行臺兵部尚書：官名。隋初在各道軍政特區設置行臺尚書省，簡稱"行臺"，是中央最高行政機關尚書省的派出機構，執掌特區内軍政事務。行臺兵部尚書，是行臺尚書省所轄兵部的長官，主管行臺軍務，並兼掌行臺吏部和禮部之政務。流内視正三品。

　　[4]銀青光禄大夫：官名。屬散實官。隋初爲正三品，煬帝大業三年降爲從三品。

　　[5]又：底本、殿本、庫本皆同，宋刻遞修本、中華本作"人"，疑訛。

　　[6]更張：指重新張設琴弦，以調諧琴音。比喻變更或改革。

　　[7]膠柱：指膠粘住瑟上的弦柱，使其不能調節音的高低。比喻固執拘泥而不知變通。

　　[8]瀛州：治所在今河北河間市。

　　[9]淮南：地區名。泛指淮河以南之地。

　　[10]兵部尚書：官名。是尚書省所轄六部之一兵部的長官，掌全國軍衛武官選授之政令，統兵部、職方、駕部、庫部四曹。置一員，正三品。

　　[11]禮部尚書：官名。是尚書省所轄六部之一禮部的長官，掌禮儀、祭祀、外交、宴享等政令，統禮部、祠部、主客、膳部四曹。置一員，正三品。

　　[12]上儀同：官名。全稱是上儀同三司。爲隋十一等散實官的第七等，可開府置僚佐。從四品上。

　　尚希性弘厚，兼以學業自通，甚有雅望，爲朝廷所重。上時每旦臨朝，日側不倦，尚希諫曰：“周文王以憂勤損壽，[1]武王以安樂延年。[2]願陛下舉大綱，責成宰輔，繁碎之務，非人主所宜親也。”上歡然曰：“公愛我者。”尚希素有足疾，上謂之曰：“蒲州出美酒，足堪養病，屈公臥治之。”[3]於是出拜蒲州刺史，仍領本州宗團驃騎。[4]尚希在州，甚有惠政，復引瀿水，[5]立堤防，開稻田數千頃，民賴其利。開皇十年卒官，時年五十七。諡曰平。[6]子旻嗣，[7]後改封丹水縣公，[8]官至安定縣丞。[9]

　　[1]周文王：即周朝的奠基者姬昌。詳見《史記》卷四《周本紀》。

　　[2]武王：即周朝的開國之君姬發。詳見《史記·周本紀》。

　　[3]臥治：典出《史記》卷一二〇《汲鄭列傳》“臥而治之”一語。後用以稱謂政事清簡，無爲而治。

　　[4]宗團驃騎：即由隋皇室宗族人員所組成的府兵衛士。上屬驃騎府，專派宗室官員統領之。

[5]瀵水：古水名。源出今山西臨猗縣境，西流注入黃河。

[6]謚：古代帝王、貴族、大臣、士大夫或其他有地位的人死後，據其生前業迹評定的一種帶有褒貶意義的稱號。

[7]旻：人名。即楊旻。楊尚希的嗣子。事亦見《北史》卷七五《楊尚希傳》。

[8]丹水縣公：爵名。爲隋九等爵的第五等。從一品。

[9]安定：郡、縣名。治所均在今甘肅涇川縣西北。　縣丞：官名。爲縣之副長官，位居縣令之下。京縣之丞爲從七品下，其餘上、中、下三等縣之丞分別爲從八品下、正九品上、從九品上。按，“縣丞”底本、殿本、庫本皆同，但宋刻遞修本、中華本及《北史·楊尚希傳》作“郡丞”。

長孫平

　　長孫平字處均，河南洛陽人也。[1]父儉，[2]周柱國。[3]平美容儀，有器幹，[4]頗覽書記。仕周，釋褐衛王侍讀。[5]時武帝逼於宇文護，謀與衛王誅之，王前後常使平往來通意於帝。及護伏誅，拜開府、樂部大夫。[6]宣帝即位，置東京官屬，[7]以平爲小司寇，[8]與小宗伯趙芬分掌六府。[9]

[1]河南：郡名。治所在今河南洛陽市東北。　洛陽：縣名。治所在今河南洛陽市東北白馬寺東。

[2]儉：人名。即長孫儉。長孫平之父，西魏、北周時人，官至柱國大將軍。傳見《周書》卷二六，《北史》卷二二有附傳。

[3]柱國：官名。全稱爲柱國大將軍。北魏太武帝始置柱國，以爲開國元勳長孫嵩的加官。北魏末孝莊帝以尒朱榮有擁立之功，

又特置此官以授之，位在丞相之上。西魏文帝以宇文泰有中興之功，亦置此官授之。後凡屬功參佐命、望實俱重的大臣，也得居之。至西魏大統十六年（550）以前，任此官者名義上有八人，但宗室元欣有其名而無實權，宇文泰爲最高統帥，其他六柱國則分掌禁旅，各轄二大將軍，爲府兵系統的最高長官。大統十六年以後，功臣位至柱國者愈多，遂成爲散秩，無所統御。至北周武帝時，又增置上柱國等官，形成十一等勳官之制。柱國大將軍是十一等勳官的第二等，可開府置官屬。正九命。

〔4〕器幹：即才幹。

〔5〕釋褐：亦稱“解褐”。即脱去平民衣服而換上官服，喻指始任官職。　衛王：北周宗室親王宇文直的封爵名，此代指其人。傳見《周書》卷一三、《北史》卷五八。　侍讀：官名。北周時凡太子、宗室諸王皆置侍讀，掌爲太子、諸王講導經學辭章。命品未詳。

〔6〕樂部大夫：官名。西魏末至北周初於春官府設大司樂署，置大司樂中大夫、小司樂下大夫爲該署正、副長官，職掌樂舞之政令。周武帝保定四年，改大司樂署爲樂部，其正、副長官亦分別改稱樂部中大夫、小樂部下大夫，命品分別爲正五命、正四命。此處之“樂部大夫”，王仲犖列爲小樂部下大夫（參見王仲犖《北周六典》卷四《春官府第九》，第269頁）。

〔7〕東京：底本原作“東宫”，殿本、庫本亦同，今據宋刻遞修本、中華本及《北史》卷二二《長孫平傳》改。

〔8〕小司寇：官名。此是東京小司寇上大夫的省稱。北周時爲東京六府的官員，位同北周中央秋官府的次官小司寇上大夫，職掌東京轄區内的刑法律令。正六命。

〔9〕六府：此指東京六府。北周時是中央六府行政機關的派出機構，亦包括天官冢宰、地官司徒、春官宗伯、夏官司馬、秋官司寇、冬官司空六個官署。其建置沿革參見前注“東京小宗伯”。按，北周東京六府雖制同中央六府，但其官屬並不備置，多以次官掌府

事，且多兼攝，故此處載稱以東京小司寇長孫平、東京小宗伯趙芬二人分掌東京六府。

　　高祖龍潛時，[1]與平情好款洽，[2]及爲丞相，恩禮彌厚。尉迥、王謙、司馬消難並稱兵內侮，[3]高祖深以淮南爲意。時賀若弼鎮壽陽，[4]恐其懷二心，遣平馳驛往代之。弼果不從，平麾壯士執弼，送于京師。

　　[1]龍潛：語出《易·乾》：“潛龍勿用，陽氣潛藏。”後用以喻指帝王尚未即位。

　　[2]款洽：指關係親密、親近。

　　[3]王謙：人名。北周末年官任益州總管，起兵反對楊堅篡周，旋被討滅。傳見《周書》卷二一，《北史》卷六〇有附傳。

　　[4]賀若弼：人名。傳見本書卷五二，《北史》卷六八有附傳。

　壽陽：城鎮名。位於今安徽壽縣淮河南岸。因地處南北交通要衝，故爲南北朝時期駐防淮南地區的軍事重鎮。

　　開皇三年，[1]徵拜度支尚書。平見天下州縣多罹水旱，百姓不給，奏令民間每秋家出粟麥一石已下，貧富差等，儲之閭巷，以備凶年，名曰義倉。[2]因上書曰：“臣聞國以民爲本，民以食爲命，勸農重穀，先王令軌。古者三年耕而餘一年之積，九年作而有三年之儲，雖水旱爲灾，而民無菜色，皆由勸導有方，蓄積先備者也。去年亢陽，[3]關右饑餒，[4]陛下運山東之粟，置常平之官，[5]開發倉廩，普加賑賜，大德鴻恩，可謂至矣。然經國之道，義資遠算，請勒諸州刺史、縣令，以勸農積穀爲務。”上深嘉納。自是州里豐衍，民多賴焉。

[1]開皇三年：各本皆同，《北史》卷二二《長孫平傳》亦同，但本書卷一、《北史》卷一一《隋文帝紀》均載作"開皇二年五月"。岑仲勉認爲應以本紀所載爲是（參見岑仲勉《隋書求是》，第 92 頁）。

[2]義倉：古代民間爲備水旱荒灾而設置的一種公共糧倉。因其設於鄉社，並由社長管理其事，故又名"社倉"。隋以後各地設置義倉逐漸成爲一種固定的制度，且多由地方官府管理其事。按，此處記載長孫平奏令立義倉及其上書的時間爲開皇三年，時官度支尚書，但本書《食貨志》記載長孫平上奏令立義倉的時間爲開皇五年五月，時官工部尚書。再考本書《高祖紀上》載開皇五年"五月甲申，詔置義倉"，故可知本傳所記載的時間和職官有誤。由此頗疑下文"後數載，轉工部尚書，名爲稱職"一句屬錯置，該句應前移置於"開皇三年，徵拜度支尚書"句後，如此方可消除上述疑誤，且上下文義貫通。（參見唐華全《中華書局點校本〈隋書〉質疑二十九則》，《河北師範大學學報》2012 年第 1 期）

[3]亢陽：指旱灾。

[4]關右：地區名。亦稱"關内""關中"。秦至唐時指函谷關或潼關以西、隴阪以東、終南山以北地區。

[5]常平之官：此指管轄常平倉和常平監的官員。隋文帝開皇三年於陝州置常平倉，用以轉運山東漕糧，供給關中所需。又於京師置常平監，總管常平倉糧，穀賤時增價而糴，穀貴時減價而糶，用以調節糧價。

　　後數載，轉工部尚書，[1]名爲稱職。時有人告大都督邴紹非毁朝廷爲憒憒者，[2]上怒，將斬之。平進諫曰："川澤納污，所以成其深，山岳藏疾，所以就其大。臣不勝至願，[3]願陛下弘山海之量，茂寬裕之德。鄙諺曰：

'不癡不聾，未堪作大家翁。'此言雖小，可以喻大。邴紹之言，不應聞奏，陛下又復誅之，臣恐百代之後，有虧聖德。"上於是赦紹。因敕群臣，誹謗之罪，勿復以聞。

[1]工部尚書：官名。爲尚書省所轄六部之一工部的長官，掌全國百工、屯田、山澤之政令，統工部、屯田、虞部、水部四曹。置一員，正三品。

[2]大都督：官名。隋文帝時期有兩類大都督：一是在府兵系統中實際領兵、有固定職掌的團級軍官，隋煬帝大業三年改稱校尉；二是十一等散實官中的第九等，用以酬勤勞，無實際職掌，隋煬帝大業三年罷廢。兩類大都督均爲正六品上。　邴紹：人名。隋開皇中官任大都督，因誹謗朝廷，隋文帝怒欲誅之，幸賴長孫平勸諫，方得赦免。事亦見《北史》卷二二《長孫平傳》。　憒憒：即昏庸、糊塗。

[3]不勝至願：即非常懇切地願望。

其後突厥達頭可汗與都藍可汗相攻，[1]各遣使請援。上使平持節宣諭，[2]令其和解，賜縑三百匹，良馬一匹而遣之。平至突厥所，爲陳利害，遂各解兵。可汗贈平馬二百匹，及還，平進所得馬，上盡以賜之。

[1]突厥：古族名、國名。公元六世紀初興起於今阿爾泰山西南麓，552年在今鄂爾渾河流域建立突厥汗國，此後其勢力擴展至大漠南北，橫跨蒙古高原，隋開皇二年分裂爲東、西兩部。傳見本書卷八四、《周書》卷五〇、《北史》卷九九、《舊唐書》卷一九四、《新唐書》卷二一五。　達頭可汗：隋時西突厥的可汗，名玷

厥。事見本書卷八四、《北史》卷九九《突厥傳》。可汗，是古代鮮卑、柔然、突厥、回紇、蒙古等少數民族中最高統治者的稱號。

都藍可汗：隋時東突厥的可汗，名雍虞閭。事見本書卷八四、《北史》卷九九《突厥傳》。

[2]持節：古代使臣奉命出行，必執符節以爲憑證。　宣諭：即傳達皇帝的命令或諭旨。

　　未幾，遇譴，以尚書檢校汴州事。[1]歲餘，除汴州刺史。其後歷許、貝二州，[2]俱有善政。鄴都俗薄，[3]舊號難治，前後刺史多不稱職。朝廷以平所在善稱，轉相州刺史，甚有能名。在州數年，會正月十五日，百姓大戲，盡衣裳爲鎧甲之象，[4]上怒而免之。俄而念平鎮淮南時事，進位大將軍，拜太常卿，[5]判吏部尚書事。[6]仁壽中卒。[7]謚曰康。

[1]檢校汴州事：即代理汴州刺史之職事。檢校，官制用語。指尚未實授某官但已掌其職事，即代理、代辦之意。汴州，治所在今河南開封市。

[2]許：州名。治所在今河南許昌市。　貝：州名。治所在今河北清河縣西北。

[3]鄴都：都邑名。原爲東魏、北齊的都城，北周相州總管府的治所，在今河北臨漳縣西南鄴鎮東。北周静帝大象二年平定相州總管尉遲迴之叛時，鄴城被焚毀，遂移至今河南安陽市，仍爲相州治所。隋時沿之。

[4]鎧甲：即盔甲。

[5]太常卿：官名。爲太常寺的長官，置一員，掌國家禮樂、郊廟社稷祭祀等事務。正三品。

[6]判：官制用語。即以本官署理他官之職事。　吏部尚書：

官名。爲尚書省所轄六部之一吏部的長官，掌全國文職官員的銓選、考課等政令，統吏部、主爵、司勳、考功四曹。置一員，正三品。

[7]仁壽：隋文帝楊堅年號（601—604）。　卒：底本、殿本、庫本皆同，宋刻遞修本、中華本"卒"下有"官"字。

　子師孝，[1]性輕狡好利，數犯法。上以其不克負荷，遣使弔平國官。[2]師孝後爲渤海郡主簿，[3]屬大業之季，政教陵遲，[4]師孝恣行貪濁，一郡苦之。後爲王世充所害。[5]

[1]師孝：人名。即長孫師孝。事亦見《北史》卷二二《長孫平傳》。

[2]遣使弔平國官：此句各本皆同，但文義難明。考《北史·長孫平傳》作"遣使弔平"，無"國官"二字，則文義乃明。故疑此處"國官"二字或爲衍文，或當前置於"遣使"之下。

[3]渤海：郡名。隋大業三年改滄州置。治所在今山東陽信縣西南。　郡主簿：官名。隋初沿舊制地方設郡，郡置主簿，掌郡中官署監印，檢核文書簿籍，勾稽缺失等事。京兆郡主簿爲流内視正九品，其餘諸郡主簿爲流内視從九品。開皇三年廢郡，郡主簿亦罷。隋煬帝大業三年又廢州置郡，改州主簿爲郡主簿，掌同隋初之制。京兆、河南二郡主簿爲流内視正八品，其餘諸郡主簿爲流内視從八品。

[4]陵遲：即敗壞、衰敗。

[5]王世充：人名。唐時亦諱稱"王充"。傳見本書卷八五、《北史》卷七九、《舊唐書》卷五四、《新唐書》卷八五。

元暉

元暉字叔平，河南洛陽人也。祖琛，[1]魏恒、朔二州刺史。[2]父翌，[3]尚書左僕射。[4]暉鬚眉如畫，進止可觀，頗好學，涉獵書記。少得美名於京下，[5]周太祖見而禮之，命與諸子游處，每同席共硯，情契甚厚。弱冠，召補相府中兵參軍，[6]尋遷武伯下大夫。[7]于時突厥屢爲寇患，朝廷將結和親，令暉賷錦彩十萬，使于突厥。暉說以利害，申國厚禮，可汗大悅，遣其名王隨獻方物。[8]俄拜儀同三司、賓部下大夫。[9]保定初，[10]大冢宰宇文護引爲長史，[11]會齊人來結盟好，以暉多才辯，與千乘公崔睦俱使于齊。[12]遷振威中大夫。[13]武帝之娉突厥后也，令暉致禮焉。加開府，轉司憲大夫。[14]及平關東，[15]使暉安集河北，封義寧子，[16]邑四百户。

[1]琛：人名。即元琛。元暉之祖，北魏時人，出身魏宗室，官至州刺史。事亦見《魏書》卷一五、《北史》卷一五《陳留王虔傳》。

[2]恒：州名。北魏孝文帝太和十七年（493）改司州置，治所在平城（今山西大同市東北）。魏末平城陷於兵亂，遂寄治肆州秀容郡城（今山西忻州市西北）。　朔：州名。北魏初治所在盛樂（今内蒙古和林格爾縣西北），孝明帝時盛樂陷於兵亂，乃移治懷朔鎮（今内蒙古固陽縣西南），後懷朔鎮亦陷，遂寄治并州（治所在今山西太原市西南古城營）界内。按，“朔”各本皆同，《魏書·陳留王虔傳》亦同，但《北史·陳留王虔傳》作“肆”。

[3]翌：人名。即元翌。元暉之父，北魏末至西魏時人，官至尚書左僕射。事亦見《魏書》《北史》之《陳留王虔傳》。

[4]尚書左僕射：官名。北魏、西魏時爲尚書省的次官，與尚書右僕射對置，輔助長官尚書令執行政務，參議國家大政。但因尚書令不常置，尚書省政務常由左右僕射主持，僕射則成爲尚書省的實際長官，位列宰相。從二品。

[5]京下：即京城、都城。此指西魏、北周都城長安（今陝西西安市西北郊）。

[6]相府中兵參軍：官名。西魏時爲宇文泰丞相府所屬列曹參軍之一，掌判府内中軍兵事。正六品上。

[7]武伯下大夫：官名。全稱是左、右小武伯下大夫。北周時爲夏官府左、右武伯二曹的次官，各置二人，協助二曹長官掌管京師宿衛、朝廷儀仗等政令，統轄中央十二率之禁旅。正四命。

[8]名王：指古代少數民族中聲名顯赫的王。

[9]儀同三司：官名。亦簡稱儀同。北周時屬勳官。北周府兵制中儀同府的長官均加此勳官名，可開府置官屬。周武帝建德四年改稱儀同大將軍。九命。　賓部下大夫：官名。全稱是小賓部下大夫，亦簡稱小賓部。北周時爲秋官府賓部曹的次官，置一員，協助長官賓部中大夫掌對外邦交之政令，以待四方賓客使者。正四命。

[10]保定：北周武帝宇文邕年號（561—565）。

[11]長史：官名。此當是中外府的長史。北周時爲宇文護中外府的上佐官，位居府中衆僚屬之首，統領府内諸政務。正七命。

[12]千乘公：爵名。全稱當是千乘縣公。北周時爲十一等爵的第六等，其“命數未詳，非正九命則當是九命”（參見王仲犖《北周六典》卷八《封爵第十九》，第548頁）。　崔睦：人名。按檢《周書》《北史》等書，不見北周有名崔睦者，但《周書》卷三六、《北史》卷六七《崔彦穆傳》均載崔彦穆於北周武帝時封爲千乘縣公，天和三年（568）爲使主聘於齊，所載爵名、時間、事件皆與本傳所云“千乘公崔睦”甚相吻合，且“睦”與“彦穆”亦相訓，似乃名與字之別，故疑此處“崔睦”與崔彦穆實爲同一人。

[13]振威中大夫：官名。其隸屬、職掌未詳，或當是北周仿襲

前朝“振威將軍”之職而置。正五命（參見王仲犖《北周六典》卷七《六官餘録第十三》，第509頁）。

[14]司憲大夫：官名。全稱是司憲中大夫。北周時爲秋官府司憲曹的長官，置二員，掌五禁、五戒之法，以左右刑罰，糾察百官。正五命。

[15]關東：地區名。參見前注。此處代指北齊。

[16]義寧子：爵名。全稱是義寧縣子。北周時爲十一等爵的第九等。正六命。

　　高祖總百揆，[1]加上開府，進爵爲公。開皇初，拜都官尚書，[2]兼領太僕。[3]奏請決杜陽水灌三畤原，[4]漑舄鹵之地數千頃，[5]民賴其利。明年，轉左武候將軍，[6]太僕卿如故。尋轉兵部尚書，監漕渠之役。未幾，坐事免。頃之，拜魏州刺史，[7]頗有惠政。在任數年，以疾去職。歲餘，卒于京師，時年六十。上嗟悼久之，敕鴻臚監護喪事。謚曰元。子肅嗣，[8]官至光禄少卿。[9]肅弟仁器，[10]性明敏，官至日南郡丞。[11]

[1]總百揆：即總攝百官，統轄朝政。

[2]都官尚書：官名。隋初沿北魏、北齊舊制置都官尚書，開皇三年改稱刑部尚書，是尚書省所轄六部之一刑部的長官。掌刑法、徒隸、勾覆及關禁之政令，統刑部、都官、比部、司門四曹。置一員，正三品。

[3]兼領：亦省作“領”。官制用語。即以較高官兼理較低官之職事。　太僕：官名。即太僕卿。是太僕寺的長官，置一員，掌國家厩牧、車輿等事務。隋初爲正三品，隋煬帝大業三年降爲從三品。

[4]杜陽水：古水名。又名杜水。因源出杜陽山（今陝西麟游縣境内）而得名，南流與漆水合，經武功縣（今陝西武功縣西北）東注入渭水。　三畤原：地名。在今陝西武功縣西、扶風縣東南。

[5]舄（xì）鹵：亦作“潟鹵”“潟滷”。即含有過多鹽鹹成分而不宜耕種的土地。

[6]左武候將軍：官名。隋初置左右武候府，掌皇帝出宫巡狩時的先驅後殿、晝夜警備等事務。左武候將軍，是左武候府的次官，置二人。從三品。隋煬帝大業三年改左右武候府爲左右候衛，左武候將軍亦隨之改稱左候衛將軍。

[7]魏州：北周大象二年分相州置，隋初沿之，隋煬帝大業三年改置武陽郡。治所在今河北大名縣東北。

[8]肅：人名。即元肅。元暉的嗣子，隋時官至光禄少卿。事亦見《北史》卷一五《元暉傳》。

[9]光禄少卿：官名。爲光禄寺的次官，輔助長官光禄卿掌管宫廷膳食、窖藏、釀造等事務，統領太官、肴藏、良醖、掌醢四署。隋初置一員，正四品上；隋煬帝大業三年增置二員，降爲從四品。

[10]仁器：人名。即元仁器。元暉之子，元肅之弟，隋煬帝時官至日南郡丞。事亦見《北史·元暉傳》。按，“仁器”中華本《北史·元暉傳》作“仁”，“器”字斷屬下句，而中華本本書則斷作“仁器”，未知孰是。今暫從中華本本書。

[11]日南郡：隋大業初改驩州置。治所在今越南榮市。

韋師

韋師字公頴，京兆杜陵人也。[1]父瑱，[2]周驃騎大將軍。[3]師少沉謹，有至性。[4]初就學，始讀《孝經》，捨書而歎曰：“名教之極，[5]其在兹乎！”少丁父母憂，[6]居喪盡禮，州里稱其孝行。及長，略涉經史，尤工騎射。周大冢宰宇文護引爲中外府記室，[7]轉賓曹參軍。[8]師雅知諸蕃風俗及山川險易，[9]其有夷狄朝貢，[10]師必接對，論其國俗，如視諸掌。夷人驚服，無敢隱情。齊王憲爲雍州牧，[11]引爲主簿，[12]本官如故。及武帝親總萬機，轉少府大夫。[13]及平高氏，[14]詔師安撫山東，徙爲賓部大夫。[15]

[1]京兆：郡名。治所在今陝西西安市。　杜陵：縣名。漢時治所在今陝西西安市東南郊。按，此處因言韋氏郡望，故沿用漢縣名，隋時無杜陵縣。

[2]瓆：人名。即韋瓆。韋師之父，西魏、北周時人，官至侍中、驃騎大將軍、開府儀同三司。傳見《周書》卷三九、《北史》卷六四。

[3]驃騎大將軍：官名。北周時屬軍號官。北周府兵制中二十四軍的每軍長官均帶此軍號官。九命。

[4]至性：指天賦卓絕的品性。

[5]名教：指以正名定分爲主的古代儒家禮教。

[6]丁父母憂：即遭逢父母喪事。古代喪服禮制規定，父母死後，子女須守喪，三年內不得做官、不得婚娶、不得赴宴、不得應考、不得舉樂，等等。

[7]中外府記室：官名。全稱是中外府記室參軍事。北周時爲宇文護中外府所屬列曹參軍之一，掌判府內章表書記之事務。正四命。

[8]賓曹參軍：官名。此是中外府賓曹參軍事的省稱。北周時爲宇文護中外府所屬列曹參軍之一，掌判對外邦交之事務，接待四方使者賓客。正四命。

[9]雅知：即非常熟悉、十分瞭解。

[10]夷狄：古稱東方部族爲夷、北方部族爲狄。後常用以泛稱古代各少數民族。

[11]齊王憲：即北周宗室親王宇文憲。宇文泰的第五子，北周武帝時官任雍州牧，爵封齊王。傳見《周書》卷一二、《北史》卷五八。　雍州牧：官名。北周時雍州是都城長安所在之州，故該州特置“牧”爲其行政長官，以區別於其他諸州刺史，並由宗室諸王擔任此職。九命。

[12]主簿：官名。此指雍州主簿。北周時沿舊制於地方各州置主簿，爲州佐官之一，掌官署監印，檢核文書簿籍，勾稽缺失等事。“命品未詳”（參見王仲犖《北周六典》卷一〇《州牧刺史第二十六》，第652頁），但隋初雍州主簿爲流内視正八品，其餘諸州主簿爲流内視從八品，可作參考。

[13]少府大夫：官名。北周時全稱爲少府下大夫。隸屬未詳，“或亦是天官之屬”。掌山海池澤之税，以供給天子之私府。正四命（參見王仲犖《北周六典》卷七《六官餘録第十三》，第496頁）。

[14]高氏：北齊皇帝的姓氏。此處代指北齊。

[15]賓部大夫：官名。北周時於秋官府賓部曹置賓部中大夫、小賓部下大夫，爲該曹正、副長官，掌對外邦交之政令，以待四方賓客使者。命品分别爲正五命、正四命。此處之“賓部大夫”，王仲犖列爲賓部中大夫（參見王仲犖《北周六典》卷六《秋官府第十一》，第422頁）。

高祖受禪，拜吏部侍郎，[1]賜爵井陘侯，[2]邑五百户。數年，遷河北道行臺兵部尚書，[3]詔爲山東河南十八州安撫大使。[4]奏事稱旨，[5]賜錢三百萬，兼領晋王廣司馬。[6]其族人世康，[7]爲吏部尚書，與師素懷勝負。于時晋王爲雍州牧，[8]盛存望第，[9]以司空楊雄、尚書左僕射高熲並爲州都督，[10]引師爲主簿。[11]而世康弟世約爲法曹從事。[12]世康恚恨不能食，又耻世約在師之下，召世約數之曰：“汝何故爲從事？”遂杖之。

[1]吏部侍郎：官名。隋文帝時於尚書省吏部下轄四曹之一吏部曹置吏部侍郎二員，爲該曹長官，掌文職官吏銓選之政務。正四品上。隋煬帝大業三年改稱諸曹侍郎爲“郎”，而又於尚書省所轄六部各置“侍郎”一人，爲六部之副長官。正四品。此後，吏部侍郎就成爲吏部的副長官，而原吏部侍郎則改稱爲選部郎。

[2]井陘侯：爵名。爲隋九等爵的第六等。正二品。

[3]河北道：隋初在黄河中下游以北設置的軍政特區，治所在今山西太原市西南古城營。

[4]安撫大使：隋時由朝廷派往某地區安撫民情的使職，根據需要臨時任命，事罷則廢。

[5]稱（chèn）旨：即符合皇帝的旨意。

[6]晋王廣：即楊廣。紀見本書卷三、四，《北史》卷一二。
司馬：官名。此指隋親王府的司馬。爲親王府的上佐官，掌領王府内諸軍務。從四品下。

[7]世康：人名。即韋世康。傳見本書卷四七，《北史》卷六四有附傳。

[8]雍州牧：官名。隋初沿北周之制，亦於都城長安所在的雍州特置牧爲其行政長官，以宗室諸王任之。從二品。

[9]望第：此指出身於高貴門第且享有較高名望的官員。

[10]司空：官名。與太尉、司徒並稱爲三公。隋初可開府置僚佐，參議國家大事，但不久省去其府及僚佐，置於尚書都省閑坐聽政，從而失去實權，成爲榮譽性質的頭銜。正一品。　楊雄：人名。傳見本書卷四三，《北史》卷六八有附傳。按，“楊”底本原作“揚”，今據宋刻遞修本、殿本、庫本、中華本改。　高熲：人名。傳見本書卷四一、《北史》卷七二。　州都督：此處“州都

督”各本皆同，但中華本校勘記引錢大昕《廿二史考異》卷四〇云：“州都下疑衍督字。”而考《通典》卷三二《職官·州郡上》杜佑注引本書本傳文云：“晋王廣爲雍州牧，司空楊雄、僕射高熲並爲州都。”此“州都”正可佐證錢大昕之疑。故此處“州都督”當是“州都”之衍誤。州都，官名。隋初沿襲魏晋以來的九品中正制，在各州置州都，以京官兼任，爲州之屬官。職掌州内選舉事務，評品人才優劣。雍州之州都爲流内視正八品，其餘諸州之州都爲流内視從八品。

　　[11]主簿：官名。此指隋雍州主簿。其隸屬、職掌、品階，參見前注北周之“雍州主簿”。

　　[12]世約：人名。即韋世約。韋世康之弟，隋初官任雍州法曹從事，位在雍州主簿韋師之下，故素與韋師爭勝的韋世康爲此深感不滿。事亦見本書卷四七《韋世康傳》《韋冲傳》及《北史》卷六四《韋世康傳》《韋冲傳》《韋師傳》等。　法曹從事：官名。此指雍州法曹從事。爲雍州牧所轄列曹從事之一，掌判州内刑罰、獄訟等事務。流内視從八品。

　　後從上幸醴泉宮，[1]上召師與左僕射高熲、上柱國韓擒等，[2]於臥内賜宴，令各叙舊事，以爲笑樂。平陳之役，以本官領元帥掾，[3]陳國府藏，悉委於師，秋毫無所犯，稱爲清白。後上爲長寧王儼納其女爲妃。[4]除汴州刺史，甚有治名，卒官。諡曰定。子德政嗣，[5]大業中，仕至給事郎。[6]

　　[1]醴泉宮：隋離宮名。位於今陝西禮泉縣境内。

　　[2]上柱國：官名。爲隋十一等散實官的第一等，可開府置僚屬。從一品。　韓擒：人名。即韓擒虎，唐人諱省“虎”字。傳見本書卷五二，《北史》卷六八有附傳。

[3]元帥掾：北周至隋時出征軍統帥屬下的幕府僚佐，掌領幕府内列曹參軍，統轄列曹事務。屬臨時差遣任命之職，事罷則廢。

[4]長寧王：爵名。全稱是長寧郡王。爲隋九等爵的第二等。從一品。　儼：人名。即楊儼。本書卷四五、《北史》卷七一有附傳。

[5]德政：人名。即韋德政。韋師的嗣子，隋煬帝時官至給事郎。事亦見《北史》卷六四《韋瑱傳》。按，《北史·韋瑱傳》載德政是韋師兄韋峻之子，而非韋師之子，與本傳所載異。又考《新唐書·宰相世系表四上》載韋峻之子名貞，字德正，而韋師之子則無載。故疑“德正”與“德政”似爲同一人，此人本是韋峻之子，但因韋師無子，乃過繼給韋師作嗣子。

[6]給事郎：官名。隋文帝開皇六年於尚書省吏部置給事郎，爲散官番直，無具體職掌。正八品上。隋煬帝大業三年罷吏部給事郎，而取其名於門下省另置給事郎四人，位在黃門侍郎之下，掌省讀奏案。從五品。

楊异

楊异字文殊，[1]弘農華陰人也。[2]祖鈞，[3]魏司空。[4]父儉，[5]侍中。[6]异美風儀，沉深有器局。髫齓就學，日誦千言，見者奇之。九歲丁父憂，哀毀過禮，[7]殆將滅性。[8]及免喪之後，絶慶弔，[9]閉户讀書。數年之間，博涉書記。周閔帝時，爲寧都太守，[10]甚有能名。賜爵昌樂縣子。[11]後數以軍功，進爲侯。[12]

[1]异：各本皆同，《北史》卷四一《楊异傳》亦同，但《新唐書·宰相世系表一下》作“文异”。疑乃隋唐時習慣省稱兩字名

爲單名所導致的差異。

〔2〕華陰：縣名。治所在今陝西華陰市。

〔3〕鈞：人名。即楊鈞。楊异之祖，北魏時人，官至七兵尚書、北道行臺，卒贈司空。《魏書》卷五八有附傳。

〔4〕司空：官名。北魏時屬三公之一，是名譽宰相，無實際職掌，多爲大臣加官和贈官。正一品。

〔5〕儉：人名。即楊儉。楊异之父，北魏末至西魏時人，官至侍中。《魏書》卷五八、《北史》卷四一有附傳。

〔6〕侍中：官名。北魏時爲門下省的長官，是宰相之職，但西魏、北周時多爲大臣加官和贈官，無實際職掌，遂成散職。正三品。

〔7〕哀毀：指居親喪悲傷異常而毀損身體。常用作居喪盡禮之辭。

〔8〕滅性：指因喪親過度哀傷而毀滅生命。

〔9〕慶弔：即慶賀與吊慰。亦泛指喜事和喪事。

〔10〕寧都：郡名。北周時治所在今陝西漢陰縣西南。

〔11〕昌樂縣子：爵名。北周時爲十一等爵的第九等。正六命。按，“昌樂”各本皆同，但《北史·楊异傳》《新唐書·宰相世系表一下》均作“樂昌”。

〔12〕侯：爵名。北周時爲十一等爵的第七等。正八命。

高祖作相，行濟州事。[1]及踐阼，拜宗正少卿，[2]加上開府。[3]蜀王秀之鎮益州也，[4]朝廷盛選綱紀，[5]以异方直，拜益州總管長史，[6]賜錢二十萬，縑三百匹，馬五十匹而遣之。尋遷西南道行臺兵部尚書。[7]數載，復爲宗正少卿。[8]未幾，擢拜刑部尚書。[9]歲餘，出除吳州總管，[10]甚有能名。時晉王廣鎮揚州，[11]詔令异每歲一與王相見，評論得失，規諷疑闕。數載，卒官，時年六十二。子虔遜。[12]

[1]行：官制用語。即以較高官攝理較低官之職事。此處“行濟州事”，即攝理濟州刺史之職事。　濟州：北周時治所在今山東東阿縣西北。

[2]宗正少卿：官名。爲宗正寺的次官，協助長官宗正卿掌皇族外戚屬籍及公主邑司名帳，通判本寺事務。隋初置一員，正四品上；隋煬帝大業三年增置二員，降爲從四品。

[3]上開府：官名。全稱是上開府儀同三司。爲隋十一等散實官的第五等，可開府置僚佐。從三品。

[4]蜀王秀：即楊秀。傳見本書卷四五、《北史》卷七一。益州：北周置總管府，隋初改置大總管府。治所在今四川成都市。

[5]綱紀：泛指公府及州郡的僚佐官吏。此處特指楊秀所領益州大總管府的屬官。

[6]總管長史：官名。爲諸州總管府的上佐官，位居府中總管之下衆屬官之首，輔助總管統領府中政務。其品階史無明載，但隋代諸州總管府和諸州府均分爲上、中、下三等，三等州長史的品階分別爲正五品上、從五品上、正六品上，故三等總管府長史的品階亦當與三等州長史略同。而益州爲大總管府，其長史更應高於上州長史，當在正五品上以上。

[7]西南道：隋初在益州設置的軍政特區，統轄今四川、雲南、貴州等西南地區。

[8]宗正少卿：各本皆同，但《北史》卷四一《楊异傳》作“宗正卿”，疑有脱誤。

[9]刑部尚書：官名。參見前注“都官尚書”。按，“刑部尚書”各本皆同，《北史·楊异傳》亦同，但本書卷二《高祖紀下》載稱開皇九年四月辛酉以“吏部侍郎宇文弭爲刑部尚書，宗正少卿楊异爲工部尚書”。據學者考證認爲，當以本紀所載爲是，此處

“刑部尚書”當是“工部尚書”之誤（參見冀英俊《〈隋書〉校正兩則》，《中國史研究》2014 年第 2 期）。

[10]吳州：此指開皇九年平陳後改東揚州所置的吳州，設總管府，治所在今浙江紹興市，大業初改稱越州，大業三年改爲會稽郡。　總管：官名。全稱是總管刺史加使持節。北周始置諸州總管，隋承繼，又有增置。總管的統轄範圍可達數州至十餘州，實爲一軍政轄區的最高長官。隋文帝在并、益、荆、揚四州置大總管，其餘州置總管。總管分上、中、下三等，品秩分別爲流内視從二品、視正三品、視從三品。

[11]揚：底本、宋刻遞修本作“楊”，據殿本、庫本、中華本改。

[12]虔遜：人名。即楊虔遜。楊異之子。亦見《北史·楊異傳》《新唐書·宰相世系表一下》。

蘇孝慈　兄子沙羅

蘇孝慈，扶風人也。[1]父武周，[2]周兗州刺史。[3]孝慈少沉謹，有器幹，美容儀。周初爲中侍上士。[4]後拜都督，[5]聘于齊，[6]以奉使稱旨，遷大都督。[7]其年又聘于齊，還受宣納上士。[8]後從武帝伐齊，以功進位開府，賜爵文安縣公，[9]邑千五百户。尋改封臨水縣公，[10]增邑千二百户，累遷工部上大夫。[11]

[1]扶風：郡名。治所在今陝西鳳翔縣。

[2]武周：人名。蘇孝慈之父，西魏、北周時人，官至兗州刺史。按，“武周”各本皆同，但《北史》卷七五《蘇孝慈傳》作“武”，又《關中石刻新編》卷三《蘇慈墓誌》亦作“武”，故疑此

處"武周"當衍"周"字。（參見岑仲勉《隋書求是》，第92頁）

〔3〕兗州：北周時治所在今山東兗州市。

〔4〕中侍上士：官名。北周時爲天官府左右宮伯曹的屬官，分左、右置，職掌宮寢內部禁衛，位列諸禁衛侍從之首。正三命。

〔5〕都督：官名。北周時屬勳官。北周府兵制中每隊的長官均加此勳官名。七命。

〔6〕聘：指國與國之間的遣使訪問。

〔7〕大都督：官名。北周時屬勳官。北周府兵制中每團的長官均加此勳官名。八命。

〔8〕宣納上士：官名。北周時其隸屬、職掌未詳，"或天官之屬"。正三命（參見王仲犖《北周六典》卷七《六官餘録第十三》，第495頁）。

〔9〕文安縣公：爵名。北周時爲十一等爵的第六等。正九命或九命。

〔10〕臨水縣公：爵名。北周時爲十一等爵的第六等。正九命或九命。

〔11〕工部上大夫：各本皆同，但《北史·蘇孝慈傳》《關中石刻新編·蘇慈墓誌》均作"工部中大夫"，考北周官制中無工部上大夫而有工部中大夫，故此處"上"顯爲"中"之訛。（參見岑仲勉《隋書求是》，第92頁）工部中大夫，官名。北周時爲冬官府工部曹的長官，置二員，掌百工屬籍及工程營造之政令。正五命。

　　高祖受禪，進爵安平郡公，[1]拜太府卿。[2]于時王業初基，百度伊始，徵天下工匠，纖微之巧，無不畢集。孝慈總其事，世以爲能。俄遷大司農，[3]歲餘，拜兵部尚書，待遇逾密。時皇太子勇頗知時政，[4]上欲重宮官之望，多令大臣領其職。於是拜孝慈爲太子右衛率，[5]尚書如故。明年，上於陝州置常平倉，[6]轉輸京下。以渭水多沙，[7]流乍深乍淺，漕運者苦之，於是決渭水爲渠以屬河，令孝慈督其役。渠成，上善之。又領太子右庶子，[8]轉授左衛率，[9]仍判工部、民部二尚書，[10]稱爲幹理。[11]數載，進位大將軍，轉工部尚書，率如故。先是，以百僚供費不足，臺省府寺咸置廨錢，[12]收息取給。孝慈以爲官民爭利，非興化之道，上表請罷之，請公卿以下給職田各有差，[13]上並嘉納焉。開皇十八年，將廢太子，憚其在東宮，出爲淅州刺史。[14]太子以孝慈去，甚不平，形於言色。其見重如此。仁壽初，遷洪州總管，[15]俱有惠政。其後桂林山越相聚爲亂，[16]詔孝慈爲行軍總管，[17]擊平之。[18]其年卒官。有子會昌。[19]

[1]安平郡公：爵名。爲隋九等爵的第四等。從一品。

[2]太府卿：官名。爲太府寺的長官，置一員，掌庫儲出納事務，兼掌百工技巧及官府手工業；隋煬帝大業初分出其兼掌職事，另置爲少府監。隋初爲正三品，煬帝時降爲從三品。

[3]大司農：官名。即司農卿的別稱。爲司農寺的長官，置一員，掌倉儲委積之政事，統領太倉、上林、鈞盾、導官、典農、華林、平準、廩市八署之官屬；隋煬帝大業初罷典農、華林二署，分平準、廩市隸太府寺，則祇統四署。隋初爲正三品，煬帝時降爲從三品。

[4]勇：人名。即楊勇。傳見本書卷四五、《北史》卷七一。

[5]太子右衛率：官名。爲太子東宮所轄右衛的長官，置一員，與左衛率共掌東宮禁衛。正四品上。

[6]常平倉：倉廩名。隋開皇三年置於陝州陝縣（治所在今河南陝縣大營鎮）黃河南岸，屬京師常平監管轄，具有轉運關東漕糧和調節穀價的雙重功用。

[7]渭水：古水名。即今甘肅、陝西境内的渭河，是黄河的最大支流。

[8]太子右庶子：官名。爲太子東宮所轄典書坊的長官，置二員，掌侍從、獻納、啓奏等事務，制比朝廷中的内史令。正四品下。

[9]左衛率：官名。爲太子東宮所轄左衛的長官，置一員，與右衛率共掌東宮禁衛。正四品上。

[10]民部：官名。即民部尚書。參見前注“度支尚書”。

[11]幹理：即幹練有理事之才。

[12]臺省府寺：概指中央各官署機構。 廨錢：亦稱公廨錢，全稱爲公廨本錢。指官府經營的商業資本和高利貸資本。北朝至隋唐時期，官府常用公款或賦稅錢物充作本錢，投入商業貿易或貸放市肆，收取利息以給公用。朝廷對此屢罷屢禁，但總未徹底消除。

[13]職田：即職分田的省稱。北朝至隋唐均田令中，對職事官按品階高低授予數量不等的公田，使其收取公田地租作爲額外俸禄，這種土地即稱“職分田”。北魏太和九年均田令中，已對地方官按品級分授公田，此爲職分田之始。以後歷代相沿，唯授田數量各有增減，至隋時遂正式稱爲職分田。職分田按規定祇有現任職事官纔能享有，職官更代時必須如數移交給繼任官，不得買賣。

[14]淅州：“淅”底本、宋刻遞修本作“浙”，據殿本、庫本、中華本改。參見前注“淅州”。

[15]洪州：隋開皇九年平陳後改豫章郡始置洪州，設總管府。治所在今江西南昌市。

[16]桂林：縣名。治所在今廣西象州縣東南。 山越：古代對南方山區少數民族的通稱。

[17]行軍總管：北周至隋時所置的統領某部或某路出征軍隊的軍事長官。根據需要其上還可置行軍元帥以統轄全局。屬臨時差遣任命之職，事罷則廢。

[18]擊平之：岑仲勉據本書卷二《高祖紀下》及《關中石刻

新編》卷三《蘇慈墓誌》考證認爲，蘇孝慈奉詔征討桂林山越之事並未成行即卒，故“傳作擊平者誤”（參見岑仲勉《隋書求是》，第92頁）。

[19]會昌：人名。即蘇會昌。蘇孝慈之子。其人亦見《北史》卷七五《蘇孝慈傳》。

孝慈兄子沙羅，字子粹。父順，[1]周眉州刺史。[2]沙羅仕周，釋褐都督。後從韋孝寬破尉迥，[3]以功授開府儀同三司，封通秦縣公。[4]開皇初，蜀王秀鎮益州，沙羅以本官從，拜資州刺史。[5]八年，冉尨羌作亂，[6]攻汶山、金川二鎮，[7]沙羅率兵擊破之，授邛州刺史。[8]後數載，檢校利州總管事。[9]從史萬歲擊西爨，[10]累戰有功，進位大將軍，賜物千段。尋檢校益州總管長史。會越巂人王奉舉兵作亂，[11]沙羅從段文振討平之，[12]賜奴婢百口。會蜀王秀廢，吏案奏沙羅云：“王奉爲奴所殺，秀乃詐稱左右斬之。又調熟獠，[13]令出奴婢，沙羅隱而不奏。”由是除名，卒於家。有子康。[14]

[1]順：人名。即蘇順。蘇孝慈之兄，蘇沙羅之父，北周時人，官至眉州刺史。事亦見《北史》卷七五《蘇孝慈傳》。

[2]眉州：北周時治所在今四川樂山市。

[3]韋孝寬：人名。北周末年位居上柱國，官任行軍元帥，奉詔統軍略定淮南，又討滅相州總管尉遲迥之叛。傳見《周書》卷三一、《北史》卷六四。

[4]通秦縣公：爵名。北周時爲十一等爵的第六等。正九命或九命。按，“秦”字各本皆同，但《北史》卷七五《蘇沙羅傳》作“泰”。

［5］資州：治所在今四川資中縣。

［6］冉厖（máng）羌：古族名。亦稱"冉駹夷"。隋時分布在今四川茂縣一帶。

［7］汶山：鎮名。位於今四川茂縣境内。　金川：鎮名。位於今四川汶川縣西北。

［8］邛州：治所在今四川邛崍市東南。

［9］利州：西魏置總管府，北周、隋初沿之。治所在今四川廣元市。

［10］史萬歲：人名。傳見本書卷五三、《北史》卷七三。　西爨：古族名。由三國兩晋南北朝時期南中大姓爨氏集團演變而來，是爨氏部族的西支，分布在今雲南省東部一帶。

［11］越嶲：縣名。治所在今四川西昌市。　王奉：人名。隋時越嶲縣蠻人。其事除見於本卷外，不見其他記載。

［12］段文振：人名。傳見本書卷六〇、《北史》卷七六。

［13］熟獠（lǎo）：古時稱西南地區已進入州郡城邑定居而漸趨漢化的獠人爲"熟獠"。與"生獠"對稱。

［14］康：人名。即蘇康。蘇沙羅之子。其人亦見《北史》卷七五《蘇沙羅傳》。

李雄

李雄字毗盧，[1]趙郡高邑人也。[2]祖楑，[3]魏太中大夫。[4]父徽伯，[5]齊陜州刺史，[6]陷于周，雄因隨軍入長安。雄少慷慨，有大志。家世並以學業自通，雄獨習騎射。其兄子旦讓之曰：[7]"棄文尚武，非士大夫之素業。"[8]雄答曰："竊覽自古誠臣貴仕，文武不備而能濟其功業者鮮矣。雄雖不敏，頗觀前志，但不守章句耳。[9]既文且武，兄何病焉！”子旦無以應之。

[1]李雄：人名。各本皆同，但《北史》卷三三《李子雄傳》、《新唐書·宰相世系表二上》、《全唐文》卷二〇一李尚一《開業寺碑並序》均作“子雄”，且本傳下文載李雄之兄名“子旦”，可知其兄弟是以“子”字排行，故本傳李雄之名顯脱“子”字。然此脱誤，疑是史臣爲了與本書卷七〇《李子雄傳》（《北史》卷七四改作《李雄傳》）相區別而有意省改所致。（參見唐華全《〈隋書〉勘誤18則》）

[2]趙郡：治所在今河北趙縣。　高邑：縣名。治所在今河北高邑縣。

[3]樆：人名。李秀林的小名。李秀林是李雄之祖，北魏時人，官至太中大夫。《魏書》卷三六、《北史》卷三三有附傳。

[4]太中大夫：官名。北魏時屬散官。從三品。

[5]徽伯：人名。李裔的字。李裔是李雄之父，北魏末至東魏時人，官至陝州刺史，天平四年（537）宇文泰攻陷陝州城時被擒殺。傳見《北史》卷三三、《魏書》卷三六，另事見《魏書》卷三六《李騫傳》、《全唐文》卷二〇一李尚一《開業寺碑並序》。

[6]陝州：東魏時治所在今河南陝縣。按，據《魏書·李騫傳》和《北史·李裔傳》載，李裔於東魏天平初年出任陝州刺史，至天平四年西魏執政宇文泰攻陷陝州時被擒殺，可知李裔並未及至北齊、北周二朝。故此處載稱“齊陝州刺史”欠準確，“齊”當作“東魏”；另下文載稱“陷于周”亦欠準確，“周”當作“西魏”。（參見唐華全《〈隋書〉勘誤18則》）

[7]子旦：人名。即李子旦。李裔之子，李雄之兄，東魏、北齊時人，襲父爵，官至司徒屬。事亦見《魏書·李騫傳》《北史·李裔傳》。按，“子旦”《魏書·李騫傳》作“直”，但該書中華本校勘記已指出“直”當是“子旦”二字之脱訛。

　[8]素業：即先世所傳的學業。舊時多指儒學之業。

　[9]章句：漢代經學家以分章析句的形式來解釋儒家經典的一種治學方法。

　　周太祖時，釋褐輔國將軍。[1]從達奚武平漢中，[2]定興州，[3]又討汾州叛胡，[4]録前後功，拜驃騎大將軍、儀同三司。閔帝受禪，進爵爲公，[5]遷小賓部。其後復從達奚武與齊人戰於芒山，[6]諸軍大敗，雄所領獨全。武帝時，從陳王純迎后於突厥，[7]進爵奚伯，[8]拜硤州刺史。[9]數歲，徵爲本府中大夫。[10]尋出爲涼州總管長史。[11]從滕王逌破吐谷渾於青海，[12]以功加上儀同。[13]宣帝嗣位，從行軍總管韋孝寬略定淮南。[14]雄以輕騎數百至硤石，[15]説下十餘城，拜豪州刺史。[16]

　[1]輔國將軍：官名。西魏時屬軍號官，可開府置僚佐，多用作加官。從三品。

　[2]達奚武：人名。西魏、北周時人，官至大將軍、柱國大將軍，嘗領軍四出征討，戰功卓著，號爲名將。傳見《周書》卷一九、《北史》卷六五。　漢中：郡名。西魏時治所在今陝西漢中市。

　[3]興州：西魏時治所在今陝西略陽縣。

　[4]汾州：西魏時治所在今陝西宜川縣東北。　胡：古代對北方和西方少數民族的泛稱。

　[5]公：爵名。北周時有國公、郡公、縣公三等，分別爲十一等爵的第四、五、六等。國公、郡公的命數均爲正九命，縣公的命數爲正九命或九命。按，此言李雄在周閔帝即位時進爵爲公，而下文又載稱他在周武帝時進爵奚伯，中間並無奪爵之事，其封爵竟然出現前高後低的狀況，這不合情理。故疑此處“進爵爲公”的記載

有誤，"公"似應作"子"或"男"，如此纔不會與下文相矛盾。

[6]芒山：亦作"邙山"。在今河南洛陽市北。

[7]陳王純：即北周宗室親王宇文純。周武帝保定中奉使於突厥，爲武帝迎娶皇后。傳見《周書》卷一三、《北史》卷五八。

[8]奚伯：爵名。全稱是奚縣伯。北周時爲十一等爵的第八等。正七命。

[9]硤州：北周時治所在今湖北宜昌市西北。

[10]本府中大夫：本傳上文稱李雄在周閔帝時官任小賓部（小賓部下大夫的簡稱），後以此職連續出征、出使及外任，故此處所言"徵爲本府中大夫"，即當是徵還朝廷任爲"賓部中大夫"。賓部中大夫，官名。參見前注"賓部大夫"。

[11]涼州：北周時置總管府。治所在今甘肅武威市。

[12]滕王逌（yóu）：即北周宗室親王宇文逌。周武帝建德五年奉命領軍征討吐谷渾。傳見《周書》卷一三、《北史》卷五八。
吐谷（yù）渾：古族名。本爲遼東鮮卑之種，姓慕容氏，西晉時西遷至群羌故地，北朝至隋唐時期游牧於今青海北部和新疆東南部地區。傳見本書卷八三、《晉書》卷九七、《魏書》卷一〇一、《周書》卷五〇、《北史》卷九六、《舊唐書》卷一九八、《新唐書》卷二二一上。　青海：湖名。亦稱"西海"。即今青海省境内的青海湖。

[13]上儀同：官名。全稱是上儀同大將軍。北周武帝建德四年始置，爲十一等勳官的第七等，可開府置官屬。九命。

[14]從行軍總管韋孝寬略定淮南："行軍總管"底本原作"軍總管"，殿本、庫本與底本同，今據宋刻遞修本、中華本及《北史》卷三三《李子雄傳》補"行"字。另中華本校勘記云："按：《周書·宣帝紀》，又《韋孝寬傳》，韋孝寬當時是行軍元帥，這裏應是李雄'以行軍總管從韋孝寬略定淮南'，疑傳文句有倒脱。"當是，應從之。

[15]硤石：山名。在今安徽壽縣西北。按，"硤石"底本原作

"硤口"，殿本、庫本與底本同，而宋刻遞修本、中華本作"硤石"。考本書卷六〇《于顗傳》、卷六六《裴政傳》及《通鑑》卷一六四《梁紀》承聖元年條等記載，可知硤石在淮南境内，硤口在荆州界内，然則李雄征淮南所至之地必爲硤石，而非硤口。故底本、殿本、庫本皆誤，今從宋刻遞修本、中華本改。

［16］豪州：北周時治所在今安徽鳳陽縣東。按，"豪州"各本皆同，《全唐文》卷二〇一《開業寺碑並序》亦同，但《北史·李子雄傳》作"亳州"，疑訛。

　　高祖總百揆，徵爲司會中大夫。以淮南之功，加位上開府。及受禪，拜鴻臚卿，[1]進爵高都郡公，[2]食邑貳千户。[3]後數年，晋王廣出鎮并州，[4]以雄爲河北行臺兵部尚書。上謂雄曰："吾兒既少，更事未多，[5]以卿兼文武才，今推誠相委，吾無北顧之憂矣。"雄頓首而言曰："陛下不以臣之不肖，[6]寄臣以重任。臣雖愚固，心非木石，謹當竭誠效命，以答鴻恩。"歔欷流涕，上慰諭而遣之。雄當官正直，侃然有不可犯之色，[7]王甚敬憚，吏民稱焉。歲餘，卒官。子公挺嗣。[8]

　　［1］鴻臚卿：官名。爲鴻臚寺的長官，置一員，掌册封諸藩、接待外使及喪葬禮儀等事務。隋開皇三年曾廢鴻臚寺，將其職掌歸入太常寺，開皇十二年又復置。隋初爲正三品，隋煬帝時降爲從三品。

　　［2］高都郡公：爵名。爲隋九等爵的第四等。從一品。

　　［3］食邑貳千户："貳"字宋刻遞修本、殿本、庫本、中華本均作"二"。

　　［4］并州：北周置總管府，隋開皇二年置河北道行臺，開皇九

年改置大總管府。治所在今山西太原市西南古城營。

[5]更事：即經歷世事。

[6]不肖：即不成材。此處爲自謙之辭。

[7]侃然：亦作"偘然"。剛直貌。

[8]公挺：人名。即李公挺。李雄的嗣子，隋時官至右領軍府司馬。事亦見《北史》卷三三《李子雄傳》、《新唐書·宰相世系表二上》、周紹良主編《唐代墓誌彙編》垂拱〇三七《李夫人墓誌銘並序》（上海古籍出版社 1992 年版，第 754 頁）。

張奰 劉仁恩 郭均 馮世基 厙狄嶔

　　張奰字士鴻，河間鄭人也。[1]父羨，[2]少好學，多所通涉，仕魏爲蕩難將軍。[3]從武帝入關，[4]累遷銀青光禄大夫。[5]周太祖引爲從事中郎，[6]賜姓叱羅氏。歷司職大夫、雍州治中、雍州刺史、儀同三司，[7]賜爵虞鄉縣公。[8]復入爲司成中大夫，[9]典國史。周代公卿，類多武將，唯羨以素業自通，甚爲當時所重。後以年老，致仕于家。[10]及高祖受禪，欽其德望，以書徵之曰："朕初臨四海，思存政術，舊齒名賢，實懷勤佇。[11]儀同昔在周室，德業有聞，雖云致仕，猶克壯年。即宜入朝，用副虛想。"及謁見，敕令勿拜，扶升殿，上降榻執手，與之同坐，宴語久之，賜以几杖。會遷都龍首，[12]羨上表勸以儉約，上優詔答之。俄而卒，時年八十四。贈滄州刺史，[13]諡曰定。撰《老子》《莊子》義，[14]名曰《道言》，五十二篇。

[1]河間：郡名。治所在今河北河間市。　鄚：縣名。治所在今河北任丘市北。

[2]羨：人名。即張羨。張煚之父，北魏末至隋初時人，官至儀同三司，卒贈滄州刺史。博學多通，著有《道言》五十二篇。事亦見《北史》卷七五《張煚傳》。

[3]蕩難將軍：官名。魏晉南北朝時因事因人而置有各類名號的將軍，其數繁多，統稱爲“雜號將軍”。雜號將軍多爲加官散官，並不實際領兵。蕩難將軍即爲北魏雜號將軍之一。從七品上。

[4]武帝：即北魏孝武帝元脩。紀見《魏書》卷一一、《北史》卷五。　關：此指潼關。

[5]銀青光禄大夫：官名。西魏時屬散官。正三品。

[6]從事中郎：官名。此是西魏時宇文泰丞相府的從事中郎。爲丞相府的屬官，掌領府内諸曹之事。正五品上。

[7]司職大夫：各本皆同，但《北史·張煚傳》作“司織大夫”。考王仲犖《北周六典》，北周官制中並無司職大夫而有司織大夫，故此處“司職大夫”當是“司織大夫”之訛（參見唐華全《中華書局點校本〈隋書〉質疑二十九則》）。司織大夫，官名。全稱是司織下大夫。北周時爲冬官府司織曹的長官，置一員，掌官府紡織手工業之政令，統管紡織工匠之屬籍。正四命。　雍州：北周時治所在都城長安（今陝西西安市西北郊）。　治中：官名。亦稱治中從事，全稱是治中從事史。北周時爲各州府的屬官，於府内居中治事，主管衆曹文書。其命品按上、中、下三等州的級別而分別定爲四命、正三命、三命；而雍州治中的命數未詳，但必高於上州治中，或當爲正四命。按，“治中”各本皆同，但《北史·張煚傳》作“中從事”，此當是《北史》史臣避諱唐高宗李治之名而省改“治中從事”所致。　雍州刺史：底本、殿本、庫本、中華本皆同，但宋刻遞修本及《北史·張煚傳》作“應州刺史”。考北周官制，雍州是北周都城長安所在之州，其長官特稱“牧”而不稱刺史，亦即北周祇有雍州牧而並無雍州刺史。再考本書《地理志下》，

北周時有應州，治所在今湖北廣水市。故可知此處"雍州刺史"當是"應州刺史"之訛。（參見唐華全《中華書局點校本〈隋書〉質疑二十九則》）

［8］虞鄉縣公：爵名。北周時爲十一等爵的第六等。正九命或九命。

［9］司成中大夫：官名。北周時其隸屬、職掌未詳，王仲犖歸之於"六官餘録"，然據本傳下文所云"典國史"一語，此職似爲掌修國史之官。正五命（參見王仲犖《北周六典》卷七《六官餘録第十三》，第498頁）。

［10］致仕：官制用語。即辭官退休。

［11］勤佇：即殷切思念。

［12］龍首：山名。亦名龍首原。在今陝西西安市舊城北。隋初依此山南坡營建大興城，隋文帝開皇三年將都城從北周舊都長安（今陝西西安市西北郊）遷至大興城。

［13］滄州：隋時先後有兩個滄州：一是隋初沿襲北齊、北周所置的滄州，治所在今河北鹽山縣西南，煬帝大業初廢；二是煬帝大業二年改棣州所置的滄州，治所在今山東陽信縣西南，大業三年改爲渤海郡。文中所指當是前一個滄州。

［14］《老子》：亦稱《道德經》。春秋時期道家創始人李耳（老子）所著的一部道家經典著作。　《莊子》：亦稱《南華經》。戰國時期哲學家莊周（莊子）及其後學所著的一部道家經典著作。

　　曒好學，有父風。在魏釋褐奉朝請，[1]遷員外侍郎。[2]周太祖引爲外兵曹。[3]閔帝受禪，加前將軍。[4]明、武世，歷膳部大夫、冢宰司録，[5]賜爵北平縣子，[6]邑四百户。宣帝時，加儀同，進爵爲伯。[7]

　　［1］奉朝請：官名。西魏時屬散官。從七品下。

　　［2］員外侍郎：官名。全稱是員外散騎侍郎。西魏時屬散官，分左、右置。均爲正七品上。

　　［3］外兵曹：官名。全稱是丞相府外兵曹參軍事。西魏時爲宇文泰丞相府所屬列曹參軍之一，掌判地方兵事。正六品上。

　　［4］前將軍：官名。北周時屬軍號官，可開府置僚佐，多用作加官。正七命。

　　［5］膳部大夫：官名。全稱是膳部中大夫。北周時爲天官府膳部曹的長官，置一員，掌宮廷飲食宴享之政令。正五命。　冢宰司錄：官名。此當是北周大冢宰宇文護所轄之“中外府司錄”。爲中外府的上佐官，位居該府長史、司馬之下，總錄一府之事。正七命。

　　［6］北平縣子：爵名。北周時爲十一等爵的第九等。正六命。

　　［7］伯：爵名。北周時爲十一等爵的第八等。正七命。

　　高祖爲丞相，曔深自推結，[1]高祖以其有幹用，甚親遇之。及受禪，拜尚書右丞，[2]進爵爲侯。[3]俄遷太府少卿，[4]領營新都監丞。[5]丁父憂去職，柴毀骨立。[6]未期，[7]起令視事，[8]固讓不許，授儀同三司，[9]襲爵虞鄉縣公，[10]增邑通前千五百户。尋遷太府卿，拜民部尚書。晋王廣爲揚州總管，[11]授曔司馬，[12]加銀青光禄大夫。曔性和厚，有識度，甚有當時之譽。後拜冀州刺史，晋王廣頻表請之，復爲晋王長史，[13]檢校蔣州事。[14]及晋王爲皇太子，復爲冀州刺史，進位上開府，吏民悦服，稱爲良二千石。[15]仁壽四年卒官，時年七十四。子慧寶，[16]官至絳郡丞。[17]

　　［1］推結：即推誠結交。

　　[2]尚書右丞：官名。爲尚書省的屬官，與尚書左丞對置，各一人，分掌尚書都省事務，糾駁諸司文案，總判兵、刑、工三部之事。隋初爲從四品下，隋煬帝大業三年升爲正四品。

　　[3]侯：爵名。爲隋九等爵的第六等。正二品。

　　[4]太府少卿：官名。爲太府寺的次官，協助長官太府卿掌庫儲出納，兼管百工技巧及官府手工業，通判本寺所轄各署事；隋煬帝大業初分出其兼管職事，另置爲少府少監。隋初置一員，正四品上；隋煬帝大業三年增置二員，降爲從四品。

　　[5]營新都監丞：此是隋初營建新都大興城時所置的職官。該項工程的主管稱監，丞則是監的下屬職員。監、丞均屬臨時差遣之職，開皇三年大興城建成後即罷廢。

　　[6]柴毀骨立：指居親喪哀傷過甚，以致骨瘦如柴。

　　[7]未期（jī）：此指服喪未滿一周年。按古代禮制，凡父母去世，子女須服喪三年，三年內不得做官、應考、婚嫁及宴樂等。但官員辭官服喪期間，若遇國家有特殊需要，可由皇帝下令讓其提前結束服喪期，重新起用任官，稱作“奪情”。

　　[8]視事：即就任官職而治理政事。此指服喪期未滿而受命復官任職。

　　[9]儀同三司：官名。亦簡稱儀同。爲隋十一等散實官的第八等，可開府置僚佐。正五品上。

　　[10]虞鄉縣公：爵名。爲隋九等爵的第五等。從一品。

　　[11]揚：底本、宋刻遞修本作“楊”，今據殿本、庫本、中華本改。

　　[12]司馬：此指揚州總管司馬。參見前注“揚州”“總管司馬”。

　　[13]晋王長史：此當指晋王楊廣所領揚州總管府的長史。參見前注隋“總管長史”。

　　[14]蔣州：隋開皇九年平陳後改丹陽郡置。治所在今江蘇南京市清涼山下石頭城舊址。

［15］二千石：漢制郡守禄秩爲二千石，後世遂以“二千石”代稱地方州郡長官。

［16］慧寶：人名。即張慧寶。張煚之子，隋煬帝時官至絳郡丞。事亦見《北史》卷七五《張煚傳》。

［17］絳郡：隋大業初改絳州置。治所在今山西新絳縣。

　　開皇時有劉仁恩者，不知何許人也。倜儻，[1]有文武幹用。初爲毛州刺史，[2]治績號天下第一，擢拜刑部尚書。又以行軍總管從楊素伐陳，[3]與素破陳將吕仲肅於荆門，[4]仁恩之計居多，授上大將軍，[5]甚有當時之譽。馮翊郭均、上黨馮世基，[6]並明悟有幹略，相繼爲兵部尚書。代人庫狄嶔，[7]性弘厚，有局度，[8]官至民部尚書。此四人俱顯名於當世，然事行闕落，史莫能詳。[9]

　　［1］倜儻：即卓異而不同尋常。

　　［2］毛州：治所在今河北館陶縣。

　　［3］楊素：人名。傳見本書卷四八，《北史》卷四一有附傳。

　　［4］吕仲肅：人名。南朝陳人，本名“吕忠肅”，隋人諱改爲“吕仲肅”或“吕肅”。南陳末年任爲長江上游荆門一帶的守將，慘敗於隋軍。事亦見本書《楊素傳》及卷五六《宇文㢸傳》、《北史·楊素傳》及卷七五《宇文㢸傳》、《陳書》卷一五《陳慧紀傳》、《南史》卷六五《宜黃侯慧紀傳》等。　　荆門：山名。在今湖北宜昌市東南長江南岸。

　　［5］上大將軍：官名。爲隋十一等散實官的第三等，可開府置僚佐。從二品。

　　［6］馮翊：郡名。治所在今陝西大荔縣。　　上黨：郡名。治所

在今山西長治市。　馮世基：人名。本書《刑法志》作"馮基"，《北史》卷七五《張奫傳》又作"馮世期"，皆唐人避諱所改。

[7]代：郡名。治所在今山西朔州市。　厙（shè）狄嶔：人名。"厙"底本、宋刻遞修本作"庫"，今據殿本、厙本、中華本改。

[8]局度：即才幹和氣度。

[9]事行闕落，史莫能詳：岑仲勉已補劉仁恩、馮世基、厙狄嶔三人事迹甚詳（見岑仲勉《隋書求是》，第92—93頁），可參之。

史臣曰：二趙明習故事，[1]當世所推，及居端右，[2]無聞殊績。固知人之才器，各有分限，大小異宜，不可逾量。長孫平諫赦誹謗之罪，可謂仁人之言，高祖悦而從之，其利亦已博矣。元暉以明敏顯達，韋師以清白成名，楊尚希、楊异，宗室之英，譽望隆重，蘇孝慈、李雄、張奫，内外所履，咸稱貞幹，[3]並任開皇之初，蓋當時之選也。[4]

[1]二趙：此指趙奫、趙芬。

[2]端右：指宰輔重臣之位。

[3]貞幹：語出《易·乾》："貞者，事之幹也。"孔穎達疏："言天能以中正之氣，成就萬物，使物皆得幹濟。"後以"貞幹"喻指能肩負重任、成就大事的賢才。

[4]選：此指被選拔出來的人才。